신약교회 사관에 의한
요한계시록 강해 3

새 하늘과 새 땅

| 정수영 지음 |

19-22장

REVELATION

쿰란출판사

머리말

머리말을 열 가지 감사로 정리하겠다.

첫째, 하나님께서는 필자에게 82세까지 살도록 장수와 건강의 복을 주셨다.

그동안 40여 권 가까이 많은 책을 저술할 수 있도록 힘과 지혜와 능력을 주셨다.

이번에는 요한계시록 강해서 세 번째 책인 《새 하늘과 새 땅》을 출판하게 해 주셨다. 요한계시록은 난해한 성경으로 오랜 역사 속에 기피하는 성경책으로 알려져 왔다. 그런데 필자는 한 권이 아닌 세 권에 걸쳐서 세세하게 설명을 했다.

어렵다고 알려진 요한계시록을 쉽게 세 권으로 설명할 수 있도록 지혜와 힘을 주신 하나님께 모든 영광을 돌려드리며 감사드린다.

둘째, 2천 년 교회 역사 속에 요한계시록을 설명한 다양한 학자들이 있다.

오리게네스(Origenes, 185~254)는 성경을 우화적(allegorical)으로 설명하여 성경 본문의 의도를 이탈시켰다. 아우구스티누스(Augustinus, 354~430)는 성경을 플라톤 철학과 결부시켜 영원한 성경의 진리를 초라한 인간의 철학으로 추락시켰다. 중세기 스콜라 철학자들은 가톨릭의 교리를 옹호하기 위해 아리스토텔레스의 철학과 교부들의 사상을 혼합시킨 미신 종교를 만들었다.

종교개혁자 루터(Luther, 1483~1546)와 칼빈(Calvin, 1509~1564)은 성경 강해서들을 수없이 많이 만들었다. 그러나 두 사람 모두가 요한계시록 강해서는 만들지 못했다. 그런데 무명의 목사인 필자가 이 일을 완성했다. 이 또한 감격스럽고 감사한 일이다.

셋째, 필자의 요한계시록 강해서에 관한 의지는 1982년도부터 시작되었다.

과거 장로교 목사로 종말론에 관해 전혀 무지한 상태였다가 미국 침례교 신학대학원에서 처음으로 종말론을 배웠다.

그 후 40여 년 동안 종말론에 관계된 책들과 특히 요한계시록에 관계된 책들을 50~60여 종을 모아 오며 살펴왔다. 그러나 대부분의 강해서들은 강해 설교용 위주였고, 또 더러는 계시록에 관한 신학 논쟁들을 다룬 책들이었다.

필자는 요한계시록 자체만 아니라 구약의 예언서들인 다니엘의 예언이 요한계시록의 대환난으로, 이사야의 예언이 계시록의 천년왕국으로, 에스겔의 예언이 계시록의 아마겟돈 전쟁으로, 기타 다른 모든 구약의 예언들이 신약의 요한계시록에서 종합된 예언으로 다시 주어졌음을 설명했다.

그렇기에 필자의 요한계시록 강해서는 구약의 예언서와 신약의 예언서가 결합된 예언서의 완성으로 설명했다. 이처럼 구약과 신학 전체를 관통하는 요한계시록 강해서를 완성한 것에 크게 감사하지 않을 수 없다.

넷째, 본래 신학(神學)이란 하나님에 관한 철학적 논리였다.
그러나 지금은 하나님께서 계시해 주신 성경의 진리를 이성으로 파악해 보려는 학문적인 모든 노력을 신학이라고 광범위하게 사용하고 있다. 그래서 성경 진리를 설명하는 신학자들의 견해가 매우 다양할 수 있다.

그런데 그렇게 다양한 신학자들의 자기식 위주의 다양한 견해들 가운데에는 신앙인에게 도움을 주기는커녕 해악을 주는 주장들도 있다. 신학자 중에는 요한계시록이 사도 요한의 저술이 아닌 구약성경을 잘 아는 장로 요한이 외경(外經)을 참조해 편찬했다는 가설을 주장하는 학자들도 있다.

필자는 그와 같은 자유주의 신학자들의 가설에 반박할 가치를 느끼지 않기에 전통적 사실인 하나님의 계시인 요한계시록으로 강해서를 완성했다.

필자가 과거에 자유주의 신학으로 반평생을 낭비했던 쓰라린 후회를 뒤로하고 이번에는 전혀 다른 정통 진리 수호 입장에서 계시록을 강해했다. 이렇게 신학적으로 변화된 증거로 요한계시록 강해를 완성했다. 필자의 이와 같은 신학적 전환의 유산으로 요한계시록 강해가 완성되었기에 그 기쁨과 감사가 무한하지 않을 수 없다.

다섯째, 오늘날은 수많은 다양한 번역 성경들이 공존하고 있다.

과거 복음 선교기에는 그 어떤 번역 성경이든 복음 전파의 최선책으로 번역 성경들이 통용되었다. 한국에 복음이 전해진 지 135년이 되었다. 이제 성인이 되어서 수많은 번역 성경들을 비교해 보면, 아주 중요한 부분들이 전혀 원문과 다르게 왜곡된 것을 많이 발견하게 된다.

예컨대 성소(聖所)는 '나오스'(ναός)로 언약궤가 안치된 지성소이고, 성전(聖殿)은 '히에론'(ἱερόν)으로 예배당 전체 건물을 뜻한다. 그런데 한글 성경들 모두는 이 두 가지를 구별하지 않고 모두 다 '성전'으로 번역하였다. 그 원인을 거슬러 올라가면 이 같은 오류는 영어 성경들의 번역 오류에서 비롯되었음을 수없이 발견하게 된다. 이렇게 한글 성경이나 영어 성경에서 오역된 내용이 너무 많아서 진리 전파에 막대한 오해들이 답습되며 계승되어 가고 있다.

이에 필자는 신약 원문 헬라어 본문(Greek Text)을 근거로 강해서를 만들었다.

필자의 요한계시록 강해서는 오역들을 바로 교정해 가면서 하나님께서 계시해 주신 최초의 계시를 밝히려고 노력했다. 이 또한 감격스럽고 감사할 일이다.

여섯째, 오늘날은 전 세계가 종파마다 신학 주장이 다르고 교파마다 성경해석도 다 다르다.

신학에 전혀 무관심한 성도들은 특정 신학에 훈련된 목회자들에 의해 자신도 모르게 편견들을 갖게 되었다. 그래서 자기와 다른 견해를 가진 이에게는 무의식적으로 배타적이 되었다.

필자는 자유주의 신학을 5년간 배웠고, 근본주의 신학을 4년간 배웠다. 이에 양대 신학의 장단점을 고르게 알고 있다. 이 중에서 종말론 신학에는 단연 근본주의와 세대주의 신학이 전 세계 모든 신학들 중 가장 탁월함을 알게 되었다. 종말론에서 가장 성경적이고, 합리적이고, 정확한 것이 필자의 경험에 의하면 세대주의 종말론이다.

필자는 필자가 섭렵한 다양한 종말론 신학 중 가장 정확하다고 판단되는 세대주의 신학 입장에서 요한계시록 강해서를 기록했다. 이처럼 다양한 신학 체험으로 신학의 장단점을 아는 기초 위에서 요한계시록 강해서를 완성했다.

이렇듯 균형을 아는 입장에서 작품이 완성되었음에 무한한 감사를 드린다.

일곱째, 필자가 요한계시록 강해서를 완성하기 이전에 어느 부분에는 모호한 인식을 가진 부분들이 다소 있었다. 그러나 요한계시록 강해를 이뤄가면서 원문 성경을 통해 모호한 부분들을 완전히 해소시켰다.

그래서 요한계시록 강해서를 완성하고 난 지금에는, 종말론에 관해서는 그 어떤 질문과 이의를 제기해도 성경적으로 담대하게 증언할 수 있는 확신을 가질 수 있게 되었다.

물론 다른 신학적 견해를 가진 이들이 그들이 믿는 신학 이론으로 이의를 제기할 수 있음을 안다. 그러나 신학이 아닌 성경적 견해로 그 어떤 이의를 제기한다면 당당하게 근거 있는 증언을 할 수 있게 되었다. 이 또한 무한 감사한 일이다.

여덟째, 지금 전 세계는 코로나19의 대유행으로 인한 경제적 대공황 상태로 모든 분야에서 위축되어 있고 절제가 통용되고 있다. 이같은 경제 공황 속에서도 ○○○ 권사님의 희생적 문서 선교 후원으로 요한계시록 강해서 3권을 아무 어려움 없이 출판하게 되었다. 이 또한 환난 중에도 지켜주시는 하나님의 크신 은혜로 마음 깊이 감사할 따름이다.

아홉째, 필자에게는 30여 명의 '겨자씨 문서선교회' 후원자들이 있다. 그분들이 지나온 10여 년 동안 매월 정기적으로 후원해 주고 있다. 필자는 그분들의 후원으로 살아가며 문서선교 사역을 계승해 가고 있다. 필자에게 이렇게 좋은 후원자들을 보내주신 하나님께 감사할 따름이다.

열째, 필자의 육필 원고를 컴퓨터로 입력해 주는 아내, 필자의 엉성한 원고를 논리적으로 잘 다듬고 미려한 문장으로 교정해 주는 분들,

10여 년 동안 필자의 성향을 잘 알고 필자의 뜻을 존중해 주는 편집진들, 필자의 환경을 가장 잘 이해해 주시는 출판사 사장님! 이 모든 분들의 수고와 희생으로 작품들이 이뤄져 가고 있다.
    이 또한 하나님께서 베풀어주신 크신 은혜로 알고 감사할 따름이다.

    이 모든 사랑에 감사와 영광을 하나님께 돌린다.

2023년 3월
평촌에서
정수영

| 목 |
| 차 |

머리말 • 2

새 하늘과 새 땅(계 19~22장)

서론   20

제1부 예수 그리스도의 재림(계 19:1~21)

01 어린양의 혼인 잔치(계 19:1~10)   24

    1) 이 일 후에(계 19:1a)   24

    2) 하늘에 허다한 무리의 큰 음성 같은 것이 있어(계 19:1b)   28

    3) 구원받은 자들의 하늘 찬양(계 19:1~2)   29

    4) 이십사 장로와 네 생물의 찬양(계 19:3~5)   30

    5) 많은 물소리, 큰 우렛소리 같은 연합 찬양(계 19:6~8)   31

    설교 22   세상의 찬양과 하늘나라의 찬양   32

    특주 35   어린양의 혼인 잔치에 대한 성서적 근거   38

    6) 어린양의 혼인 잔치에 대한 천사의 축복(계 19:9~10)   42

    특주 36   성경의 천사론과 교회의 천사 예배   49

02 **그리스도의 재림**(계 19:11~14)   57

    특주 37   초림, 강림, 재림   59

    1) 또 내가 하늘의 열린 것을 보니(계 19:11)   67

    2) 백마 탄 자의 모습(계 19:12)   71

    3) 피 뿌린 옷을 입은 자(계 19:13)   74

    4) 흰 세마포 입은 백마 탄 하늘 군대들의 수종(계 19:14)   76

03 **아마겟돈 전쟁**(계 19:15~18)   78

    1) 세 가지 전사의 모습(계 19:15)   79

    2) 그 옷과 그 다리에 쓰인 글(계 19:16)   81

    3) 태양 안의 한 천사의 외침(계 19:17~18)   83

    특주 38   이 세상의 전쟁과 아마겟돈 전쟁의 차이   89

04 **짐승 편에 섰던 자들의 심판**(계 19:19~21)   96

    1) 짐승과 땅의 임금들의 군대들과 백마 탄 자와의 전쟁(계 19:19)   96

    2) 짐승, 거짓 선지자, 짐승의 표 받은 자, 우상 숭배자들의 유황 불못(계 19:20)   98

    3) 그 나머지는 말 탄 자의 입으로부터 나오는 검에 죽으매(계 19:21)   101

제2부 천년왕국(계 20:1~15)

01 사탄의 무저갱 투옥(계 20:1~3) — 104
  1) 또 내가 보매(계 20:1a) — 104
  2) 천사가 무저갱의 열쇠와 큰 쇠사슬을 가지고 하늘로부터 내려와서(계 20:1b) — 105
  3) 옛 뱀, 마귀, 사탄인 용을 천 년간 결박(계 20:2) — 107
  4) (사탄을) 무저갱에 던져넣어 잠그고 그 위에 인봉하여(계 20:3a) — 108
  5) 천년이 차도록 다시는 만국을 미혹하지 못하게 하였는데(계 20:3b) — 108
  6) 그 후에는 반드시 잠깐 놓이리라(계 20:3c) — 109

02 천년왕국과 그리스도와 구원받은 성도들의 통치(계 20:4) — 110
  1) 또 내가 보좌들을 보니 거기에 앉은 자들이 있어(계 20:4a) — 110
  2) 심판하는 권세를 받았더라(계 20:4b) — 111
  3) 또 내가 보니 예수를 증언함과 하나님의 말씀 때문에
     목 베임을 당한 자들의 영혼들과(계 20:4c) — 112
  4) 또 짐승과…표를 받지 아니한 자들이 살아서…천년 동안 왕 노릇 하니(계 20:4d)
     — 114

  특주 39 천년왕국은 사실인가, 상징인가? — 117

03 첫째 부활에 참여하는 자들의 복(계 20:5~6) — 136
  1) 그 나머지 죽은 자들은(계 20:5a) — 136
  2) 그 천년이 차기 전까지 살지 못하더라(계 20:5b) — 139
  3) 이는 첫째 부활이라(계 20:5c) — 139
  4) 이 첫째 부활에 참여하는 자들은 복이 있고 거룩하도다(계 20:6a) — 140
  5) 둘째 사망이 그들을 다스리는 권세가 없고(계 20:6b) — 143
  6) 도리어 그들이 하나님과 그리스도의 제사장이 되어(계 20:6c) — 144

7) 천년 동안 그리스도와 더불어 왕 노릇 하리라(계 20:6d)	145
특주 40 천년왕국에서 왕 노릇 하리라	146

04 사탄의 영원한 패망(계 20:7~10) 157

1) 천년이 차매(계 20:7a)	158
2) 나와서 땅의 사방 백성 곧 곡과 마곡을 미혹하고(계 20:8a)	163
3) 모아 싸움을 붙이리니 그 수가 바다의 모래 같으리라(계 20:8b)	165
4) 그들이…성도들의 진과 사랑하시는 성을 두르매(계 20:9a)	165
5) 하늘에서 불이 내려와 그들을 태워버리고(계 20:9b)	166
6) 또 그들을 미혹하는 마귀가 불과 유황 못에 던져지니(계 20:10a)	168
7) 세세토록 밤낮 괴로움을 받으리라(계 20:10b)	169

05 최후 백보좌 심판과 영원한 불못 심판(계 20:11~15) 171

1) 또 내가…보니(계 20:11a)	171
2) 크고 흰 보좌와(계 20:11b)	172
3) 그 위에 앉으신 이를 보니(계 20:11c)	172
4) 땅과 하늘이 그 앞에서 피하여 간데없더라(계 20:11d)	173
5) 또 내가 보니 죽은 자들이 큰 자나 작은 자나(계 20:12a)	175
6) 책들이 펴있고 또 다른 책이 펴졌으니 곧 생명책이라(계 20:12b)	177
7) 바다가 그 가운데서 죽은 자들을 내주고(계 20:13a)	182
8) 각 사람이 자기의 행위대로 심판을 받고(계 20:13b)	184
9) 사망과 음부도 불못에 던져지니(계 20:14a)	184
10) 이것은 둘째 사망 곧 불못이라(계 20:14b)	187
11) 누구든지 생명책에 기록되지 못한 자는 불못에 던져지더라(계 20:15)	188
특주 41 백보좌 심판의 공정성	190

제3부 새 하늘과 새 땅(계 21:1~22:5)

  서론   204

01 새 하늘과 새 땅의 창조(계 21:1)   207

  1) 또 내가…보니(계 21:1a)   207

  2) 새 하늘과 새 땅을 보니(계 21:1b)   208

  3) 처음 하늘과 처음 땅이 없어졌고(계 21:1c)   209

   특주 42 처음 하늘과 처음 땅의 미래   211

  4) 바다도 다시 있지 않더라(계 21:1d)   224

02 새 예루살렘의 도래(계 21:2)   226

  1) 또 내가 보매 거룩한 성 새 예루살렘이(계 21:2a)   226

  2) 하나님께로부터 하늘에서 내려오니(계 21:2b)   228

  3) 그 준비한 것이 신부가 남편을 위하여 단장한 것 같더라(계 21:2c)   229

03 하나님께서 자기 백성과 장막에 함께하실 것의 선언(계 21:3~4)   232

  1) 내가 들으니 보좌에서 큰 음성이 나서 이르되(계 21:3a)   232

  2) 보라 하나님의 장막이 사람들과 함께 있으매(계 21:3b)   233

  3) 하나님이 그들과 함께 계시리니 그들은 하나님의 백성이 되고…(계 21:3c)   234

  4) 모든 눈물을 그 눈에서 닦아 주시니(계 21:4a)   235

  5) 다시는 사망이 없고(계 21:4b)   236

  6) 애통하는 것이나 곡하는 것이나 아픈 것이 다시 있지 아니하리니(계 21:4c)   237

  7) 처음 것들이 다 지나갔음이니라(계 21:4d)   237

04 하나님께서 만물의 갱신과 악인의 영원한 분리를 선언(계 21:5~8)   239

  1) 보좌에 앉으신 이가 이르시되(계 21:5a)   239

2) 보라 내가 만물을 새롭게 하노라 하시고(계 21:5b)   240

3) 또 이르시되 이 말은 신실하고 참되니 기록하라 하시고(계 21:5c)   242

4) 또 내게 말씀하시되 이루었도다 나는 알파와 오메가요…(계 21:6a)   242

5) 또 내가 생명수 샘물을 목마른 자에게 값없이 주리니(계 21:6b)   243

6) 이기는 자는 이것들을 상속으로 받으리라(계 21:7a)   244

7) 나는 그의 하나님이 되고 그는 내 아들이 되리라(계 21:7b)   246

8) 그러나 두려워하는 자들과 믿지 아니하는 자들과(계 21:8a)   248

9) 흉악한 자, 살인자들, 음행하는 자들, 우상 숭배자들…(계 21:8b)   249

특주 43 세 종교의 내세관과 기독교의 종말론   254

05 새 예루살렘 성의 아름다운 정경(계 21:9~21)   262

1) 새 예루살렘 성의 모습(계 21:9~10)   262

2) 새 예루살렘 성의 열두 문과 열두 기초석(계 21:11~14)   265

3) 새 예루살렘 성의 크기(계 21:15~17)   271

4) 새 예루살렘 성의 건축 재료들(계 21:18~21)   276

06 새 예루살렘 성의 어린양 성전과 성을 비추는 두 광채(계 21:22~27)   282

1) 새 예루살렘 성의 어린양 성전(계 21:22)   282

2) 성을 비추는 하나님과 어린양의 광채(계 21:23~25)   286

3) 생명책에 기록된 자들의 새 예루살렘 성의 입성(계 21:26~27)   295

특주 44 에넨동산, 천년왕국, 천국의 차이   297

07 새 예루살렘 성의 생활(계 22:1~5)   315

1) 성 안의 생명수와 강 좌우의 생명나무(계 22:1~2)   315

2) 다시 저주가 없는 영원한 새 예루살렘 성(계 22:3~5)   323

제4부 예언의 끝맺음과 경고(계 22:6~21)

    서론   332

01 천사의 끝맺는 말(계 22:6~11)   333

    1) 또 그가 내게 말하기를 이 말은 신실하고 참된지라(계 22:6a)   333

    2) 주 곧 선지자들의 영의 하나님이 그의 종들에게(계 22:6b)   334

    3) 반드시 속히 되어질 일을 보이시려고 그의 천사를 보내셨도다(계 22:6c)   335

    4) 보라 내가 속히 오리니(계 22:7a)   335

    5) 이 두루마리의 예언의 말씀을 지키는 자는 복이 있으리라(계 22:7b)   336

    6) 이것을 보고 들은 자는 나 요한이니(계 22:8a)   336

    7) 내가 듣고 볼 때에…천사의 발 앞에 경배하려고 엎드렸더니(계 22:8b)   337

    8) 나는 너와 네 형제 선지자들과…말을 지키는 자들과 함께 된 종이니(계 22:9)   338

    9) 또…이 두루마리의 예언의 말씀을 인봉하지 말라 때가 가까우니라(계 22:10)   338

    10) 불의를 행하는 자…더러운 자…의로운 자…거룩한 자는 그대로(계 22:11)   340

    특주 45 때가 가까우니라(계 22:10)   343

02 예수 그리스도의 재림 선언과 교회의 화답(계 22:12~17)   353

    1) 보라 내가 속히 오리니(계 22:12a)   353

    2) 내가 줄 상이 내게 있어 각 사람에게…(계 22:12b)   354

    3) 나는 알파와 오메가요…(계 22:13)   356

    4) 자기 두루마기를 빠는 자들은 복이 있으니(계 22:14a)   357

    5) 이는 그들이 생명나무에 나아가며…(계 22:14b)   358

    6) 개들과 점술가들, 음행하는 자들, 살인자들…(계 22:15)   359

    7) 나 예수는 교회들을 위하여 내 사자를 보내어…(계 22:16a)   360

    8) 나는 다윗의 뿌리요…곧 광명한 새벽별이라(계 22:16b)   361

9) 성령과 신부가…오라 하시는도다(계 22:17a)	362
10) 듣는 자, 목마른 자, 또 원하는 자는…(계 22:17b)	363

03 사도 요한의 예언 가감에 대한 경고(계 22:18~21)   364

1) 내가…모든 사람에게 증언하노니(계 22:18a)	364
2) 이 두루마리의 예언의 말씀을 듣는 모든 사람에게(계 22:18b)	366
3) 만일 누구든지 이것들 외에 더하면(계 22:18c)	368
4) 하나님이 이 두루마리에 기록된 재앙들을 그에게 더하실 것이요(계 22:18d)	369
5) 만일 누구든지…예언의 말씀에서 제하여 버리면(계 22:19a)	370
특주 46 교회들이 덧붙여 놓은 것과 제하여 버린 것들	373
6) 이것들을 증언하신 이가…내가 진실로 속히 오리라(계 22:20a)	396
7) 아멘 주 예수여 오시옵소서(계 22:20b)	397
8) 주 예수의 은혜가 모든 자들에게 있을지어다 아멘(계 22:21)	399
설교 23 주 예수여 오시옵소서(계 22:20)	400

결론   413

새 하늘과 새 땅

서론

요한계시록의 강해서 제3권인 "새 하늘과 새 땅"을 설명하려고 한다. 우리는 성경에 명백하게 "새 하늘과 새 땅"의 진리가 있음을 안다. 성경의 진리가 있음은 알지만 명확하게 알지 못하기에 단편적으로 부분적으로 제한된 내용을 피상적으로 알고 있는 것이 사실이다.

이 땅에는 성경의 진리대로 믿는 '성서신학'이 있는가 하면, '성서'의 진리를 인간들의 철학과 개인의 주관적 해석으로 만든 교파 신학들이 있다. 성서신학을 탈선하고 인간들의 철학을 혼합시킨 대표자가 두 명 있다. 한 명은 성서와 플라톤 철학을 혼합시킨 아우구스티누스(354~430)이고, 다른 한 명은 '성서', '교부'와 아리스토텔레스 철학을 혼합시킨 토마스 아퀴나스(1224~1274)다.

참으로 개탄스러운 것은 종교개혁자들로 알려진 두 사람이 위의 두 사람의 '인간들의 신학'을 그대로 계승 발전시켰다는 사실이다. 그 두 사람이 루터(1483~1546)와 칼빈(1509~1564)이다. 두 사람이 다 똑같이 아우구스티누스와 아퀴나스의 영향을 받고 요한계시록 주석을 쓰지 못했다.

그 결과 종교개혁 후 500년이 지난 현재까지 성서신학이 아닌 인간들의 신학 상태로 요한계시록이 방치된 채 오해만 계승되고 있다. 지금도 전 세계의 모든 신학대학 대부분이 인간들의 신학은 가르쳐도 성서신학에 근거한 성경을 가르치는 학교는 희귀할 정도다. 그 결과 신학대학을 졸업해도 성경을 설교할 능력이 결여된 상태이다.

필자는 인간들의 신학의 해악을 40년간 체험하고 다시금 새로운 성서신학에 몰두해 40년을 살아오고 있다. 필자는 성서신학 중 신약성경을 중심으로 구약을 해석하고, 신약을 설명해야 한다는 신념으로 '신약교회 사관'을 창안했다(1991년).

여기 요한계시록 강해서들은 인간들의 신학을 배제하고 신약교회 사관에 근거한 강해서이다. 이 같은 필자의 강해서에 대해 인간들의 신학에 기울어진 편견을 가진 자들이 각종 인간들의 신학 이론 지식으로 성경신학의 주장들을 폄훼(貶毁)하고 비판할 것을 잘 알고 있다. 그러나 진리의 명증성(明證性)은 시간이 지나면서 증명이 된다. 과연 인간들의 신학이 옳은가, 성서신학의 주장이 옳은가? 필자는 과거 인간들의 신학이 500여 년간 각종 교파들을 양산해서 순진한 성도들에게 분열과 오해들을 갖고 살아가게 만들었음을 잘 알고 있다.

필자는 이와 같은 위기의식으로 오직 성경에 기록된 '원문' 중심으로 "새 하늘과 새 땅"을 설명해 나가려 한다. 바라기는 본 강해서로 '과거'만 아는 '꼰대'가 아니라 '미래'에 대한 확고한 신념 때문에 온갖 고난, 풍파, 험난한 세파 속에서도 "새 하늘과 새 땅"에 대한 성경적 소망으로 용맹스러운 투사로 살아갈 힘과 용기를 주는 자료가 되기를 열망한다.

"새 하늘과 새 땅"에는 성경에 기록된 내용을 그대로 요약해서 네 가지 내용으로 설명해 나가겠다.

제1부 예수 그리스도의 재림(계 19:1~21)
제2부 천년왕국(계 20:1~15)
제3부 새 하늘과 새 땅(계 21:1~22:5)
제4부 예언의 마침과 재림의 선언(계 22:6~21)

제1부

예수 그리스도의 재림

(계 19:1~21)

01
어린양의 혼인 잔치

(계 19:1~10)

1) 이 일 후에(계 19:1a)

"이 일 후에"는 "메타 타우타"(μετὰ ταῦτα)다. 이 용어는 사도 요한이 요한계시록 전반에 걸쳐서 자주 사용하는 관용어이다(계 4:1, 7:1, 9, 15:5, 18:1, 19:1). 그런데 사도 요한은 반드시 '시간적 전환'이 되거나 '논리적 전환'을 할 때 "이 일 후에"라는 용어를 쓴다.

그 사례들을 정리해 보자.
① 맨 처음에 계시록 4장 1절의 경우
사도 요한은 계시록 1장에서 계시록의 서론을 설명했다. 그리고 계시록 2~3장에서 아시아 일곱 교회에게 주는 권면으로 '교회시대'의 예언을 하고 있다.
사실 구약성경에는 '교회' 개념이 없다. 구약성경에는 교회 개념이 아닌 '영적 이스라엘' 개념이 있다. 구약성경에는 '이스라엘'이라는 의미가 계속해서 발전되어 간다.

 ㉠ 최초로 야곱 개인의 이름(창 32:28, 35:10)

 ㉡ 이스라엘의 열두 지파에게 주어진 집단적 이름(출 3:16)

 ㉢ 솔로몬 왕 이후 북왕국 열 지파가 이스라엘 국명으로 사용한 이름(삼상 11:8; 왕상 14:19, 29)

 ㉣ 아브라함의 믿음을 가진 모든 자에게 주어지는 영적 의미(시 73:1; 사 45:17; 요 1:47; 롬 11:13~30; 갈 6:15~16)

이렇게 구약성경에는 '영적 이스라엘'은 있으나 '교회' 개념은 없다. 교회는 신약성경에서 최초로 주님이 말씀하셨고(마 16:18, 18:17), 사도행전부터 '교회'가 호칭되고, 사도 바울의 서신서들에서 대폭적으로 사용되고, 히브리서, 요한 서신과 야고보서와 요한계시록 2~3장에만 사용되었다.

그리고 계시록 2~3장에는 당시 수십 개의 교회들 중 유독 아시아 일곱 교회에게만 편지 형식으로 메시지가 주어지는 것은 2천년 교회시대의 예언이라고 믿는다. 그와 같은 믿음에 근거해 이미 계시록 강해서 1권으로《교회시대》를 발표했다. 그런데 계시록 4장 1절에 최초로 "이 일 후에"가 설명된다. 계시록 4장 1절의 "이 일 후에"는 무슨 일의 후라는 말인가?

그것은 앞서 계시록 2~3장의 교회시대 이후의 사건이라고 이해할 수밖에 없다. 그런데 계시록 4장 1절 이후의 내용은 지상의 교회 내용이 아닌 하늘에 있는 보좌 주변의 내용이다.

왜 사도 요한은 계시록 2~3장에서 지상의 교회 내용을 예언하다가 갑자기 계시록 4장에는 천상의 보좌 내용을 말하는가? 이것은 지상의 교회시대가 종결된 이후의 새로운 사건을 의미한다. 그렇게 새로운 사건은 신약성경 중 데살로니가전서 4장 13~18절에 기록된 '휴거'만이 해답이 된다.

이 같은 신념이 교회시대 종결이라는 계시록 강해 1권을 저술하게 하였다.

② 두 번째 "이 일 후에"가 사용된 계시록 7장 1절과 9절의 경우 계시록 7장에 앞서 계시록 6장에는 7년 대환난의 첫째 재앙인 일곱 인의 재앙 중 '여섯째 인'의 재앙이 끝난 후의 내용이다.

그렇게 여섯째 인의 재앙이 온 우주를 강타함으로 하늘과 산과 바다와 섬들과 땅에서 역사에 없던 큰 재앙들을 당한다. 이로 인해 땅의 임금들과 왕족들과 장군들과 부자들과 강한 자들과 종과 자유인이 구별 없이 굴과 산들로 숨게 된다(계 6:15).

이때 수천 년 동안 메시아인 그리스도를 거부해 오고 있는 유대교도들이 회개하는 변화가 따른다. 그렇게 유대교도들 중 회개하는 상징적 숫자가 14만 4천이다. 이와 같은 유대교도들 14만 4천은 교회시대가 끝이 나고 '휴거'와 '대환난'을 경험한 후에 뒤늦게 미래에 회개할 이스라엘 민족 중에서 구원받을 숫자이다.

그러나 교회 역사 속에는 14만 4천이라는 숫자를 도용한 많은 이단이 있었고, 지금까지도 사용하는 도구이다.

두 번째 "이 일 후에"는 이처럼 중대한 전환점과 시간적으로 논리적으로 전환되는 내용에 사용된 표현이다. 이렇게 "이 일 후에"라는 관용어의 참된 의미를 바로 알아야 한다.

③ 세 번째 "이 일 후에"가 사용된 계시록 18장 1절의 경우
이때 쓰인 "이 일 후에"에는 앞서 계시록 16장 17~21절에서 모든 인

류 문명의 최고 최후의 상징인 바벨론의 멸망이 예언되었다. 그리고 계시록 17장에서 바벨론의 멸망을 보다 상세하게 설명해 주고 난 후에 계시록 18장 1절에서 "이 일 후에"가 사용되고 있다. 따라서 세 번째로 쓰인 계시록 18장 1절의 "이 일 후에"도 역사적 대전환이 되는 시간적 전환의 의미가 충분하다고 할 수 있다.

④ 네 번째 "이 일 후에"가 계시록 19장 1절에 사용되었다.

이때의 "이 일 후에"는 시간적으로 보면 앞서 계시록 17~18장에 예언된 바벨론 멸망이라는 사건 이후의 내용을 의미한다. 그뿐만이 아니다. 계시록 19장 1절의 "이 일 후에"는 7년 대환난이라는 참혹한 기간이 끝나고 전혀 새로운 사건들이 전개되는 것을 논리적으로 전환시키는 독특한 표현으로 사도 요한의 관용어이다.

그렇다면 계시록 19장 1절의 "이 일 후에" 전개되는 내용이 무엇인가? 그것이 계시록 19장 1~10절의 "어린양의 혼인 잔치" 내용이다. 그런데 어린양의 혼인 잔치가 성경 기록상으로는 7년 대환난이 종결된 계시록 18장 이후에 기록되었다. 그러나 어린양의 혼인 잔치는 지상에서 이뤄지는 사건이 아니고 하늘에서 이뤄지는 하늘의 사건이다.

뒤에 계시록 19장 1~10절 설명에서 다시 설명하겠지만, 어린양의 혼인 잔치는 어디서 어떤 이들의 잔치인가? 그것은 계시록 3장에서 교회시대가 끝나고 휴거되어 공중에서 승천한 구원받은 교회 성도들과 어린양이신 그리스도와 함께 이뤄지는 하늘 위에서의 내용이다. 그렇기에 '어린양의 혼인 잔치' 내용이 성경 기록에는 계시록 19장이지만 시간상으로는 계시록 3장 이후에 있는 계시록 4~5장들의 내용 속에 포함되는 사건이라고 본다.

이와 같은 기록과 시간상의 차이를 염두에 두고 이 장을 살펴보자.

2) 하늘에 허다한 무리의 큰 음성 같은 것이 있어(계 19:1b)

여기서 우리가 놓치지 말고 꼭 기억해야 할 사실이 두 가지가 있다.

① 이때의 큰 음성 같은 찬양은 하늘에서 있는 큰 찬양이라는 사실이다. 요한계시록에는 대환난 초기에 구원받은 자들이 땅에서 큰 음성으로 찬양하는 내용이 계시록 7장 9~12절에 기록되었다. 그리고 대환난이 시작되기 전에 구원받은 성도들이 휴거되어 하늘로 올라간 후에 어린양과 함께 혼인 잔치를 하는 내용이 계시록 19장 1~10절의 내용이다.

그것을 어떻게 알 수 있는가? 계시록 19장 1절의 '하늘에'라는 단어에서 알 수 있다. '하늘에'라는 말은 '엔 토 우라노'(ἐν τῷ οὐρανῷ)다. 여기서 쓰인 '엔'(ἐν)이라는 말은 장소나 범위 또는 영역을 나타내는 여격 지배 전치사다.

이 단어는 영어로 옮기면 'in'에 해당하는 단어다. 그러나 모든 번역 성경들은 'in'의 개념을 간과해 버리고 '하늘에'라고 번역되어서 너무 모호한 뜻으로 이해할 수밖에 없게 되었다. 그렇기에 계시록 19장 1절의 "이 일 후에"는 교회시대가 종결된 후에 구원받은 성도들이 주님의 공중강림과 함께 하나님이 계시는 하늘나라로 승천한 때의 일이고, 그때 하늘나라에서 '허다한 무리'의 큰 음성으로 구원받은 성도들이 찬양을 부르게 된다.

그렇기에 우리가 깨달아야 할 중요한 사실이 있다. 그것은 교회시대가 끝이 나면서 구원받은 성도들은 주님의 공중강림과 함께 공중으로 휴거되어 승천한다. 그때 구원받은 성도들이 "하나님의 나라 안에서" 어린양에 대한 찬양의 내용이 계시록 19장 1~10절의 내용이다.

반면에 교회시대가 끝이 나고 성도들의 휴거와 대환난이 시작될 때 뒤늦게 회개하는 '이스라엘 자손들'과 땅에 있는 '각 나라와 족속과 백성'들이 뒤늦게 회개한다. 그들이 뒤늦게 회개한 후 '땅에서' 부르는 찬양의 내용이 계시록 7장 9~12절의 내용이다.

② '큰 음성 같은 것이 있어'라는 표현

사도 요한은 하늘나라 안에 있는 구원받은 '허다한 무리'의 큰 음성을 '~같은 것이 있어'라고 표현한다. '~같은 것이 있어'라는 말은 '호스'(ὡς)이다.

사도 요한은 밧모 섬에서 주님이 주시는 계시들을 환상 속에서 듣고 본 것들을 그가 알고 있는 지식과 경험으로 설명하고 있다. 그러나 그의 설명은 완벽한 것이 아니다. 그렇기에 '~와 같은 것'이라는 정도로만 표현한다. 하지만 '~와 같은 것'이라는 표현을 우리가 충분하게 이해하려고 노력할 수 있으나, 사도 요한이 미처 완전하게 표현하지 못한 부분들도 충분히 있을 수 있다는 여지를 갖고 이해할 필요가 있음을 알아야 하겠다.

3) 구원받은 자들의 하늘 찬양(계 19:1~2)

구원받은 자들이 땅에서 부르는 찬양의 내용이 계시록 7장 10~12절에 있다. 구원받은 자들이 하늘나라에서 부르는 찬양 내용은 계시록 19장 1~2절에 있다. 그리고 하늘나라에서의 찬양은 구원받은 자들만의 찬양이 아니라 24장로와 네 생물의 찬양이 있고(계 19:3~5), 또 허다한 무리가 연합된 연합 찬양도 있다(계 19:6~8).

찬양의 주체는 하나님이시다. 그런데 찬양을 부르는 자들의 찬양 내용은 약간씩 다르다. 여기 1c~2절에는 교회시대에 구원받은 자들이 휴거되어 하늘나라로 승천한 후에 부르는 찬양 내용이다.

그리고 3~5절에는 이미 하늘나라에 가 있는 이십사 장로와 네 생물의 찬양 내용이고, 6~8절에는 교회시대 성도들과 이십사 장로와 네 생물의 연합된 찬양 내용이다.

그런데 이 모든 찬양의 공통점이 '할렐루야'이다(1c, 3, 6절). 그러나 이들이 부르는 찬양의 내용은 약간씩 다르다.

여기 '교회시대'에 구원받은 자들의 '휴거'로 하늘나라에 승천한 후에 부르는 찬양 내용은 음행으로 땅을 더럽게 한 큰 음녀 바벨론을 심판해서 그 종들의 억울한 피를 하나님이 갚아주신 것을 찬양한다.

이 내용은 계시록 17장 1절~18장 24절에 기록된 음녀 바벨론의 행위들을 하나님께서 심판하신 것을 찬양하고 있다.

4) 이십사 장로와 네 생물의 찬양(계 19:3~5)

이십사 장로는 하늘 보좌 주변에서 하나님을 보좌하는 전 인류 중 구원받은 자들 중 대표자들이다(계 4:2~4).

또 네 생물은 하나님 보좌 주변에 있는 모든 피조물의 대표자다(계 4:6~9). 이들이 부르는 찬양 내용은 "작은 자나 큰 자나 다 우리 하나님께 경배하라"는 전능자에 대한 찬양 내용이다.

5) 많은 물소리, 큰 우렛소리 같은 연합 찬양(계 19:6~8)

이때에는 땅에서 구원받아 천국에 가게 된 모든 성도들과 과거에 이미 구원받은 자들 중 대표자 성격의 구약의 12지파와 신약의 12사도로 상징되는 24장로들이 연합해서 찬양을 드린다. 이때의 찬양 내용은 '어린양의 혼인 기약'이 이르렀음을 찬양한다. 이렇게 찬양의 내용이 약간씩 다르다.

하늘나라에서 하나님께 드리는 찬양 행위는 다 같다. 그러나 저들의 찬양 내용에는 약간씩 차이가 있다. 휴거되어 올라간 성도들은 하나님께서 악의 세력인 음녀 바벨론을 심판한 것을 찬양한다. 또 이미 하나님 주변에서 하나님 보좌에서 섬기는 이십사 장로들과 네 생물의 찬양 내용은 전능자에 대한 경배를 강조한다. 그런가 하면 연합 찬양은 '어린양의 혼인 기약'을 찬양한다. 찬양하는 행위는 다 똑같으나 찬양자들의 입장에 따라서 찬양의 내용은 다른 것임을 알 수 있다.

여기서 우리 성도들도 그들의 입장에 따라 즐겨하는 찬송이 각각 다를 수 있음도 충분히 이해가 된다. 그렇기에 초신자들은 "복의 근원 강림하사"(28장)을 즐겨 부를 수 있고, 열심히 중천한 자는 "불길 같은 주 성령 간구하는 우리게…불로, 불로"(184장)을 부를 수 있으며, 중년의 노련한 자는 "아 하나님의 은혜로 이 쓸데없는 자"(310장)를 부를 수 있고, 노년의 원숙한 자는 "나의 갈 길 다 가도록 예수 인도하시니"(384장)를 부를 수 있을 것 같다.

[설교 22]에서 "세상의 찬양과 하늘나라의 찬양"의 차이를 살펴보도록 하겠다.

(설교 22)

세상의 찬양과 하늘나라의 찬양

오늘날 우리에게 있어 '찬송'이나 '찬양'의 의미는 매우 혼란스러운 상태이다. 성경에 기록된 찬송이나 찬양의 의미는 모호하게 사라져버리고 찬송이나 찬양이 구별 없이 남용되고 있다. 찬송이나 찬양이라는 말이 타 종교들에서도 사용되고 있고, 기독교 안에서도 혼란을 주고 있다. 여기서 성경에 기록된 찬송과 찬양의 뜻을 살펴보고 '세상의 찬양'과 '하늘나라의 찬양'의 차이를 살펴보려고 한다.

1. 성경에 기록된 찬송과 찬양

1) 찬송(讚頌)의 뜻

찬송을 히브리어로 '테힐라'(תְּהִלָּה)라고 한다(출 15:11; 신 10:21; 시 9:14, 22:3, 33:1, 35:28, 40:3, 51:15, 106:12, 111:16, 119:171; 사 43:21; 렘 33:9 등등).

이 단어가 헬라어로는 '유로기아'(εὐλογία)로 쓰인다(마 21:9; 눅 2:13, 20; 요 12:13; 롬 1:25; 행 13:48; 고후 1:3; 엡 1:3; 계 19:5).

그리고 이것을 영어로는 'hymns'라고 했다.

'찬송'이란 무슨 뜻인가?

찬송이란 기독교 교리를 담거나 개인의 경건한 신앙생활의 내용을 노래 형태로 표현하는 것을 뜻한다. 초대교회에서 이미 예배 때 찬송을 사용한 사례가 여러 곳에 확인되고 있다.

엡 5:19 "시와 찬송과 신령한 노래들로 서로 화답하며"
계 15:3 "모세의 노래, 어린양의 노래"
계 19:5 "하나님께 찬송하라"

초대교회 이전에 과거 유대교도들이 사용해 온 "모세의 노래"(출 15장), "드보라와 바락의 노래"(삿 5장), 그리고 수많은 시편이 "성전에 올라가는 노래"(시 120~134편)로 불렸다.

초대교회에서는 유대교의 구약 찬송과 다르게 독립된 형태의 찬송들이 사용되었음을 성경 각 곳에서 발견할 수 있다.

그 같은 흔적이 주후 101~200년 사이에 시리아 교회에서 사용된 42개의 침례용 찬송들이 솔로몬의 송시라고 계승된 듯하다. 이것이 중세기 천년 동안 찬송이 아닌 가톨릭의 전례(典禮)용 음악인 '성가'(聖歌: Cantus Sacra)로 사용된다. 그래서 중세기 때 찬송의 의미는 희석되고 성가가 전용된다.

그런데 종교개혁자 루터가 '찬송'과 '성가'를 구별시킨다.

루터는 가톨릭의 전례용 성가는 구원받지 않은 자들의 종교 음악으로 보고 초대교회의 찬송을 회복시킨다.

그 후 현대적 형태의 '찬송'은 영국 회중교회 목사인 아이작 와츠(Isaac Watts, 1674~1748)가 1707년에 "찬송들과 신령한 노래들"(Hymns and spiritual songs)을 발표한 후 16판을 거듭했다. 이와 같은 와츠의 찬송가 곡이 우리나라 찬송가 71장(통 438장)에 "예부터 도움 되시고 내 소망 되신 주"를 비롯해 6장, 20장, 46장, 71장, 115장, 138장, 143장 149장, 151장, 249장, 349장, 353장 등에 소개되고 있다.

이렇게 와츠가 개인적 영적 신앙 체험을 찬송으로 담아서 만들기 시작한 것이 현대 찬송가의 기초가 된다. 그 후 감리교 창시자 존 웨슬리의 아우 찰스 웨슬리(1707~1788) 찬송시 7,270편을 발표했다. 그가 발표한 "Hymns and sacred poems"(1739)는 영어로 된 찬송가들 중 최고 작품으로 인정받고 있다.

여기서 우리가 깨달아야 할 사실이 있다. 찬송(讚頌)은 반드시 영적으로 구원받은 자들이 구원의 감격을 기독교 진리에 근거하여 노래의 형식으로 만든 것들이다. 따라서 과거 가톨릭이 사용한 전례용 성가나 현재도 구원받지 못한 자들의 성악과는 완전하게 구별되어야 할 내용이다. 현대의 성가와 찬송이 구별되지 못함은 시정되어야 할 부분이라고 본다.

2) 찬양(讚揚)의 뜻

찬송과 찬양이 특별하게 구별되는 것은 아닌 것 같다. 그러나 굳이 차이를 찾아본다면 찬양은 히브리어로 '할랄'(הלל), '야다흐'(ידה), '자마르'(זמר), '샤바흐'(שבח)로 쓰였다.

그리고 헬라어로 '아이네오'(αἰνέω), 독사조(δοξάζω)로 쓰였다.

이것이 영어로는 Praise로 쓰인다.

찬양이라는 말의 뜻은 하나님 또는 신들을 높이거나 존경하는 말이나 행동이라는 뜻이다.

출애굽기 15장 11절에 '찬송'이 '찬양'이고, 사사기 16장 24절에 '찬양', 잠언 27장 21절에는 '칭찬'이라는 말이 '할랄'이다.

시편은 '찬양'들이 가득한 책이다. 또 시편 113~118편은 '할렐 시편'으로 알려졌다.

신약성경 전체 속에는 '구속'에 대한 찬양이 지배적으로 표현되었다. 계시록 19장 5~7절은 찬양의 모범적 내용이다.

2. 세상의 찬양과 하늘나라의 찬양의 차이

1) 세상 사람들의 찬양

세상 사람들의 찬양에는 세 가지 한계점이 있다고 생각된다.

(1) 구원받은 자들의 참된 찬양과 구원받지 못한 자들의 노래

성령으로 거듭난 자들의 진정한 찬양이 있는가 하면, 그 반대로 거듭나지 못했으나 예배당을 출석하는 종교인들의 관습적인 노래들이 섞여 있을 것이다.

세상에는 음악적 재능을 가진 자들이 어려서부터 종교적 가정에서 성장해서 노래를 매우 잘할 수가 있다. 그래서 노래 잘하는 특기로 유명인도 될 수 있다. 그러나 노래 잘하는 것과 찬양과는 전혀 다르다. 그가 성령으로 거듭나지 않은 자라면 그것은 찬양이 아니라 하나의 성악에 불과하다. 그가 '찬양자'인가, '성악가'인가의 구별은 그의 인생 삶을 보면 열매로 식별이 가능하다.

(2) 세상 사람들의 찬양에는 세상 사람들을 의식하는 면이 다분히 포함될 복합적 요소가 있다. 세상 사람의 찬양에는 음악성, 대중성, 대중들의 반응 등등 사람들의 평가에 크게 치우친 세상적 요소가 많이 작용한다.

(3) 세상 사람들의 찬양은 세상 사람들이 만든 7음(七音) 4부(四部)의 화음(和音)을 최상으로 여기는 제한적 찬양이다.

2) 하늘나라의 찬양

하늘나라의 찬양은 세 가지 면에서 구별된다.
(1) 하늘나라의 찬양은 전 세계 구원받은 자들만의 찬양이다.
이 땅에서는 바벨탑 사건(창 11장) 이후 언어의 혼잡으로 소통이 불편하다. 그러나 하늘나라에 입성한 자들은 전 세계 각 나라와 족속과 백성과 방언자들이(계 7:9) 하나님과 어린양 앞에서 찬양을 부른다.

(2) 하늘나라의 찬양은 하나님만 의식하는 찬양이다.
하늘나라에서는 인간적 요소가 다 배제된 찬양을 부른다. 그렇기에 기교도, 사람들의 평가도, 음악성도 다 배제된다. 하늘나라의 찬양은 오직 "영과 진리로"(요 4:23~24)만 찬양할 따름이다.

(3) 하늘나라의 찬양은 세상의 화음(和音)을 초월한다.
하늘나라 수많은 천군 천사들의 찬송(눅 2:13~14)은 결코 인간적 화음을 초월하는 찬송일 것이다.

⑷ 하늘나라의 찬양 내용에는 급(給)이 발전된다.

a) 일반 성도는 하나님의 심판을(계 19:1~2),

b) 이십사 장로와 네 생물은 하나님 경외를(계 19:4~5),

c) 전체 허다한 무리들은 하나님의 통치와 영광을(계 19:6~7) 찬양한다.

우리는 이 땅에서 신앙생활하는 동안 하늘나라의 찬양을 연마해야 할 것이다.

[특주 35]
어린양의 혼인 잔치에 대한 성서적 근거

우리는 구약성경에서 '어린양'이 짐승의 개념으로 기록되었음을 알고 있다. 그런데 신약성경에는 '어린양'의 개념이 복음서와 계시록에서 완전하게 달라졌음을 알 수 있다. 이제 계시록의 '어린양의 혼인 잔치'를 바로 이해하기 위해서는 구약성경의 '어린양' 개념과 신약성경에서 발전된 개념을 구별하며 함께 이해할 안목이 필요하다. 이제 그 차이를 살펴보자.

1) 구약과 신약성경에 쓰인 '어린양'과 '양'

(1) 구약성경의 '어린양' 개념
구약성경에 '양'(羊)에 해당하는 단어가 두 가지가 있다.
하나는 새끼 양, 또는 어린양에 해당하는 단어로 '케베스'(כבש)가 있다(출 29:38; 레 4:32, 14:24; 민 28:4 등).
그에 반해 큰 양에 해당되는 단어로 '촌'(צאן)이 있다(창 4:2, 12:16, 20:14; 레 3:6; 민 27:17; 삼상 25장 등).
구약성경의 '어린양'은 맛 좋은 진미의 상징이었고, 큰 양은 재산이며 제물로 활용되었다.

(2) 신약성경의 '어린양'

신약성경에서 '어린양'은 '암노스'(ἀμνός)로 쓰였고(요 1:29; 행 8:32; 벧전 1:19 등), 큰 양은 '프로바톤'(πρόβατον)으로 쓰였다(마 9:36, 10:6, 18:12; 요 2:14, 10:1~27; 벧전 2:25; 계 18:13 등).

신약성경의 '어린양'이 복음서와 서신서에서는 '하나님의 어린양'으로 하나님의 소유라는 의미로 쓰였다.

그런데 계시록 5장 6절부터 계시록 22장 1절에는 어린양의 개념이 예수 그리스도로 쓰이고 있다. 그렇기에 성경에서 구약의 짐승의 개념이 신약 복음서와 서신서에서는 상징으로 쓰였고, 계시록에서는 예수 그리스도의 상징으로 쓰인 '어린양'의 발전적 개념을 총체적으로 이해할 필요를 느낀다.

2) 어린양과 신부인 교회와의 만남인 '휴거'

신약성경에는 '혼인'에 관한 내용이 몇 군데에 나온다. 예수님께서 가나의 혼인 잔칫집에 가셨던 내용과(요 2장) 또 예수님께서 혼인 잔치를 영적 교훈의 소재로 가르쳐 주신 내용이 있다(마 22, 25장; 막 9, 22장; 눅 5, 12, 14장 등).

그런데 바울 사도는 그리스도인이 된 교회와 그리스도와의 관계를 '혼인'이라는 개념으로 발전시킨다. 그것을 고린도전서 11장 2절에서 "내가 너희를 정결한 처녀로 한 남편인 그리스도께 드리려고 중매"한다고 한다. 그뿐만이 아니라 에베소서 5장 22~25절에는 그리스도와 교회와의 관계를 남편과 아내의 관계로 설명한다.

이렇게 그리스도와 구원받은 성도들인 교회를 남편과 아내의 관계로, 부부간의 연합체로 설명하는 것이 바울 신학이다.

그런데 이렇게 좋은 영적 부부로 만남은 이 땅 위에서 영적 상태로만 이루어진다. 이와 같은 영적 부부관계가 실제적으로 만남이 이루어지는 때가 있다. 그것이 어린양이신 그리스도께서 신랑 자격으로 신부인 교회 성도들을 불러올리는 휴거 때이다.

그 '휴거' 때의 내용이 데살로니가전서 4장 13~18절에 기록되었다. '교회' 때에는 어린양과의 결혼관계가 영적 상태로 이뤄졌기에 내면적으로만 간직하고 살아간다. 그러나 '휴거' 후에는 어린양과 직접 만나서 대면 상태로 천국에서 어린양과 교회가 함께 살게 된다.

3) 어린양의 혼인 잔치의 참석자와 혼인 잔치 기간

휴거된 교회 성도들은 천국에서 어린양 그리스도와 함께 7년 동안 혼인 잔치를 진행한다. 성도들이 휴거 후 천상에서 7년간 혼인 잔치를 계속하는 동안 땅에서는 7년 대환난으로 수많은 재앙과 징벌들이 계속된다.

계시록 19장 7절의 "어린양의 혼인 기약"과 9절의 "어린양의 혼인 잔치"에는 깊은 의미가 담겨 있다.

(1) 어린양의 혼인 기약(계 19:7)

'어린양의 혼인 기약'이라는 말은 '호 가모스 투 아르니우'(ὁ γάμος τοῦ ἀρνίου)다.

잘 아는 바와 같이 유대인의 결혼 풍습에는 세 단계가 있었다. ① 약혼 단계(마 1:18) ② 정혼 단계(눅 1:27, 2:5) ③ 결혼 단계로 진행되었다. 물론 많은 경우는 ① 약혼 후 ② 결혼을 한다.

그리스도인들이 구원받아 교회 성도가 된 것을 결혼 풍습으로 비유한다면 약혼이나 정혼 단계로 세상을 살아간다. 그러나 결혼식을 거행할 결혼식 날을 '혼인 기약'이라는 말로 표현할 수 있다.

그렇기에 어린양의 '혼인 기약'은 그리스도와 교회 성도가 결혼식을 올리는 날이 이르렀다는 뜻이다. 이때 신부인 교회 성도는 '빛나고 깨끗한 세마포 옷'에 해당하는 '옳은 행실'(계 19:8)을 준비한다.

(2) 어린양의 혼인 잔치(계 19:9)

'잔치'라는 말은 '데이프논'(δεῖπνον)이다. 이 말은 '만찬', '정찬', '저녁식사', '잔치'라는 뜻이다. 앞서 7절에는 교회 성도들이 어린양 혼인 잔치의 주체인 '아내'로 표현되었으나, 여기 9절에서는 교회 성도들이 혼인 잔치의 하객인 '청함을 받은 자들'로 달라진다.

왜 어린양의 혼인 잔치의 주인공이 교회 성도에서 '하객'으로 달라지게 되는가? 여기에 깊은 의미는 '청함을 받은 자들'이라는 단어 '케클레메노이'(κεκλημένοι)라는 말이 설명을 해준다.

이 말은 '부르다'라는 뜻의 '칼레오'(καλέω)의 수동태 분사형이다. 다시 말하면 어린양의 혼인 잔치에 참여할 수 있는 자들은 하나님께서 부르셨기 때문에 수동적으로 참여하게 되는 것이고, 자신의 의지나 자신의 노력으로 참여할 수 있는 것이 아니라는 뜻이다.

우리가 마지막 어린양의 혼인 잔치에 참여하는 영광을 누리기 위해서는 죽을 때까지 한결같은 믿음으로 전진해 나가야 함을 깨닫게 해 준다.

6) 어린양의 혼인 잔치에 대한 천사의 축복(계 19:9~10)

(1) 천사가 내게 말하기를 기록하라(계 19:9a)

이때 말하는 천사는 계시록 18장 1절에 나타난 특별한 천사로 추정된다. 그 천사는 하늘나라에서 내려올 때 큰 권세를 가진 천사로 그의 영광이 비칠 때 땅이 환해지는 현상이 따랐다.

주님께서 변화산상에서 그의 모습을 변화시킨 상태를 보여주셨다(마 17:2). 그때의 모습이 얼굴이 해같이 빛나고 옷이 빛과 같이 희어졌다.

여기 계시록 18장 1절에 나타나는 천사 역시 그의 영광으로 땅이 환해졌다. 이제 그 특별한 천사가 요한에게 말을 해준다. 자기가 하는 말이 매우 중요한 내용이므로 기록하라고 지시한다.

천사가 요한에게 무엇을 기록하라고 지시하는가?

그것은 '어린양의 혼인 잔치'와 '청함을 받은 자들의 복'에 대한 내용이다.

여기서 두 가지 내용을 좀 더 구체적으로 살펴보자.

(2) 어린양의 혼인 잔치

앞서 유대인들의 결혼 풍습을 설명했다.

유대인들은 아주 어렸을 적에 부모들에 의해서 아들, 딸의 약혼이 이뤄진다. 이때의 약혼은 양가 부모들의 의사로 이뤄진다. 그 후 본인들이 장성해서 부모들이 결정한 약혼에 이의가 없을 경우 본인들의 의사로 정혼이 이뤄진다.

이렇게 정혼이 이뤄지면 결혼식만 올리지 않은 합법적인 부부가 된다. 예수님의 육신의 부모가 이 상태에 있을 때 마리아가 성령으로 임신이 되었다. 요셉은 이때 법적으로 문제를 제기해서 마리아에게 치명적인 일을 만들지 않고 조용히 해결하려고 했다. 그러나 성령께서 요셉을 깨우쳐 줌으로 마리아를 수용하고 아들 예수를 낳았고, 그 후에 예수님의 동생들로 남자 4명과 여자 2명 정도를 더 낳았다(마 13:55~56).

바울 사도는 유대인의 결혼 풍습을 교회와 그리스도와의 결혼으로 적용해서 설명했다(엡 5:22~25). 바울 사도의 진리를 2000년 교회시대에 적용시킨 것이 사도 요한의 요한계시록 내용이다.

사도 요한에 의하면, 교회시대에 성령으로 거듭난 그리스도인들은 예수님의 신부(新婦)들이 되는 것이다. 그런데 예수님의 신부가 된 교회 성도들이지만 이 땅에서 사는 동안에는 유대인 결혼 풍습의 '정혼'(定婚) 단계(마 1:18; 눅 1:27, 2:5)로 살아간다.

그러나 교회시대가 끝이 나고(계 4:1) 교회 성도들이 공중(空中)으로 휴거될 때(살전 4:13~18) 어린양이신 예수님을 만난다. 그렇게 예수님을 만난 후 영원한 영생을 누리는 상태를 '어린양과의 혼인'이라고 한다.

이렇듯 교회 성도들과 어린양과의 만남은 그냥 만나는 것이 아니라 7년 동안 땅의 대환난 기간에 하늘에서는 혼인 잔치 같은 즐거운 기간이 된다. 이 내용이 계시록 19장 9절의 내용이다.

(3) 청함을 받은 자들의 복(계 19:9b)

앞서 청함을 받은 자의 의미를 설명했다.

'청함을 받은 자'란 '케클레메노이'(κεκλημένοι)라고 했다. 이 말은 수동태로 어린양의 혼인 잔치에 참여하게 되는 자들은 자신의 의지나 자신의 노력으로 이뤄지는 것이 아니다. 그것은 전적으로 하나님께서 하나님이 보시는 하나님의 기준에 의한 하나님의 선택의 결과라는 것이다.

세상 사람들에게 많이 알려졌고 교회 역사에 화려한 이름을 남긴 많은 유명인들이 있다. 그들이 중세기 때 교황들이고, 또 수도사들이고, 신학자들이다. 오늘날에도 전 세계에 많이 알려진 정치가, 사상가, 교회에 알려진 인물들이 있다. 그러나 세상에 많이 알려진 유명인이라고 해서 그들이 하나님의 청함을 받은 자라고 할 수 없다.

하나님의 청함을 받은 자는 하나님만이 하시는 단독적 행위이시다. 천사는 사도 요한에게 매우 기쁘고 중대한 순간에 이 분명하고 명확한 중요한 진리를 깨우쳐 주고 있다.

우리는 이 땅에 살아가는 동안 숨을 멈추는 그 순간까지 한시도 방심하지 않고 정결한 신부(新婦)로 주님을 만날 때까지 몸과 마음을 가다듬어야 하겠다.

(4) 천사가 확인해 준 청함 받은 자의 복(계 19:9c)

여기서 말하는 복은 '마카리오이'(μακάριοι)다.

계시록 안에는 '복'이라는 용어가 일곱 차례 나온다(계 1:3, 14:13, 16:15, 19:9, 20:6, 22:7, 14 등).

필자는 시편 강해 1권《여호와는 나의 목자시니》에서 세상의 복과 성경의 복을 설명했다.[1]

거기에서 성경의 복은 ① 선택의 복 ② 관계의 복 ③ 심령 변화의 복으로 설명했다.

그때 설명한 ③의 심령 변화의 복이라는 단어가 '마카리오스'(μακάριος)이다.

---

1) 정수영, 여호와는 나의 목자시니, 쿰란출판사, 2018, pp.46~62.

여기 계시록 19장 9절의 '청함을 받은 자'란 성령으로 심령이 변화된 거듭난 성도들을 의미한다.

이 땅에서 성령으로 거듭난 자는 그 순간부터 신분상으로 하나님의 자녀가 되고, 영적으로는 그리스도의 신부로 정혼이 된다.

그가 장차 휴거 후에 천상에서 어린양 그리스도와 연합되는 신부가 되는데, 그렇게 되는 신부인 성도들은 복 받은 자가 되는 것이다.

(5) 이것은 하나님의 참되신 말씀이라(계 19:9d)

여기 '이것은'이라는 헬라어 '후토이'(οὗτοι)는 복수 지시 대명사다. 또 '말씀이라'는 말은 '호이 로고이'(οἱ λόγοι) 역시 복수형이다. 따라서 "이것들은 하나님의 참되신 말씀들이라"라고 번역되어야 한다. 따라서 '이것들'이라는 말 속에는 본 천사가 계시록 18장 1절에 나타나서 계시록 18장 전체에 걸친 바벨론의 패망 내용과, 또 계시록 19장 1~8절에 기록된 찬양의 내용들까지 모두 포함되는 내용이라고 보아야 한다.

똑같은 표현이 계시록 21장 5절에 주어지고, 또 계시록 22장 6절에도 주어진다. 이렇게 계시록 곳곳에는 기록된 말씀이 하나님께서 주신 말씀이라는 진실성을 담보하는 내용이 나온다.

그러나 자유주의 신학자들은 사도 요한이 아닌 장로 요한이 자기 글의 권위를 높이려는 가작(假作)이라고 매도한다.

이는 참으로 불경스러운 것으로 계시록 22장 18·19절에 해당하는 죄악 행위다.

(6) 내가 그 발 앞에 엎드려 경배하려 하니(계 19:10a)

우리가 아는 바와 같이 사도 요한은 위대한 사도이다. 그는 사도로 활동 중에 세 종류의 성경책을 남겼다.

첫 번째 책은 요한복음이다. 요한복음은 온 세상 인류들에게 예수를 믿게 하려고, 또 생명을 얻게 하려고 기록된 구원의 진리의 복음서이다.

두 번째 책은 요한 서신이다. 요한 1, 2, 3서는 서신의 초점이 온 세상 인류보다는 이미 예수를 믿고 있는 성도들이 주된 초점이 된다.

그래서 구원받은 자는 하나님의 빛 안에 거해야 하고, 하나님의 사랑 안에 거해야 함을 강조한다. 그래서 진리의 실천을 강조한다.

세 번째 책은 요한계시록이다.

요한계시록은 구약성경 다니엘서 9장 20~27절에 예언된 '일흔 이레'의 이스라엘 미래가 69이레는 이미 성취되었고, 나머지 한 이레 7년이 장래에 성취될 것을 예언하고 있다.

아울러 구약성경에 언급이 없는 '교회시대' 예언이 계시록 2~3장에 다시금 주어진다. 그뿐만이 아니다. 미래에는 '처음 하늘'과 '처음 땅'이 없어졌고 '바다'도 있지 않게 되는 '새 하늘'과 '새 땅'을 예언하고 있다.

사도 요한의 위대함은 말로 다 할 수 없다. 그러나 그렇게 위대한 사도 요한도 장차 있을 '어린양의 혼인 잔치'에 대한 천사의 설명을 듣자 혼이 빠진 듯하다. 그래서 하나님 한 분에게만 경배드려야 되는 원칙을 알면서도 황망한 순간에 천사에게 경배하려 했다.

이 내용을 사도 요한의 실수라고 말할 수도 있겠으나, 또 달리 생각하면 '어린양의 혼인 잔치'에 청함을 받은 자들이 볼 때 영광이 너무 찬란하고 너무도 감격해서 정신을 차리지 못한 것 같은 느낌이 든다. 그때 천사는 정색을 하고 자신은 경배의 대상이 아님을 밝힌다.

(7) 나는 너와…네 형제들과 같이 된 종이니…(계 19:10b)

천사는 사도 요한이 모르는 미래 세상의 비밀들을 모두 알려준다. 그렇기에 천사는 인간들보다 한 수(手) 위에 있다. 그러나 천사가 인간들보다 한 수 위라고 해도 경배의 대상은 아니다.

천사가 하는 일은 그가 비록 영적 존재이어서 인간들보다 더 많은 것을 알고 더 큰 것을 행할 수 있는 능력이 있는 것은 사실이다. 그러나 천사의 그와 같은 사역과 능력도 이 세상의 그리스도인들이나 사도들이 행하는 하나님의 말씀 사역의 일부에 불과한 것이다.

그래서 사도 요한이 천사를 경배하려는 오해를 정확하게 정리해 준다.

여기서 우리가 깨달아야 할 진리가 있다.

성경에는 많은 곳에서 천사들에 관한 내용이 여러 곳에서 표현되고 있다. 그러나 성경의 최종 계시인 요한계시록의 마지막 부분에서 천사는 '형제들과 같이 된 종'에 불과하며 경배의 대상이 아님을 확실하게 설명한다.

여기 '~같이 된 종'이라는 말은 '쉰둘로스'(σύνδουλός)다. 이 단어는 '~와 함께', '~와 더불어'라는 뜻을 지닌 접두어 '쉰'(σύν)과 함께 '노예', '종', '일꾼'을 뜻하는 '둘로스'(δουλός)의 합성어다.

천사는 영적 존재이므로 육체적 한계점을 가진 인간들보다는 우월한 특징들을 갖고 있는 것이 사실이다. 그러나 천사들이 인간들보다 우월한 특징들을 갖고 있다고 하더라도 천사들은 하나님의 피조물에 불과하다(느 9:6; 골 1:16). 그렇기에 피조물인 천사들이 하는 일은 하나님을 경배하며, 하나님을 섬기는 영에 불과하다(히 1:14; 계 19:10).

천사는 자신이 하나님의 종으로 하나님을 경배하는 자임을 밝힌다. 그래서 사도 요한이 천사에게 경배하려는 실수를 저지르려고 할 때 "삼가 그리하지 말라"고 경계한다. 이때 쓰인 "삼가 그리하지 말고"는 '호라 메'(ὁρά μή)다.

'호라'(ὁρά)는 '보다', '주목하다', '관찰하다'라는 뜻을 지닌 '호라오'(ὁράω)의 현재 명령형이다. 여기에다 부정을 뜻하는 '메'(μή)가 사용되었다. 그렇기에 이 말은 자신을 주목해 보거나, 자신을 집중해 보는 시선을 두지 말라는 뜻이다. 이렇게 해서 천사는 자신에 대한 관심, 자신에 대한 주목이나 자신에 대한 경배 등은 전혀 해서는 안 된다고 가르쳐 준다.

천사는 자신도 하나님께 경배드려야 되는 "형제들과 같이 된 종"에 불과함을 명확하게 가르치고 있다.

그런데 성경에 이렇게 명확하게 계시해 준 천사에 대한 진리가 있음에도 불구하고 전 세계 교회들 중 두 개의 집단이 천사를 예배하고 있다.

그 두 개의 집단이 가톨릭교회와 성공회다. 이에 관한 내용을 "중세기의 미신 신앙"으로 《중세 교회사 II》에서 이미 밝혔다.[2]

여기서는 그 내용을 [특주 36]으로 "성경의 천사론과 교회의 천사 예배"로 간략하게 정리하겠다.

---

2) 정수영, 중세교회사 II, 쿰란출판사, 2017 pp.374~378.

[특주 36]
성경의 천사론과 교회의 천사 예배

1) 성경의 천사론

(1) 구약성경

구약성경에 쓰인 '천사'라는 말은 '말라크'(מַלְאָךְ)다. 구약성경의 많은 곳에 천사가 소개되고 있다. 최초에 창세기 19장 1절에 '두 천사'로 시작해서 민수기 20장 16절에도 '천사'를 말하고, 이후 여러 곳에 기록되었다(삼하 24:16; 왕상 13:18, 19:5; 대상 21:20; 대하 32:21; 욥 33:23; 호 12:4; 슥 1:9, 2:3, 3:3).

이들에 대한 다른 호칭들이 있다.

천사를 복수로 호칭한 '케루빔'(כְּרוּבִים)을 '그룹'이라고 번역해 놓은 곳들이 있다(창 3:24; 출 25:18~22, 26:1, 31, 36:8, 35; 민 7:89; 삼상 4:4; 삼하 6:2; 왕하 19:15; 시 80:1, 99:1 등등). 또 '스랍'(שְׂרָפִים)으로 표현된 곳도 있다(사 6:2; 시 89:6). 그런가 하면 미가엘(단 10:13, 12:1), 가브리엘(단 8:16, 9:21) 등으로 천사의 개인 이름이 기록된 곳도 있다.

구약성경에 쓰인 '천사'는 단수와 복수로 양면적으로 쓰였기에, 많은 무리들이 있고 그들 중에는 특별하게 큰 책임을 맡은 개인 천사도 있는 것으로 보인다.

그러나 구약성경 어느 곳에도 천사를 경배했다는 기록은 없다.

(2) 신약성경

신약성경에 쓰인 천사는 '앙겔로스'(ἄγγελος)다. 신약성경에는 구약성경보다 몇십 배 더 많이 사용되어 있다. 신약성경의 4복음서와 사도행전, 그리고 서신서들에 고루 사용되었고, 특히 요한계시록에 50~60회 사용되었다. 그런데 모든 신약성경 중 유일하게 골로새서 2장 18절에서는 "꾸며낸 겸손과 천사숭배"가 헛된 것임을 설명한다.

당시 골로새 교회 안에는 '꾸며낸 겸손'의 표징으로 천사를 숭배해야 된다는 1세기의 이단인 '영지주의'(Gnosticism) 영향을 받은 자들이 있었다. 저들은 "나 같은 죄인이 어떻게 하나님께 감히 경배를 드릴 수 있다는 말인가? 나는 하나님께 직접 경배할 만한 자격이 없으므로 중보자인 천사숭배를 통해서 하나님께 경배드리겠다"라며 위선을 가장한 겸손의 논리로 천사를 숭배하는 무리가 있었다.

바울 사도는 이 같은 위선을 '꾸며낸 겸손', '육신의 생각', '헛된 과장'이라고 경고하고 있다.

바울 사도는 1세기에 횡행했던 영지주의가 헬라 철학적 요소와 유대교적 요소, 기독교적 요소, 동양의 신비종교를 혼합한 이단적 집단으로 단정한다.

이렇게 신약성경에 기록된 천사숭배는 이단적 사상임을 밝힌다.

2) 교회의 천사 예배

사도들의 계시에 근거한 '천사' 이해가 사도들 이후 교부들부터 잘못된 주장들이 계속된다.

여기서는 필자가 저술한 《중세교회사Ⅱ》의 내용을 간략하게 약술해서 정리해 보겠다.

(1) 교부 시대(100~500)

교부시대 때 대표적인 두 신학자가 있다. 그중 한 명은 알렉산드리아와 가이사랴에서 평생을 독신으로 지내며 많은 제자를 가르치고 저술서들을 남긴 오리게네스(Origenes, 185~254)다.

오리게네스는 신명기 32장 8절을 근거로 모든 국가에는 그들의 수호영(守護靈)인 천사가 있고 각 개인에게도 수호천사가 있다고 했다. 그렇다면 대학자였던 오리게네스가 왜 이와 같은 오류를 범하게 되었는가?

그 원인을 알기 위해서는 구약성경 원문과 번역 성경들의 차이를 비교해 보면 금방 알 수 있다.

"이스라엘 자손의 수효대로"라는 히브리어 원문은 "레미쓰파르 뻬네 이스라엘"(למספר בני ישראל)이다. 여기 '수효대로'라는 '레미쓰파르'라는 단어를 '이스라엘 백성의 숫자만큼'으로 이해를 했다.

이것을 최초의 헬라어 번역 성경은(BC 250~150) '이스라엘 자손'이라는 말 대신에 '하나님의 아들들'이라는 헬라어 '떼우 앙겔론'(θεοῦ ἀγγελον)으로 의역을 했다.

구약성경에는 천사를 하나님의 아들로 표현한 곳들이 있다(창 6:2의 "하나님의 아들들"; 단 10:13의 "가장 높은 군주 중 하나인 미가엘" 20, 21절).

이와 같은 '70인역'을 따라 영어 성경들도 그렇게 번역되었다. RSV(1952) "하나님의 아들들의 수에 따라"(According to the numbur of the Sons of God), 또 NRSV 역시 "천사들의 수에 따라"(According to the number of the Gods)로 번역되었다.

이렇게 히브리어 원문 성경을 헬라어로 번역하면서 내용이 바뀌고, 또 영어 성경들은 그렇게 달라진 번역 성경을 따름으로 현대까지 혼란과 문제점이 이어져 오고 있다.

두 번째로 성경 진리를 왜곡시킨 교부가 아우구스티누스(Augustine, 354~430)이다.

그는 수많은 교부들의 신학 사상을 최종적으로 완결시킨다. 그는 천사숭배에 대한 반대 의견을 말하지 않고, 잘 알지 못하는 천사들에 대해서 명칭이 붙여진 이유를 알지 못한다고 했다.

그의 모호한 견해는, 천사들 중 잘 알지 못하는 천사에 관해서는 경계할 수도 있으나 명칭이 확실한 천사들에게는 경배가 가능한 것처럼 모호한 설명으로 넘어갔다.

(2) 중세 시대(500~1500)

여기서 역사적으로 기억해야 할 사실이 있다. 그것은 신학자나 목회자가 아닌 정치가의 교회 개입 사건이다. 로마 황제 콘스탄티누스 대제(274~337)는 이때의 로마의 수도를 현재의 터키 이스탄불로 천도했다(330년). 그리고 도시 명을 콘스탄티노플이라고 했다. 그가 콘스탄티노플 가까운 곳에다 예배당을 짓고 그 예배당을 천사장 미가엘에게 봉헌을 했다. 그 후 5세기 때에는 성 미가엘 천사가 나타났다는 전설이 생기면서 매년 9월 29일을 '성 미가엘 현현 축일'로 지켜오는 관행이 생겼다.

그 후 제2차 니케아 공의회(1787년)에서 천사예배를 정식으로 제정한다.

이런 니케아 전통을 그대로 계승 발전시킨 것이 중세기 스콜라 신학자들이다. 중세기 스콜라 신학자로 유명한 안셀무스(Anselm, 1033~1109)와 롬바르두스(P. Lombard, 1100~1160)는 천사 예배를 더욱 발전시킨다.

그 후 중세기 가톨릭교회는 천사예배를 공식적으로 결정한다. 그 같은 전통이 현재까지 계승되고 있다.

(3) 종교개혁 시대(1500~1600)

종교개혁자인 루터나 칼빈은 천사 중에는 선한 영을 가진 천사와 악한 영을 가진 천사가 공존하는 것을 믿었다. 그러나 천사에게 기도 드리는 것이나 예배드리는 것은 금하였다.

결어

구약성경이나 신약성경에는 다양한 천사들이 존재함을 설명했다. 그런데 교부들의 변칙적인 가르침이 중세시대 천사숭배로 발전되었던 것이다. 종교개혁자들이 이를 시정했다. 그러나 가톨릭과 영국 성공회는 지금도 천사를 경배하고 있다. 우리는 성경에 근거하지 않은, 인간들인 교부들과 중세기 스콜라학자들이 주장하는 천사경배는 인간적인 산물이므로 믿어서는 안 되는 타락한 교회의 유산임을 깨달아야 하겠다.

⑻ 예수의 증언은 예언의 영이라 하더라(계 19:10c)

사도 요한은 천사가 자기에게 보여준 너무도 황홀한 환상으로 인해 넋을 잃을 정도였다. 천사가 보여준 환상들이 19:1에서 8절까지 여러 장면으로 이어진다.

맨 처음 19장 1~2절에는 전 세계에서 구원받은 모든 자들의 음녀 심판에 대한 구원의 찬양을 보여준다. 그다음 19장 3~5절에는 이십사 장로와 네 생물들이 하나님께 영광을 드리는 찬양 모습을 보여준다. 세 번째로 19장 6~8절에는 이 모든 무리가 어우러져 어린양의 혼인을 찬양하는 모습을 보여준다. 이렇게 거듭된 찬란하고 영광스러운 환상으로 인해 판단력을 잃고 말았다. 그래서 순간적으로 착각을 일으켜 천사에게 경배하려고 한 것이다. 사람이 너무 지나치게 황홀한 장면 속에 몰입되면 이성을 잃어버리고 순간적으로 판단력을 잃을 수 있는 것이다.

그런데 그렇게 판단력을 잃으려 하는 사도 요한을 천사가 깨우쳐 준다. 천사는 자기도 예수의 증언을 받은 네 형제들과 다 똑같은 종에 불과하다고 했다. 참으로 크게 새겨들어야 할 내용이다.

천사가 인간들보다 더 우월한 영적 존재인 것은 사실이다. 그러나 인간들보다 더 우월한 것은 성도들이 세상에서 육신을 갖고 사는 기간에만 국한된 한시적인 우월이다. 구원받은 성도들이 장차 천국에서는 천사들을 판단한다(고전 6:3). 이 같은 천사를 예배하는 가톨릭과 성공회는 참으로 성경을 모르고 인간들의 신학을 더 존중하는 종교 집단이다.

그리고 천사가 또 확실한 메시지를 준다. "예수의 증언은 예언의 영"이라는 선언이다. 이 선언이 무슨 뜻인가?

우리는 원문 성경보다 번역 성경들로 인해 진리를 제대로 깨닫지 못하고 있다. 이제 원문 성경을 소개하고 각종 번역 성경들을 비교해 보겠다. 먼저 원문 성경을 보자.

'예수의 증언'이라는 말은 '헤 마르튀리아 이에수'(ἡ μαρτυρία Ἰησοῦ)다. 이 말은 '예수님께서 증거해 주셨던 계시'라는 뜻이다. 예수님께서는 성육신해 오셔서 33년 동안의 생애와 가르침으로 수많은 내용을 계시해 주셨다.

예수님은 구약성경 전체에 계속된 메시아 예언의 완성자로 오셨고, 예수님의 출생과 사역과 죽음과 부활 역시 구약에 예언된 것들을 완성하시는 분으로 보여주셨다. 그렇기에 예수님의 증언은 구약성경들에 예언되었던 것들의 완성자로의 증명이었다.

그래서 '예언의 영'이라는 말인 '토 프뉴마 테스 프로페테이아스'(τὸ πνεῦμα τῆς προφητείας)는 구약성경의 예언을 완성하시는 완성자의 영이라는 뜻이다.

이렇게 원문의 뜻은 예수님이 곧 예언의 완성자임을 천사의 선언으로 밝혀주고 있다.

그러나 번역 성경들은 영어 성경들이든, 한국어 성경들이든 번역이 모호하다.

KJV는 "예수님의 증언은 대언의 영이니라"(for the testimony of Jesus is the spirit of prophecy)고 하였고, NIV는 "예수의 증거는 대언의 영이라"(for the testimony of Jesus is the spirit of prophecy)고 하였다. 한글 성경들도 영어 번역을 그대로 따랐다. 다만 공동번역은 "예수께서 계시하신 진리야말로 예언자들에게 영감을 주는 것이다"라고 번역되어서 다소 이해하기가 쉽다.

　우리가 깨달을 진리가 있다. 구약성경에는 예수님에 관한 예언들이 수없이 많이 기록되었다. 또 신약성경에는 구약성경에 예언된 내용대로 성취된 부분들과 미래의 사건으로 남아 있는 내용이 소개되고 있다.
　교회시대는 이 모든 예언들이 적용된 후에 미래에 성취될 소망으로 삼을 내용이 있다. 그렇게 길고도 오랜 역사 속에 거듭된 예수님의 증언들이 미래의 어린양 혼인 잔치 때 완성되는 것이다.
　여기 천사는 구약, 신약, 교회시대, 대환난 시대를 거치면서 여기저기에서 예수님을 증언했던 단편적 조각들로 이어져 왔다. 그러나 최후의 어린양 혼인 잔치는 과거의 모든 예언의 조각들이 하나의 퍼즐(puzzle)이 완성되는 것처럼 완성되었다고 선언을 한다.
　이처럼 복된 내용을 제대로 깨달을 때 '어린양의 혼인 잔치'의 진리를 바르게 깨닫게 될 것이다. 다시 한번 '어린양의 혼인 잔치'의 진리를 제대로 바르게 깨닫게 되기를 바란다.

02 그리스도의 재림

(계 19:11~14)

계시록 19장에는 기독교의 핵심 진리들이 짧은 구절들 속에 많이 계시되어 있다.

계시록 19장 1~10절에는 어린양 혼인 잔치 내용이 기록되었고, 19장 11~14절에는 예수 그리스도의 재림에 관한 내용이 기록되었으며, 19장 15~18절에는 아마겟돈 전쟁, 19장 19~21절에는 짐승 편에 섰던 자들의 최후심판 내용이 기록되었다. 계시록 19장은 한 장 속에 너무도 많은 내용이 기록되어 있다. 이중에서 '그리스도의 재림' 내용은 기독교의 핵심 진리이다.

이 진리가 짧은 설명인 19장 11 14절로는 너무 설명이 부족할 것 같다. 바로 이토록 귀중하며 핵심적인 그리스도의 재림에 대한 내용이 현재는 너무도 희석된 채 경원시되고 있는 경향이다. 왜 기독교 핵심 진리가 현대인에게 소홀하게 생각되고 있는가?

그 원인을 [특주 37]에서 초림, 강림, 재림에 대하여 설명해 보겠다.

〔특주 37〕에서 성경에 기록된 초림, 강림, 재림의 각각 다른 진리들이 인간들이 만들어 놓은 조직신학이나 교의신학이라는 인간들의 신학으로 진리가 축소되고 왜곡되었음을 살펴보겠다.

〔특주 37〕

초림, 강림, 재림

성경에는 '강림'(降臨)이라는 진리가 있다.

구약성경에 '강림'은 '야라드'(ירד)로 하나님께서 세상에 내려오심을 뜻하는 표현들로 쓰였다(창 11:5; 출 19:11, 20:24, 11:17; 시 18:9, 144:5; 사 31:4, 64:1; 미 1:3 등).

신약성경의 '강림'은 '파루시아'(παρουσία)로 예수 그리스도께서 공중으로 강림하시는 용어로 쓰였다.

고린도전서 15장 23절에서 부활의 첫 열매인 그리스도께서 강림하실 때, 데살로니가전서 2장 19절의 주 예수의 강림하실 때(살전 4:15), 4장 16절의 하늘로부터의 강림하심을 말하고, 4장 17절에는 살아남은 그리스도인들이 구름 속으로 끌어 올려가 공중에서 주를 영접하게 될 것을 예언하고 있다.

그 외에도 데살로니가후서 2장 8절에 강림을, 야고보서 5장 7절에도 "주께서 강림하시기까지"를, 베드로후서 1장 16절에 예수의 강림하심을(3:4), 요한일서 2장 28절에도 강림을 말했다. 이렇게 강림은 구약성경이나 신약성경에 기록된 성경에 근거한 진리이다.

그러나 '초림'(初臨)이나 '재림'(再臨)이라는 용어는 성경에 없다. 그런데 왜 이 같은 용어가 통용되고 있는가? 그것은 성서신학(聖書神學)

을 전공한 신학자들이 '조직신학'에서 성경을 근거로 만들어낸 성서신학 용어이다.

초림이나 재림이라는 말은 조직신학자들이 만들어낸 성경적 개념이다. 여기서는 조직신학자들의 공헌이 최근의 교의학(教義學)자들에 의해 성경의 진리가 퇴색되어 버린 신학의 역사를 정리해 보겠다.

1) 조직신학(組織神學: Systematic Theology)

조직신학이라는 용어가 생기게 된 역사를 알아야 하겠다.

(1) 최초의 교부시대(100~500)

사도들이 신약교회와 성경을 남겨 주었다. 사도들이 세상을 떠난 후의 지도자들인 교부들(Church Fathers)은 사도들이 남겨준 성경의 진리대로 세상에 전파해야 했다. 그런데 세상은 헬라철학이 최고 학문으로 통용되고 있었고, 종교라고 하면 유대교 정도만 있었기에 새로운 기독교 진리를 전파하는 데는 많은 제한적 한계가 있었다.

이때 교부들은 성경의 진리를 당시 최고 학문으로 알고 있는 헬라의 플라톤 철학을 뼈대로 삼고 속의 핵심은 철학이지만 겉으로는 성경 내용을 포장시켜 기독교를 변증해 나갔다.

이렇게 성경 진리가 헬라철학의 뼈대 속에 전파되는 기간이 약 500~600여 년간 계속된다.

이때 철학적 요소를 배제하고 성경 진리만 고수하려는 정통주의자들에 의해 어중간하게 타협시킨 것들이 니케아 신조(325년), 칼케돈 신조(451년), 사도 신조(750년)들이다.

(2) 중세시대(500~1500)

중세시대에는 성경을 아리스토텔레스의 철학을 뼈대로 삼고 겉으로는 성경 용어들로 포장시킨 스콜라 철학(Scholatisism)이 전성기를 이룬다.

이때 가장 유명한 스콜라 철학자가 토마스 아퀴나스(1224~1274)다. 그는 조직신학 책으로 《신학 대전》(Summa Theologica)을 저술했다. 그는 이 책에서 1부 신론, 2부 인간론, 3부 기독론, 보충 부분에서 성례전과 종말론을 다루었다.

바로 이 《신학 대전》에서 가톨릭의 '칠성사'(七聖事)를 주장했고, 이 주장은 트렌트공의회(1545~1563)에서 가톨릭의 공식 신학으로 채택되었다. 그래서 가톨릭은 현재도 '칠성사'를 구원의 진리로 믿고 있다.

(3) 종교개혁 시대(1500~1600)

종교개혁자들 중 칼빈(1509~1564)은 일생동안 수정과 증보를 거쳐 《기독교 강요》(Christianae Religions Institutio)를 남겼다. 바로 이 《기독교 강요》 내용은 십계명, 사도신경, 주기도문, 성례전, 교회 통치에 대한 전반적 내용을 분류해서 논술한 내용이다.

특히 가톨릭교회가 제정한 사도신경을 하나님, 그리스도, 성령, 교회 등으로 분류하여 체계화시켰다. 이로 인해 칼빈은 가톨릭교회와 루터가 믿은 사도신경을 개신교에 계승시켰다.

그리고 다른 부분들에서는 하나님의 권위와 성서의 권위를 강력하게 주장했다. 이중에서 특히 하나님의 예정을 "이중 예정"(Double predestination)으로 설명함으로 성경의 예정론 아닌 숙명론(Fatalism)으로 격하시키는 오류를 범했다.

이렇게 시작된 《기독교 강요》는 그 후 가톨릭 조직신학에 해당되는 《신학 대전》과 다른 개신교들의 조직신학 책으로 계승되어 왔다.

그래서 개신교 전체에는 칼빈의 《기독교 강요》에 의한 칼빈 사상의 영향이 수백 년간 계승되어 왔다.

(4) 현대의 상황

그런데 18세기 초반부터 '조직신학'의 전승이 달라진다. 그것은 미국의 장로파 신학자 하지(Charles Hodge, 1797~1878)의 《조직신학》 3권(1871~1872)으로 과거 칼빈의 전통을 계승한 조직신학이 있다.

그와 다르게 스위스 신학자 칼 바르트(Karl Barth, 1886~1968)가 저술한 13권의 《교회 교의학》(Kirchliche Dagmatik, 1932~1967)이 있다.

그래서 현대는 전통적인 조직신학 계승자들과 현대적인 교회 교의학으로 분리되어 있다. 칼 바르트의 《교회 교의학》은 가톨릭이나 개신교 모두에게 인정을 받는 금세기 최고의 고전이라고 격찬한다.

(5) 조직신학과 교의학과의 차이

① 조직신학

조직신학(組織神學)이라는 명칭은 다 같으나 그 내용이 무엇을 중심으로 구성되었느냐에 따라서 또다시 구별된다.

하나는 성서신학(聖書神學)이다. 이들은 철학 사상이나 기독교 교리사 같은 자료들의 도움이나 참고를 받지 않고 철저하게 성경에 기록된 내용만을 주된 신학적 기초로 삼는 입장이다.

필자는 바로 이 입장을 따른다.

다른 하나는 교의학(敎義學: Dogmatics)이다.

이들은 성경만이 아니라 기독교회가 교리(dogma)라고 인정된 내용들이 있다.

예컨대 니케아 신조, 칼케돈 신조, 사도 신조나 교회 회의에서 제정한 교리들을 그대로 수용한다. 이렇게 제정된 교리들은 가톨릭과 개신교 모두 가지고 있다.

가톨릭교회에서 제정한 교리들은 차고 넘치기에 예를 들 수가 없다. 그에 반해 개신교의 교리들(敎理: doctrine)도 꽤 많이 있다.

종교개혁자들이 만든 교리들, 즉 사도신경, 십계명, 주기도문이 루터의 대소(大小)요리문답으로, 또 칼빈의 대소요리문답으로 이어졌고, 칼빈주의 완성으로 "웨스트민스터 대소요리문답"(1647~1648)이 있다. 대요리 문답은 교역자들이 될 사람에게 묻는 196개 문답이고, 소요리 문답은 아이들 교육을 위한 107개 문답 내용이다.

이와 같은 교리문답과 교육을 위한 연구를 '교의학'이라고 한다. 이들 교의학 등은 가톨릭교회의 교리를 옹호하는 교리학이나 루터교의 교리를 옹호하는 교리학, 칼빈주의 교리를 옹호하는 교리학으로 편파적으로 치우쳐 있다. 심지어 금세기 최대의 신학자라는 바르트의《교회 교의학》(1932~1967)마저도 고백교회라는 신념에 근거한 교리학이다.

현재에는 성경 내용 위주의 조직신학이 있는가 하면, 이미 완성된 교리 중심의 교의학이라는 진보적 성향의 학문이 공존하고 있다.

'조직신학'과 '교의신학'의 차이가 무엇인가?

조직신학은 구약, 신약성경 내용만을 주된 학문의 기초로 삼는다. 반면 교의신학은 자기가 소속된 종파나 교파의 신학 사상을 호교하는 편파적 주장을 주된 기초로 삼는다.

조직신학에도 두 종류가 있다. 하나는 특정 교파 교리나 사상을 염두에 두지 않은 성경 내용들로 구성된 조직신학이 있고, 다른 하나는 특정 교파의 교리를 성경으로 옹호하는 조직신학이 있다.

성경 내용만을 중심한 조직신학으로 헨리 디이슨(Henry C. Thiessen)의 조직신학(1949년 Eerdmans Pub Co. Grand Rapids Mich. U.S.A)이 있고, 칼빈주의를 옹호하는 하지(Charles, Hodge, 1871~1872)의 조직신학이 있다.

필자는 1960년대에 바르트(K. Barth, 1886~1968)가 저술한 《교회 교의학》(1932~1967)을 배웠다. 이때는 재림만 배웠고 초림이나 강림은 배운 일이 없다.

그다음 1970년대 말에 하지의 조직신학과 디이슨의 조직신학을 다시 공부했다.

하지의 조직신학에는 ① 서론 ② 신론 ③ 인간론 ④ 기독론 ⑤ 구원론 ⑥ 교회론 ⑦ 종말론으로 분류되었다.

또 디이슨의 조직신학에는 ① 서론 ② 유신론(有神論) ③ 성서론 ④ 신론 ⑤ 천사론 ⑥ 인간론 ⑦ 구원론(하나님 그리스도 성령론) ⑧ 교회론 ⑨ 종말론을 주장한다.

다 같은 조직신학이나 하지는 칼빈주의 계승자로 휴거나 대환난이나 천년왕국을 믿지 않는다. 그에 반해서 디이슨의 조직신학에는 종말론의 초림, 공중강림, 지상 재림을 다 소개하고 휴거의 진리와 천년왕국과 지상 재림을 강조한다.

현시점에서 보면 진보적 성향의 교의신학에는 종말론 자체가 없다. 반면에 보수적 성향에는 종말론이 있다. 그러나 보수적이지만 칼빈주의 종파의 종말론에는 재림만 있고 휴거와 강림이 없다.

그와 달리 보수적이면서 특정 종파 견해를 따르지 않고 성경 내용만을 위주로 하는 성서신학자들의 종말론에는 휴거, 강림, 대환난, 재림, 천년왕국 등이 다 있다. 필자는 마지막 성서신학자들의 종말론만이 참된 성서적 진리라고 믿는다.

결어

이 세상에는 신학이라는 이름에 따르는 종류들이 너무나 많다. '신학'(Theology)이라는 말 자체가 하나님께서 계시해 주신 진리를 '신앙'과 '이성'으로 깨닫게 해 주는 학문이라는 뜻이다. 그런데 '신학'이 하나님께서 계시해 주신 '진리'의 성경에 근거하지 않고 사람들의 철학이나 특정인들의 성경해석만을 절대시하고 타의 해석을 배격하는 개인 우상주의가 세월이 흐르면서 특정 교파를 형성하게 만들었다.

그렇게 인간들의 철학과 성경이 겹쳐진 것이 중세기의 가톨릭 교리들이고, 루터의 성경해석만을 최상의 해석으로 믿는 것이 루터교이고, 칼빈의 성경해석은 더 이상 의심하지 않고 그대로 믿고 따라야 한다는 것이 칼빈주의자들이다.

필자는 루터의 성경해석과 칼빈의 성경해석 중에는 성경해석을 상당히 잘못한 부분들이 있음을 여러 곳에서 비판했다. 특히 두 사람은 모두 다 '종말론 신앙'에는 거의 백지상태에 가깝게 무관심했다. 그래서 두 사람이 다 요한계시록 주해를 남기지 못했다. 그렇기에 두 사람의 사상을 따르는 신학 추종자들 대부분이 종말론 신앙을 소홀히한다. 그러나 신약에 기록된 수많은 재림의 약속들이 약 300여 회가 언급된 내용을 믿는 성서신학자들은 재림과 초림을 구별하고 또 공중 강림까지 믿는다.

필자는 인생 전반기에 '교의학' 추종자였으나 거듭남의 체험 후 성서신학으로 신학과 교단을 바꾸고 후반기에는 '오직 성경 진리'만 믿으며 살아간다. 그렇기에 필자는 초림, 강림, 재림을 정확하게 구별해서 믿고 있다.

1) 또 내가 하늘이 열린 것을 보니(계 19:11)

(1) 또 내가…을 보니(계 19:11a)

"또 내가…보니"라는 말은 "카이 에이돈"(καὶ εἶδον)이다. 이 말은 앞에 내용과 다른 새로운 내용이 전개될 것을 암시하는 표현이다.

사실 계시록 19장 1~10절의 내용은 '어린양의 혼인 잔치'에 관한 내용이었다. 그러나 여기 19장 11~14절의 내용은 '그리스도의 재림'에 관한 내용이다.

여기 11절부터 14절에 그리스도를 상징하는 표현들이 가득하고, 이 내용 속에는 지상으로 재림하시기 위해서 준비하시는 내용으로 가득 차 있다.

이 구절 속에 그리스도의 재림이라는 직접적 표현은 없다. 그러나 그리스도를 상징하는 표현들과 15절에서 18절에 이어지는 지상에서의 아마겟돈 전쟁의 내용을 연결할 때, 이 부분이 그리스도의 재림에 해당하는 내용으로 믿는 것이다.

그렇기에 여기 11~14절 내용은 앞서 19장 1~10절의 어린양의 혼인 잔치 내용과 완전히 구별되는 그리스도의 재림 내용이다. 따라서 앞서 내용과 사뭇 다른 내용이 전개되므로 "또 내가…보니"라는 표현을 하고 있다.

(2) 하늘이 열린 것을 보니(계 19:11b)

이 말은 "톤 우라논 에네오그메논"(τὸν οὐρανὸν ἠνεῳγμένον)이다.

'열린 것'이란 '에네오그메논'은 '열다', '펼치다'는 뜻을 가진 '아노이고'(ἀνοίγω)의 수동태 완료 분사이다. 그렇기에 요한이 하늘 위의 내용을 사모해서 보려고 노력한 결과로 본 것이 아니라, 하나님께서 열린 하늘을 보여 주시려고 미리 준비하셨다는 뉘앙스를 가진 표현이다.

계시록 안에는 '하늘'에 관한 다양한 표현들이 있다. 가장 많은 표현은, 지평선으로 아득히 넓고 높은 시계(視界)의 공간인 명사의 '하늘'로 '우라노스'(οὐρανός)라고 한다.

그런데 계시록에는 하늘에 열린 문이 있고(계 4:1), 또 하늘에 보좌가 있고(계 4:2), 하늘에 하나님의 성소가 있고(계 11:19), 하늘에서 전쟁이 있고(계 12:7), 불이 하늘에서 내려오고(계 13:13), 하늘에서 크고 이상한 다른 이적이 보이고(계 15:1), 하늘에 증거 장막의 성소가 있다(계 15:5).

특히 계시록 19장에는 '하늘'의 사건들이 많다.

"하늘에 허다한 무리"(1절), "하늘이 열린 것"(11절), "하늘에 있는 군대들"(14절), 또 계시록 20장 9절에는 하늘에서 불이 내려와 사탄을 태워버린다. 그런가 하면 21장 1절에는 처음 하늘과 처음 땅이 없어지고 '새 하늘과 새 땅'이 생긴 후에 '새 예루살렘 성'이 형성된다.

그렇기에 계시록에 기록된 '하늘'이라는 개념에는 보여지는 시계상의 하늘만이 아닌 천상에 수많은 생명이 살아가고 있는 또 다른 하늘을 말하고 있다.

(3) 백마와 그것을 탄 자가 있으니(계 19:11c)

계시록에서 '백마'를 탄 자에 관한 기록이 두 곳에 나온다. 하나는 계시록 6장 2절에서 일곱 인 중에 첫째 인을 떼는 천사로 기록됐고, 두 번째가 여기 계시록 19장 11절의 재림주로 오시는 예수 그리스도에 대한 상징으로 표현되고 있다. 따라서 여기 계시록 19장 11절의 "백마를 탄 자"를 바로 이해하는 것이 그리스도의 재림 신앙의 열쇠가 되는 것이다.

그런데 여기 '백마를 탄 자'가 천사를 말하는가, 그리스도를 말하는가? 그 해석의 차이에 따라 계시록 이해가 달라지고 또 '종말론' 이해가 달라진다. 여기 '백마를 탄 자'는 천사가 아닌 그리스도를 의미한다. 그 내용이 뒤에 이어지는 '백마 탄 자'의 설명에서 확인이 된다. 이 설명들을 자세하게 살펴보자.

(4) 그 이름은 충신과 진실이라(계 19:11d)

한글개역개정성경에는 "그 이름은"이라고 번역되었다. 그러나 이 단어의 원문은 '칼루메노스'(καλούμενος)다. 이 단어는 '~라고 불린다'는 뜻을 지닌 '칼레오'(καλέω)의 현재 수동태 분사다. 그렇기에 백마를 탄 자가 바로 '충신과 진실이다'라고 이해해야 맞는 말이다.

여기서 말하는 '충신'과 '진실'이란 무슨 뜻인가? '충신'(忠信)이라는 말은 '피스토스'(πιστὸς)다. 우리말에 '충신'(忠臣)은 '충성스러운 신하'라는 뜻이지만 성경의 '충신'(忠信)은 '충성스러운, 또는 신실한'이라는 뜻을 가진 형용사다.

계시록에는 예수님을 표현할 때 "충성된 증인"(계 1:5), "충성되고 참된 증인(계 3:14), "참된 심판자"(계 16:7, 19:2) 등으로 묘사하고 있다.

또 '진실'이라는 말은 '알레디노스'(ἀληθινός)다. 이 단어 역시 '거짓이 없이 참되다'라는 형용사로 하나님에게 사용된 경우가 있고(롬 15:8), 그리스도께 사용되는 경우가 있고(고후 11:3), 성도들에게 사용된 경우도 있다(고전 5:8). 그러나 여기서는 뒤에 설명되는 내용을 연결해서 그리스도로 이해하는 것이 맞다.

(5) 그가 공의로 심판하며 싸우더라(계 19:11e)

그리스도께서 싸우시는 때는 재림 때에만 해당되는 내용이다.

그리스도께서는 초림 때는 세상 만민을 구원하시려고 속죄의 희생양으로 오셨다. 그러나 그리스도께서 재림하실 때는 이 세상의 악들을 척결하고 잘못을 행한 행악자들을 심판하러 오신다.

그렇게 재림 때 심판하러 오실 때에는 두 가지 도구를 사용하신다.

하나는 공의로 심판하신다는 법정 용어이고, 두 번째는 싸운다는 전쟁 용어이다.

이 내용을 좀 더 부언해서 설명해 보자.

① 공의로 심판하신다는 의미

이 말은 '공의'라는 '디카이오쉬네'(δικαιοσύνη)와 '심판'이라는 '크리네이'(κρίνει)가 합쳐진 말이다. 잘 아는 바와 같이 구약에서의 '공의'는 '체데크'(צדק)로 하나님의 속성을 뜻하고, 신약에서도 하나님의 속성 중 하나로 사용되고 있다.

그리스도께서도 장차 하나님의 속성에 근거한 공의로 모든 인류를 심판하실 것이다.

'심판한다'는 말은 '크리네이'(κρίνει)로, 법정 용어이다.

주님께서 초림으로 오셨을 때는 '구세주'로 만인을 구원하러 오셨으나 장차 재림 때 다시 오실 때는 모든 인류를 심판하시는 재판관으로 오신다.

② 싸우신다는 의미

주님이 두 번째 재림해 오실 때는 악령들과 악령들의 지배를 받는 이 세상의 모든 사악한 세력들인 마지막 발악 세력들과 싸우신다.

예수님이 이 세상에 다시 오시는 재림 때에는 '공의로 심판'하시는 법적인 기능과 또 악한 세력들과 싸우시는 전쟁적 기능을 수행하게 되신다. 예수님의 이와 같은 이중적 면모는 분리되는 기능이 아니라 수행하시는 기능의 다른 관점을 설명하는 것이다.

2) 백마 탄 자의 모습(계 19:12)

(1) 그 눈은 불꽃 같고(계 19:12a)

요한이 열린 하늘을 통해 본 것은 백마를 탄 자이다. 그분은 공의로 심판하실 재판관이시고 또 악의 세력과 싸우시는 전투자 자체였다. 그리고 그분의 모습을 더 자세히 보니까 '눈이 불꽃' 같았다고 했다.

성경에는 '불꽃'의 의미가 다양하다. 출애굽기 3장 2절을 보면, 모세가 호렙산 위에서 떨기나무 가운데서 나오는 불꽃을 통해 하나님을 만나는 '불꽃'이 있다. 그런가 하면 사사기 13장 20절에는 삼손의 아버지 마노아가 여호와의 사자로부터 삼손의 미래 사역을 고지받고 소제를 드릴 때 불꽃이 제단에서부터 하늘로 올라갔다. 선지서들에는 여호와 임재의 상징으로 불꽃이 나타난다. 그런데 장차 재림주로 오시는 그리스도의 모습 중 눈이 불꽃 같다고 했다.

이때 쓰인 '불꽃 같고'는 '아우투 호스 플록스 퓌로스'(αὐτοῦ ὡς φλὸξ πυρός)다. 주님의 눈이 '불꽃 같다'는 표현은 앞서 계시록 1장 14절에도 소개되었다. 장차 재림해 오실 그리스도의 눈이 '불꽃 같다'는 말이 무슨 의미인가? 이때 말하는 '불꽃 같은 눈'의 의미는 다른 곳에서의 '불꽃'이라는 의미와 완전히 다르다.

장차 재림해 오실 그리스도는 심판주로 오신다. 장차 재림하실 그리스도는 이 세상의 모든 것들을 '공의'에 근거해서 심판하실 그리스도이시다. 이렇게 이 세상의 모든 것들을 '공의'로 심판하시려면 '불꽃' 같은 눈으로 세상 사람들이 보지 못하는 숨겨진 것들을 다 보실 수 있어야만 한다.

그리스도께서 심판하실 때는 모든 인간이 행한 것이 기록된 '행위의 책'(계 20:12)과 '무익한 말'(마 12:36)까지도 다 심판의 대상이 된다. 그 모든 숨겨진 말과 행위들까지 심판하시려면 반드시 '불꽃 같은' 눈이 필요하실 것이다.

(2) 그 머리에는 많은 관들이 있고(계 19:12b)

사도 요한이 열린 하늘을 통해 본 것은 백마를 타신 분이었다. 사도 요한이 본 백마를 타신 분의 첫인상은 그분의 '눈이 불꽃' 같음을 보았다. 그다음에 그분의 머리를 보았다. 그런데 그 머리에는 많은 관들이 있었다.

여기서 말하는 '관'이란 '디아데마타'(διαδήματα)다. '관'(冠)이라는 말은 구약과 신약의 뜻이 다르다. 구약성경의 '관'은 '네젤'(נֵזֶר)로 영예를 나타내기 위해 머리에 쓰는 것을 뜻한다. 구약성경에는 제사장이나 왕이 관을 썼다(출 28:36~38; 대하 23:11; 에 2:17).

신약성경에는 '관'이라는 말이 두 가지로 쓰였다. 하나는 '스테파노스'(στέφανος)로 운동 경기의 승리자에게 주는 화환이나 화관을 뜻하는 것이 있었다(딤후 4:8; 계 2:10). 두 번째는 '디아데마타'(διαδήματα)로 왕에게 씌워주는 왕관의 의미로 쓰인 것이 있다(계 19:12).

그런데 앞서 계시록 12장 3절의 하늘에 붉은 용이 있는데 머리가 일곱이고 일곱 왕관을 쓴 것이나, 계시록 13장 1절의 바다짐승이 열 뿔에 열 왕관을 쓰고 있었음이 소개되었다. 이들 '붉은 용'이나 '바다짐승'의 왕관은 세상 군왕의 모방이나, 그리스도를 모방하는 가짜 왕관에 불과하다. 그러나 장차 재림해 오실 그리스도는 영원한 왕으로서 자신의 왕 되심(King Ship)을 드러내시는 외양 모습을 갖추신 것으로 이해할 수 있다.

(3) 또 이름 쓴 것 하나가 있으니 자기밖에 아는 자가 없고(계 19:12c)

이름이란 '오노마'(ὄνομα)다. 우리나라에서 이름이란 한 혈통을 잇는 성(姓)이 있고, 그 아래 다른 사람과 구별하는 명칭을 이름이라고 한다. 그렇기에 우리나라에서의 이름이란 그 사람과 다른 사람을 구별하기 위한 호칭이라는 뜻이다. 그러나 유대 나라의 이름에는 호칭의 뜻을 넘어서 주로 그의 인격과 존재 전체를 함축하는 의미까지 담겨 있다.

예컨대 하나님의 이름을 '여호와'(יהוה)라고 한다. 이 말의 근원은 출애굽기 3장 14절의 '스스로 있는 자'(YHWH)라는 히브리말을 번역한 것인데, 본래의 발음이 무엇인지는 알려지지 않았다. 그래서 1947년 이전에는 '여호와'로 통용되었으나 그 이후에는 '야웨'로 통용되고 있다. '여호와'라는 이름의 뜻은 '존재한다'(to be)라는 동사로부터 유래한다. 그렇기에 그 이름에는 '하나님은 영원하시다, 그는 절대적이시다, 그에게는 원인이 없는 분이시다'라는 뜻이 포함되어 있다.

또 '그리스도'란 구약의 '메시아'(משיח)를 헬라어로 번역할 때 '크리스토스'(Χριστός)가 된다. 이 말은 '기름 부음을 받은 자'(행 10:38), '구원자'(마 1:21, 25; 눅 1:31)라는 의미이다.

이와 같은 이름, 곧 인격과 존재라는 의미가 구약성경의 모든 인물과 신약성경의 모든 인물의 이름들 속에 담겨 있다.

그런데 여기 계시록 19장 12절에 재림주로 오실 그리스도에게 이름이 쓰여진 것이 있다고 했다. 그렇게 쓰인 이름이 자기가 쓴 것이 아니고 '쓰여진 것'이라는 말은 '게그람메논'(γεγραμμένον)으로 수동태 완료 분사이다. 이렇게 쓰인 이름은 주님이 쓰신 것이 아니고 하나님에 의해 기록되어진 것임을 알 수 있다. 그렇게 기록된 이름은 주님 자신에게만 개방되어 있고 피조계에는 알려지지 않은 은밀한 이름이라는 것이다.

　예수 그리스도 외에 더 이상 알 수 없는 또 다른 이름이 하나님으로부터 주어진 상태로 주님이 재림해 오신다. 우리는 재림해 오시는 또 다른 이름을 상상할 뿐 알 수가 없다. 그렇다면 왜 재림해 오시는 주님의 이름을 알 수 없을까? 그것은 재림해 오시는 주님은 피조물들을 초월하시는 신적 존재로서 분명 피조물들과는 완전하게 차별된 주님이심을 암시해 준다. 그렇기에 주님은 우리 피조물들을 능가하시는 대속주이시다.

3) 피 뿌린 옷을 입은 자(계 19:13)

(1) 또 그가 피 뿌린 옷을 입었는데(계 19:13a)

　여기 13절은 재림하실 예수 그리스도의 또 다른 면모를 소개한다. 요한이 본 환상에 의하면 11, 12절에는 매우 영광스러운 면들을 소개했으나 13절에는 또 다른 면을 소개한다. 그것이 재림해 오실 그리스도께서 '피 뿌린 옷'을 입고 있다는 내용이다.

　여기 '피 뿌린 옷'이란 '히마티온 베밤메논 하이마티'(ἱμάτιον βεβαμμένον αἵματι)다. 이 말에는 두 가지 의미가 담겨 있다. 하나는 예수 그리스도께서 이 세상에 오셔서 최후에 갈보리 언덕 위에서 십자가에서 피를 흘리신 의미가 있다. 그뿐만이 아니다. 여기 계시록에는 전혀 다른 의미가 있다. '피 뿌린'이라는 말의 '베밤메논'(βεβαμμένον)은 수동태이다. 그렇기에 예수님 자신이 자기 옷에다 피를 뿌렸다는 뜻이 아니라, 누군가에 의해서 피가 옷에 뿌려진 것을 의미한다. 그렇다면 예수님이 언제, 왜, 누구에 의해서 옷에 피가 뿌려지게 되는가? 그것은 계시록 19장 15~18절에 기록된 아마겟돈 전쟁 때에 적대 세력들과 전쟁을 수행하는 중에 적들의 피가 주님의 옷에 뿌려졌음을 뜻한다.

예수님의 초림 때는 자신의 피를 쏟으심으로 사탄이 장악한 죽음의 권세를 이기시고 승리를 확증해 보여주셨다. 그러나 예수님의 재림 때에는 대적하는 사탄에 예속된 모든 적대 세력들을 피 흘려 죽게 함으로써 자신의 승리를 확인시켜 보여주신다.

(2) 그 이름은 하나님의 말씀이라 칭하더라(계 19:13b)

앞서 12절에는 예수 그리스도의 이름을 자기밖에 모른다고 했다.

그런데 여기 13절에는 그 이름이 '하나님의 말씀'이라고 했다. '예수 그리스도'를 호칭하는 것 이외에 그리스도에 대한 신약성경의 호칭이 매우 많다.

구원자(눅 1:47), 대제사장(히 3:1), 독생자(요 1:4), 만왕의 왕, 만주의 주(계 19:16), 말씀(요 1:1), 모퉁잇돌(엡 2:20), 목자장(벧전 5:4), 생명의 떡(요 6:35), 선지자(행 3:22), 선한 목자(요 10:11), 세상의 빛(요 9:5), 마지막 아담(고전 15:45), 아브라함의 씨(갈 3:16), 알파와 오메가(계 21:6), 인자(마 18:11), 임마누엘(마 1:23), 중재자(딤전 2:5), 하나님의 거룩한 자(막 1:24), 하나님의 어린양(요 1:29) 등 이렇게 예수 그리스도를 호칭하는 말들이 매우 많다. 그런데 예수 그리스도를 '하나님의 말씀'이라고 호칭한 것은 계시록 19장 13절이 유일하다.

히브리서 4장 12절에 "하나님의 말씀은 살아 있고 활력이 있어 좌우에 날 선 어떤 검보다 예리하여"라고 기록했다. 그처럼 날 선 검으로 마지막 때 지상에 재림해 오셔서 사탄과 사탄에게 지배당하는 모든 사탄의 세력들을 전쟁을 통해 처결하신다. 그렇기에 '하나님의 말씀'이 교회시대에는 죄인을 구원하는 복음으로 작용하지만 마지막 재림 때에는 사탄을 정복하는 무기가 되는 것이다.

4) 흰 세마포 입은 백마 탄 하늘 군대들의 수종(계 19:14)

앞서 11~13절에는 재림 때 전쟁을 수행하시는 예수 그리스도의 면모를 소개했다. 그런데 14절에는 예수 그리스도를 추종하는 세력들을 설명한다.

(1) 하늘에 있는 군대들이(계 19:14a)
"하늘에 있는"은 '엔 토 우라노'(ἐν τῷ οὐρανῷ)다.
예수 그리스도를 돕고 추종하는 세력은 하늘인 천상에서 자리하고 있는 군대들이다.
그에 반해 예수 그리스도를 대적하는 세력들은 "그 짐승과 땅의 임금들과 그들의 군대들"(19절)이다.
땅의 임금들과 그들의 군대들은 피조물인 인간들이고, 저들을 배후에서 조종하는 자는 공중의 권세 잡은 악의 영들이다(엡 6:12). 땅의 임금들과 그들의 군대들은 비록 피조물이지만 세상 사람들이 볼 때는 대단히 큰 무리일 것이다. 그와 마찬가지로 예수 그리스도를 추종하는 '하늘에 있는 군대들' 역시 많은 수를 이루고 있다. 여기 '군대들'이라는 말이 '스트라튜마타'(στρατεύματα)다. 이 단어는 복수형으로 하늘 군대가 대규모의 군사임을 암시하고 있다.

(2) 희고 깨끗한 세마포 옷을 입고(계 19:14b)
희고 깨끗한 세마포 옷은 누가 입는가? 계시록 15장 6절에는 일곱 재앙을 가진 일곱 천사가 성소로부터 나와서 맑고 빛난 세마포 옷을 입었다. 또 계시록 19장 8절에는 구원받은 성도들이 장차 어린양의 혼인 잔치 때 세마포 옷을 입고 잔치에 참여한다. 이렇게 본다면 주님께서 지상으로 재림하셔서 짐승과 땅의 임금들의 군대들과 전쟁을 수행하실 때는, 주님을 따르는 하늘 군대가 천사들과 함께 세마포 입은 성도들도 함께 연합군으로 참여함을 알 수 있다.

(3) 백마를 타고 그를 따르더라(계 19:14c)

'백마'는 '힙포이스 류코이스'(ἵπποις λευκοῖς)다. 계시록에서의 '백마'는 6장 2절에 나온다. 그리고 19장 11절과 14절의 '백마'는 전쟁에서 최종적으로 승리할 자가 타는 상징으로 설명되고 있다. 따라서 다음에 소개되는 아마겟돈 전쟁은 백마를 탄 예수 그리스도와 천사들이 아마겟돈 전쟁의 전면에 나서고, 구원받은 성도들은 후면에서 저들을 응원하게 될 것이다.

이 얼마나 영광스러운 전쟁인가? 운동경기를 구경할 때 관람자가 어느 편에서 하느냐에 따라서 쾌감이 달라진다. 축구, 야구, 농구 등 모든 경기에는 자기가 응원하는 편이 있다. 자기편이 경기에서 계속 이기면 아우성을 치고 흥분을 걷잡을 수 없다.

장차 아마겟돈 전쟁 때 예수 그리스도 편에 소속된 성도들은 예수님과 천사들이 짐승과 땅의 임금들의 군대들을 쳐부술 때마다 승리의 환호성을 크게 지르게 될 것이다. 지금은 우리가 땅의 임금들의 지배를 받으나 장차 아마겟돈 전쟁 때의 승리를 연상하면서 모든 수모와 고초를 견디고 이겨나가야 하겠다.

03
아마겟돈 전쟁

(계 19:15~18)

　필자는 요한계시록 강해 제2권인 《대환난 시대》의 〔특주 34〕에서 "성경에 예언된 아마겟돈 전쟁"을 설명했다. 거기에서 '아마겟돈'의 역사와 구약성경 에스겔서 38~39장의 '곡의 전쟁'의 양상을 설명했다. 이제 여기 계시록 19장에는 아마겟돈 전쟁을 전후해서 이 땅에 다시 재림하시는 예수 그리스도의 모습을 두 가지 측면으로 설명하고 있다.

　하나는, 19장 11~14절에서 재림주로 오시는 예수님의 모습이 ① 공의로 심판하시는 재판관의 모습과 ② 이 세상의 악한 세력들과 싸우시는 전사의 모습임을 밝혀 주고 있다(11절).

　두 번째는, 19장 15절에서는 악한 세력들과 싸우시는 전사의 모습을 세 가지로 설명하고 있다.

1) 세 가지 전사의 모습(계 19:15)

(1) 그의 입에서 예리한 검이 나오니 그것으로 만국을 치겠고(계 19:15a)
"그의 입에서"는 "에크 투 스토마토스"(ἐκ τοῦ στόματος)다.
그렇기에 예리한 검(a Sharp Sword)의 출처가 예수 그리스도의 입이다. 또 '나오니'라는 말은 '엑포류에타이'(ἐκπορεύεται)로 현재형이다. 따라서 예수 그리스도의 입에서부터 시퍼렇게 날 선 칼이 계속하여 힘차게 뿜어져 나오고 있음을 말해 준다. 이처럼 입에서 뿜어져 나오는 검은 모든 적대 세력들을 죽이는 위력을 발휘한다(21절).

여기서 말하는 입에서 뿜어내는 '예리한 검'이란 무슨 의미일까? 구약성경 중 이사야 11장 4절에 "그의 입의 막대기로 세상을 치며, 그의 입술의 기운으로 악인을 죽일 것이며"라는 표현이 있고, 또 이사야 49장 2절에도 "내 입을 날카로운 칼같이 만드시고"라는 표현도 있다. 또 신약성경에도 데살로니가후서 2장 8절을 보면 "주 예수께서 그 입의 기운으로 그를 죽이시고 강림하여 나타나실" 것을 말하고 있다. 특히 히브리서 4장 12절에는 하나님의 말씀이 좌우에 날 선 어떤 검보다도 예리함을 설명한다.

이와 같은 모든 표현을 종합한다면 "그의 입에서 예리한 검"이 나온다는 것은 말씀의 능력으로 적들을 궤멸시킨다는 의미를 충분하게 표현하고 있는 것이다. 그래서 재림해 오시는 예수 그리스도의 핵심 무기는 말씀의 능력임을 알 수 있다.

하나님께서는 말씀으로 우주 만물을 창조하셨다. 그리고 그 말씀으로 우주 만물을 다스리고 계신다. 우리 주님은 말씀이 육신을 입고 오셨다가 죄인처럼 죽으셨다. 그러나 말씀이신 주님이 사망 가운데 파묻혀 지내지 않으시고 부활하심으로 참된 생명의 주인임을 증명하셨다.

그 주님이 다시 이 세상에 재림하실 때에는 사탄과 그의 지시를 받고 하나님을 대적하는 모든 세력을 말씀으로 섬멸시키신다. 그렇게 위대한 능력의 말씀을 우리는 과연 효율 있게 활용하고 있는가? '말씀의 능력'을 설교하는데 능력이 뒤따르지 않는 현실은 주님의 말씀과는 다른 말씀이란 말인가? 참으로 크게 각성해야 되는 진리의 말씀이다.

(2) 친히 그들을 철장으로 다스리며(계 19:15b)

철장은 '랍도 시데라'(ῥάβδῳ σιδηρᾷ)다. 철장은 목자들이 사나운 맹수들을 물리치기 위해서 지팡이 끝에 쇠붙이를 단 철제 막대기다. 이와 같은 철장이 평화 시에나 교회시대에는 양들을 보호해 주는 도구로 사용된다(계 2:27). 또 대환난 시대에도 보호용 도구로 쓰인다(계 12:5). 그러나 장차 아마겟돈 전쟁 때에는 대적들을 심판하는 도구가 된다(계 19:15). 이렇게 다 같은 철장이라도 시대에 따라 환경에 따라 그 용도가 달라진다. 이것은 주님은 다 같은 분이시지만 초림 때에는 구세주로 오셨으나 재림 때에는 심판주로 달라지는 것과 마찬가지 원리이다.

(3) 전능하신 이의 맹렬한 진노의 포도주 틀을 밟겠고(계 19:15c)

여기 "진노의 포도주 틀"이라는 말은 "레논 투 오이누 투 뒤무 테스 오르게스"(ληνὸν τοῦ οἴνου τοῦ θυμοῦ τῆς ὀργῆς)다.

이 말의 기원은 구약성경들에서 비롯된 용어다. 이사야 63장 3절에 "내가 홀로 포도즙 틀을 밟았는데 내가 노함으로 말미암아 무리를 밟았고 분함으로 말미암아 짓밟았으므로 그들의 선혈이 내 옷에

튀어 내 의복을 다 더럽혔음이니"라는 표현이 있다.

또 요엘서 3장 13절에 "와서 밟을지어다 포도주 틀이 가득히 차고 포도주 독이 넘치니 그들의 악이 큼이로다"라고 하였다. 느헤미야서 13장 15절에도 어떤 사람이 안식일에 술틀을 밟고 여러 가지 짐을 지고 예루살렘에 들어와 파는 것을 경계한 내용이 소개된다. 이와 같은 포도주 틀은 보통 돌로 만들어져 있고 바닥에 있는 구멍을 통해 포도주가 통 속으로 흐르도록 틀 안에서 사람들이 발로 짓밟으며 포도 알갱이들을 으깨었다.

이 같은 생활 속의 한 형태의 과정을 성경에는 하나님께서 진노를 발하시는 것으로 표현되고 있다(애 1:15; 계 14:19, 20, 19:15).

장차 재림하시는 주님은 공의에 의한 심판주이시며, 또 동시에 맹렬한 진노로 싸우시는 전사의 모습으로 오신다. 그렇게 싸우시는 전사의 한 형태가 진노에 의한 포도주 틀에서 포도들을 짓밟고 뭉개는 것처럼 하실 것을 예언하고 있다.

2) 그 옷과 그 다리에 쓰인 글(계 19:16)

(1) 그 옷과 그 다리에 이름을 쓴 것이 있으니(계 19:16a)

여기 계시록 19장에는 장차 재림해 오시는 예수 그리스도의 이름에 관하여 다양한 표현들이 계속되고 있다.

① 11절에서 그 이름이 충신과 진실이라.
② 12절에서 이름 쓴 것 하나는 자기밖에 아는 자가 없다.
③ 13절에서 그 이름은 하나님 말씀이라.
④ 16절에서 옷과 다리에 이름 쓴 것이 만왕의 왕이요 만주의 주라고 했다.

예수 그리스도의 이름이 초림 때에는 단순했다. 그러나 재림주로 오실 때에는 그 기능이 매우 다양하여 다양한 이름들이 따른다. 그리고 우리가 기억할 사실이 있다. 그것은 여기 16절에서 예수 그리스도의 이름을 "그 옷과 그 다리에" 썼다고 하는 내용이다. 이것은 요한 당시의 전쟁터에 나서는 전사들의 관행이었다. 전쟁터에 나가는 전사들 중 말을 탄 마병 전사들은 자기들이 입은 갑옷 외투와 다리 덮개를 차고 출전했다. 그때 그 갑옷 같은 외투와 다리 덮개 위에다 자기 이름을 기록했다. 이 같은 관행은 자기 명예에 결코 비굴하지 않겠다는 결사 항전의 의미가 있을 뿐 아니라 죽은 후 명예롭게 죽었다는 근거를 남기려는 의지로 이해된다.

주님께서 재림주로 오실 때는 이처럼 이 세상의 모든 악의 세력들을 완전히 소탕하겠다는 강력한 투사 의지로 오신다는 것이다.

(2) 만왕의 왕이요 만주의 주라 하였더라(계 19:16b)

'만왕의 왕', '만주의 주'라는 개념은 구약에서 비롯되었다.

다니엘서 2장 47절을 보면, 다니엘이 느부갓네살 왕의 꿈을 찾아내서 해몽해 주었을 때, 느부갓네살 왕이 다니엘에게 "너희 하나님은 참으로 모든 신들의 신이시요 모든 왕의 주재시로다" 하고 찬양한다.

그런데 역사 속에는 땅의 왕들이 무엄하게도 자기를 신(神)으로 섬기도록 강요한 황제들이 있었다. 로마제국 초기의 황제들이 그랬다. 로마제국 초기의 황제들이 죽은 후에 그를 존숭하려는 정치적 의도로 죽은 황제를 신격화시켜서 숭배케 하였다. 사도 요한 때 도미티안(Domitian, 81~96) 황제도 자신을 신으로 숭배하도록 강요했다. 이때 유대교도들은 타협하고 따랐으나 기독교도들은 강력하게 반대함으로 많은 희생이 뒤따랐다.

그는 자신을 '주요 하나님'(Dominus et Deus)으로 숭배하도록 강요하는 것을 반대하는 자들을 가혹하게 탄압했다. 그 결과 그는 음모에 의해 암살당하고 만다. 그런데 그 후에 동방의 비잔틴 제국 때 로마제국의 황제들이 동·서방 로마제국의 통일성을 기하고 원활한 통치를 위해 또다시 '황제 숭배'(emperor worship)를 강요한다.

이 같은 관행은 동로마제국이 기독교를 국교로 인정한 데오도시우스 1세(Theodosius, 379~395) 때 사라진다. 그리고 단지 황제에 대한 충성 선서로 변천된다.

장차 재림주로 오시는 이름은 '만왕의 왕', '만주의 주'라는 이름으로 오실 것이다.

3) 태양 안에 한 천사의 외침(계 19:17~18)

(1) 또 내가 보니(계 19:17a)

계시록 19장에는 여러 가지 내용이 다양한 장면으로 바뀌면서 연속적으로 기록되고 있다. 이렇게 다양한 장면이 바뀔 때마다 따르는 표현이 "또 내가 보니"라는 사도 요한의 관용적 표현이다. 우리는 무시하고 스쳐 지나갈 수 있다. 그러나 이 말이 어느 때 쓰이는가? 그 내용을 유심히 살펴볼 때 계시록 19장의 내용을 바르게 이해할 수 있다.

"또 내가 보니"라는 용어는 계시록 19장 안에서 다양하게 쓰이고 있다. 최초로 이 말이 기록된 곳은 계시록 19장 11절이다. 이때는 하늘이 열린 것을 통해서 백마 탄 그리스도와 하늘 군대들을 보았다.

두 번째 "또 내가 보니"는 계시록 19장 17절이다. 이때는 태양 안의 한 천사의 외침의 내용이다. 세 번째 "또 내가 보니"도 19장 19절이다. 이때의 내용은 지상에서 아마겟돈 전쟁이 일어나 짐승과 거짓 선지자와 우상에게 경배하던 자들이 유황불 불못에 던져지는 내용이다.

여기 계시록 19장은 다 똑같은 한 장이다. 그러나 내용이 전개되는 장소는 다 각각 다르고 내용도 다르다.

19장 1~10절에는 하늘에서 이뤄지는 '어린양 혼인 잔치' 내용이다. 또 19장 11~16절에는 하늘에서 아마겟돈 전쟁을 준비하시는 예수 그리스도와 하늘 군대들의 내용이다. 또 19장 17~18절에는 태양 안의 한 천사의 외치는 내용이다. 또 19장 19~21절에는 지상에서 아마겟돈 전쟁에 의해 악의 세력들이 완전히 궤멸당하는 내용이다. 이렇게 각각 다른 내용을 설명할 때마다 사도 요한은 "또 내가 보니"라는 표현을 사용한다. 그렇기에 "또 내가 보니"라는 표현을 소홀히 보지 말고 관심 깊게 주의해서 살펴보아야 할 것이다.

(2) 한 천사가 태양 안에 서서(계 19:17b)

여기 우리가 깊은 관심을 가지고 살펴볼 내용이 나온다. "한 천사가 태양 안에 서서" 있다는 표현이다. 이 말의 문자적인 뜻을 살펴보자.

'태양 안에'라는 말은 '엔 토 헬리오'(ἐν τῷ ἡλίῳ)다. 이때 쓰인 '엔'(ἐν)은 영어의 'in'에 해당되는 말이다. 그리고 '서서'라는 '헤스토타'(ἑστῶτα)는 '서다', '세우다'는 뜻을 지닌 '히스테미'(ἵστημι)의 완료분사이다.

그렇기에 천사는 과거로부터 미래 아마겟돈 전쟁 시점까지 해 안에서 자리 잡고 있어 옴을 분명하게 드러내는 말이다.

그런데 이 말을 어떻게 과학적으로 납득할 수 있는가? 왜냐하면 과학자들은 태양이 지구보다 109배로 크고 태양은 산출 온도가 5,780k로 고온의 가스 덩어리라고 한다. 그래서 태양이 고도의 열과 빛과 태양풍을 뿜어내므로 행성이나 위성들의 만유인력을 통한 천체 운행이 계속 진행되고 있는 것이다. 그렇게 뜨거운 태양은 인간이 접근할 수 없는 상상의 영역이다. 그런데 성경은 한 천사가 아주 오래전부터 태양 안에 머물러 있다고 했다. 인간이나 모든 생명체가 태양에 접근하려면 타죽고 말 터인데, 어떻게 천사가 그 안에 머물러 있다는 말인가? 이것은 한계가 정해진 인간의 사고로는 이해가 되지 않는다.

그러나 우주 만물을 창조하신 하나님의 입장에 서 있는 '창조신앙'으로는 이해가 가능하다. 하나님께서 최초로 창조하신 것은 첫째 날의 '빛'이다(창 1:3~5).

이때 말하는 '빛'이라는 단어는 '오르'(אור)이다. 그런데 하나님은 그 '빛'을 넷째 날에 '광명체'에 이관시키신다(창 1:14). 이때 말하는 '광명체'라는 말은 '메오로트'(מארת)다. 이 말은 '빛을 내는 도구'라는 뜻이다. 그렇기에 현재의 저 태양과 달과 별들은 첫째 날 만드신 '빛'을 대행해 주는 도구들이다. 그런데 사람들은 빛의 도구인 태양과 달과 별이 영원할 것으로 믿고 있다. 그러나 장차 그날에는 '처음 하늘'과 '처음 땅'이 없어지고 '바다'도 없어진다. '빛의 도구'로 사용되고 있는 '해'나 '달'도 쓸모가 없어진다(계 21:23, 22:5). 과학자들도 해의 수명이 끝나면 사라질 것을 예측한다.

이와 같은 창조신앙과 종말신앙을 가지고 한 천사가 태양 안에 서서 외친다는 말은 충분히 이해가 된다. 천사는 육신을 가진 육체적 존재가 아닌 영적 존재다. 영적 존재는 인간들처럼 뜨거운 불덩어리를 의식할 수가 없다. 그렇기에 아마도 하나님께서 첫째 날의 '빛'을 넷째 날의 '광명체'로 이관하실 때 영적 존재인 천사로 하여금 광명체들을 잘 관리하도록 태양 안에다 두셨을 것이라고 상상해 볼 수 있다. 그렇게 상상하지 않으면 "태양 안에"라는 말이 이해가 안 되기 때문이다.

필자는 인간들이 믿지 못한다 해도 창조신앙과 종말신앙을 근거로 충분하게 믿어진다. 그렇다고 해서 이 같은 필자의 신념을 타인들에게 강요할 생각은 없다. 왜냐하면 신앙의 영역은 믿음의 분량대로 이해가 다양하기에 각자의 이해는 믿음의 분량에 따라 다르기 때문이다.

(3) 공중에 나는 모든 새를 향하여 큰 음성으로 외쳐 이르되(계 19:17c)
여기 아마겟돈 전쟁에 모든 새가 활용된다고 했다. 새(鳥)라는 단어가 구약과 신약성경에 많이 쓰였는데, 그 단어의 쓰임이 몇 가지로 구별되어 있다. 구약성경의 '새'는 '오페'(עוֹף)로 공중에 날아다니는 일반적인 모든 새들을 의미하는 단어로 쓰였다.

창세기 1장 20절의 '궁창의 새'를 비롯해 구약성경 전체에 두루 쓰였다. 그런가 하면 새들 중에서 부정한 새로 지목된 '새'는 '카나페'(כָּנָף)로 구별되게 쓰였다(신 14:12~20과 구약 여러 곳에 쓰임). 신약성경도 마찬가지다. 복음서를 비롯해서 신약성경에서 일반적 새는 '페테이논'(πετεινόν)으로 쓰였다. 그와 다르게 계시록에서는 '각종 더럽고 가증한 새'라는 뜻으로 '오르네온'(ὄρνεον)이라는 단어가 쓰였다.

그것이 앞서 계시록 18장 2절에 "각종 더럽고 가증한 새"라는 단어이고, 또 계시록 19장 17절의 "공중에 나는 모든 새"와 또 21절의

"모든 새"다. 그렇기에 장차 아마겟돈 전쟁 때 동원되는 새는 구약성경에서 더럽고 가증한 새로 주목된 부정한 새들이 사용될 것임을 알려주고 있다.

참으로 놀라운 사실이다. 우리는 모든 새들이 다 똑같은 새라는 인식을 갖고 있다. 그러나 조류 가운데서도 매우 사납고 흉조로 여겨지는 새들이 신명기 14장 12~20절에 분류되어 있을 뿐 아니라 그런 흉조들이 또 최후의 아마겟돈 전쟁 때도 활용된다는 것이다.

⑷ **왕들, 장군들, 장사들, 말들, 그것을 탄 자들의 살을 먹으라(계 19:18)**
여기 보면 한 천사가 해 안에서 공중에 나는 부정한 모든 새들을 향하여 "하나님의 큰 잔치"에 모이라고 했다. 천사가 공중의 부정한 새들을 모이라고 지시하는 이유는, 하나님을 대적하는 모든 세력들을 다 죽인 후에 그 시체들을 먹게 하기 위해서 불러 모으는 것이다.

계시록 19장 17~18절의 내용은 구약성경 에스겔서 39장 17~20절 내용을 그대로 반영하고 있다.

그렇기에 우리가 계시록에 기록된 아마겟돈 전쟁을 제대로 이해하기 위해서는, 에스겔 38~39장에 기록된 침략과 '곡의 심판'과 '곡의 멸망' 내용을 제대로 알아야만 가능한 것이다. 따라서 필자는 [특주 38]로 "이 세상의 전쟁과 아마겟돈 전쟁의 차이"를 살펴볼 것이다.

참으로 놀랍고 무섭고 공포스러운 사실을 깨닫는다. 그것은 요한계시록 19장 안에는 너무도 상극적인 양극단의 내용이 예언되고 있다는 사실이다. 하나는 계시록 19장 1~10절에 기록된 어린양의 혼인 잔치 내용이다. 그 내용은 "혼인 잔치에 청함을 받은 자들"로 표현되는 구원받은 성도들이 누릴 미래의 영광스런 내용이다.

그에 반해 두 번째로 계시록 19장 11~21절에 기록된 아마겟돈 전쟁의 내용은, 죄악들을 모두 척결하는 "하나님의 심판의 큰 잔치"(17절)에 세상의 모든 왕들, 장군들, 장사들, 자유인들, 종들, 작은 자, 큰 자가 모두 다 흉악한 새들의 먹거리가 된다는 사실이다.

계시록의 최후심판은 어린양의 혼인 잔치에 참여하는 복된 자가 되느냐, 아니면 '하나님의 심판의 잔치'에 흉악한 새들의 먹거리가 되느냐? 둘 중의 하나로 구별될 따름이다. 둘 사이에 중간 지대란 전혀 존재하지 않는다.

그런데 세상은 중간 지대를 지혜로 격찬하는 '중용'(中庸) 사상이 있고, 또 세상에는 '중용'을 존중하는 '중도'(中道)라는 기회주의적 모호함도 있다. 참된 신앙의 길은 중도가 아닌 자기 정체성을 뚜렷하게 드러냄으로 그들의 착한 행실을 보고 하늘에 계신 아버지께 영광을 돌려드려야 하는 인생이 되어야 함을 깨우쳐 준다(마 5:13~18 참조).

[특주 38]

이 세상의 전쟁과 아마겟돈 전쟁의 차이

필자는 [특주 34]에서 "성경에 예언된 아마겟돈 전쟁"을 설명했다. 여기서는 이 세상의 전쟁과 아마겟돈 전쟁에는 무슨 차이가 있는 지를 중점적으로 살펴보겠다.

1) 이 세상의 전쟁

시중에 보면 이 세상의 전쟁에 관한 전문 서적들이 무수하게 많다. 필자는 이 세상의 전쟁에 관한 전문 서적들을 구해서 살펴보았다. 그동안에 전쟁에 관한 전문 서적들을 통해 알게 된 내용을 몇 가지로 정리해 본다.

(1) 《전쟁의 기원》(*The Origins of War*)
아더 훼릴(Arther Ferrill)이 지었고 이춘근 박사가 번역했다.[3]
이 책에는 선사시대의 전쟁과 고대 근동 지방의 전쟁을 소개한 후 고대 이집트, 바빌로니아와 구약성경에 기록된 전쟁과 아시리아, 페르시아, 알렉산더 대왕과 현대 전쟁의 기원을 소개했다.

---

[3] 아더 훼릴, 전쟁의 기원, 이춘근 역, 북앤피플, 2019.

(2) 《전쟁과 국제 정치》

이춘근의 책에는 또 다른 내용이 소개되었다.[4]

여기서는 과거 세계 역사를 바꿔 놓은 대 전쟁들의 리스트를 소개하고, 전쟁이 일어나는 원인을 ① 인간적 차원 ② 국가 및 사회적 차원의 원인으로 설명한다. 그리고 전쟁에 있어서 전략과 무기의 중요성을 밝힌다.

(3) 《세계 전쟁사》에는 많은 전쟁 내용이 소개되어 있다.[5]

여기서는 인류 역사가 전쟁의 역사로 이어졌음을 소개한다. 100개의 세계 전쟁사를 다 소개하고 있다. 이 내용 중 언뜻 눈에 뜨이는 것만 발췌해 보겠다.

중국 춘추 전국 시대의 전쟁(BC 770~221)
페르시아와 헬라의 마라톤 전쟁(BC 490. BC 480의 살라미스)
알렉산더의 페르시아 점령(BC 330)
아프리카 포에니(Poeni) 군과 로마군과의 3차 전쟁(BC 264~146)
카이사르의 갈리아 정복(BC 58~51)
유비·손권의 연합군이 조조군을 격파한 적벽대전(AD 208)
게르만족, 서고트족, 훈족, 반달족의 로마 침략 후 서로마제국 멸망(407~476)
고구려의 수나라(612~614), 당나라와의 전쟁(645)
프랑크 샤를마뉴의 이탈리아 정복(773~774)
바이킹족들의 치고 달아나기 전법(8~11세기)
교황의 선동에 의한 유럽 제국들의 8차 십자군 전쟁(1096~1272)

---

4) 이춘근, 전쟁과 국제정치, 북앤피플, 2020.
5) 정토웅, 세계 전쟁사(다이제스트), 가람기획, 2010.

몽골 칭기즈칸의 세계정복(13세기)

투르크인들의 콘스탄티노플 함락(1453)

중세기 가톨릭 군대와 투르크족들과의 레판토 해전(1571)

스페인 무적함대와 영국 해군과의 아르마다 패배(1588)

이순신 장군의 한산도 해전(1592)

독일에서 신·구교 간의 30년 전쟁(1618~1648)

영국 크롬웰의 철기병들의 왕당파와의 전쟁(1599~1658)

미국의 독립전쟁(1775~1783)

전쟁의 신 나폴레옹의 전쟁들(1769~1821)

세계 바다를 정복한 영국 넬슨 제독(1805)

영국과 프랑스가 러시아를 침공한 크림 전쟁(1853~1856)

미국의 남북전쟁(1861~1865)

프로이센, 프랑스 전쟁으로 독일 통일을 이룸(1870~1871)

일본과 청일전쟁(1894~1895), 러일전쟁(1904~1905)

제1차 세계 대전(1914~1918)

제2차 세계 대전(1939~1945)

한국전쟁(1950~1953)

베트남 전쟁(1965~1975)

이스라엘의 6일 전쟁(1967)

인도·파키스탄 전쟁(1971)

아프가니스탄 전쟁(1979~1989) **소련의 참패**

이란·이라크 전쟁(1980~1988)

걸프 전쟁(1990~1991)

우리는 현재의 러시아와 우크라이나의 전쟁사를 보고 있다.

이 모든 전쟁사를 보면 인류 역사란 곧 전쟁의 역사였다는 말이 실감이 난다.

또 김중영의 《전쟁 영웅들 이야기》와[6] 신종태의 《세계의 전쟁 유적지를 찾아서》 3권[7]을 보면 우리가 미처 모르고 있던 애환사가 많이 소개되고 있다.

이와 같은 이 세상 인간들의 전쟁사를 보면 여기에는 우수한 지도자, 지형과 기후를 예측할 수 있는 지략, 또 많은 병력의 유효적절한 활용, 그리고 전쟁 수행에 유리한 무기들이 전쟁 승패의 관건이 됨을 알 수 있다.

이 같은 과거 역사의 전쟁사가 하나의 큰 교훈이 된다. 그래서 전쟁을 지휘하는 지도자와 전쟁을 수행하는 데 도움을 주는 좋은 참모진들과 전쟁에 쓰이는 무기들이 다각도로 사용되고 있다. 그래서 현대전은 적보다 우수한 전쟁 무기들과 적들을 이길 수 있다는 신념을 승리의 필수 요건으로 매우 중요시하고 있는 것 같다.

이에 현재 세계 각국은 핵무기를 가장 강한 전쟁 무기로 인식하고 있다. 그러나 과연 핵무기만 갖추면 세상을 제패할 수 있을까?

지금 전 세계 강대국들이 모두 다 핵무기들을 갖추고 있다. 그렇다면 과연 핵무기가 승리를 보장해 주는 무기일까? 여기서는 세상의 전쟁과 전혀 다른 아마겟돈 전쟁을 알아보자.

---

6) 김중영, 전쟁 영웅들의 이야기, 두남, 2021.
7) 신종태, 세계의 전쟁 유적지를 찾아서 3권, 청미디어, 2020.

2) 아마겟돈 전쟁

앞으로 전개될 아마겟돈 전쟁은 과거 인류 역사에 치러졌던 전쟁들의 양상과는 근본적으로 다르다. 어떤 면에서 다른가? 그것을 몇 가지 세목별로 생각해 보자.

(1) 전쟁의 주체자는 창조주이고 피해자는 피조물들이다.

지금까지 진행되어 오고 있는 인류 역사의 전쟁들은 땅의 왕들과 장군들과 군병들이 인간이 만든 무기를 가지고 싸운 전쟁사였다. 그렇기에 인류의 전쟁사는 피조물 간의 전쟁에 국한된 전쟁사였다. 그러나 앞으로 있게 될 아마겟돈 전쟁은 창조주의 일방적인 재창조의 사역으로 적대 세력들을 정리하는 심판의 때이다. 창조주 하나님이 함께하시는 예수 그리스도 앞에서 피조물들이나 그들이 만든 조직이나 무기나 세력은 아무 의미가 없다.

그렇기에 아마겟돈 전쟁이라고 해서 실제로 전쟁이 치러지는 것이 아니라, 창조주에 의하여 이 세상 것들이 새롭게 재편되기 위한 정리만이 있는 것이다.

(2) 전쟁 무기가 근본적으로 다르다.

지상의 인간들은 그들이 개발한 최고의 무기들의 위력을 믿고 인간들이 만든 온갖 장비와 무기로 맞설 것이다. 그러니 창조주이신 주님의 무기는 "입에서 나오는 예리한 검"(계 19:15)으로 만국을 치신다.

창조주이신 주님의 입에서 나오는 '예리한 검'은 지진을 통해 만유인력의 법칙을 무너뜨림으로 인간들의 존재 자체가 성립되지 않는다. 또 창조주이신 주님은 태양계를 변화시킴으로 상대성 원리도 통하지 않게 만드신다. 그렇기에 창조주와 피조물과의 전쟁이 아니라, 창조주에 의해서 세상의 모든 잘못된 조직들이 해체되는 심판만 있을 따름이다. 따라서 지금 전 세계 강대국들이 천문학적 경비를 투자해서 만들고 쌓아 놓는 무기들은 아마겟돈 전쟁 때 아무 쓸모없는 무용지물이 되고 말 것이다.

(3) 전쟁의 결과

주님을 대적하는 짐승과 짐승의 조종을 받고 있는 임금들과 그 군대들, 그리고 거짓 선지자와 우상 숭배자들이 결속해서 주님을 대적한다.

그러나 창조주이신 주님께서는 말씀으로 저들을 처리하신다. 그렇기에 아마겟돈 전쟁이라고 표현만 될 뿐 일반적인 청산에 불과하다. 그리고 그들의 시체를 혐오스러운 새들이 먹거리로 배를 불리게 된다.

결어

우리는 북한의 핵 공포로 인해 온갖 위협과 모욕 속에서도 굴욕적으로 인내해 가고 있다. 또 중국의 강력한 군사력과 경제력으로 자존심 없는 비굴한 타협을 계속 이어가고 있다. 강대국 미국이나 일본과도 저들의 힘에 의한 독주에 눈물을 삼키며 참아야만 하는 입장이다.

우리가 살아가는 이 세상에서는 육신을 가진 연약한 존재로서 인간의 한계와 제약을 받을 수밖에 없다. 또한 이 세상에서 사는 동안은 어쩔 수 없이 환경의 지배를 받아야 함을 인정해야 한다. 그러나 우리는 육신만 가진 인간이 아니다. 창조주이신 예수 그리스도의 영이신 성령님을 우리 안에 모신 귀중한 성도들이다.

육적으로는 환경의 지배를 받지만 영적으로는 성령님의 무한대한 능력을 믿으면서 장차 재림 때에 있을 최후 승리도 믿는 성도들이다. 그러므로 육신은 연약해도 영적으로는 강하고 담대하게 영광스러운 긍지를 가지고 모든 유혹 속에서도 장부답게 살아가야 한다.

그런데 그렇게 장부다운 기상과 기품을 유지하려면 종말론 신앙을 제대로 알아야 한다. 필자의 요한계시록 강해서들이 그와 같은 장부다운 신앙을 갖는 데 도움이 되기를 간절히 열망한다.

04
짐승 편에 섰던 자들의 심판

(계 19:19~21)

1) 짐승과 땅의 임금들의 군대들과 백마 탄 자와의 전쟁(계 19:19)

(1) 또 내가 보매(계 19:19a)

계시록 19장 안에 "또 내가 보매"라는 표현이 세 번째 사용되고 있다.

19장 11절에 최초로 "또 내가 하늘이 열린 것을 보니"로 시작해서 하늘에서 재림하실 그리스도와 하늘 군대들의 모습을 설명했다.

두 번째는 19장 17절에 "또 내가 보니"로 시작해서 태양 안의 천사 내용을 설명했다.

그리고 여기 19장 19절에 "또 내가 보매"가 사용된다. 요한은 이렇게 "또 내가 보매"라는 말을 사용한 다음에는 앞의 내용과 또 다른 장면의 내용을 설명하는 관용 문구를 사용하고 있다.

이렇게 "또 내가 보매"라는 표현은 완벽하게 다른 내용이라기보다는 앞의 내용과는 또 다른 내용을 설명하려는 문장 구성의 논리적 기법이라고 할 수 있다.

(2) 그 짐승과 땅의 임금들과 그들의 군대들이 모여(계 19:19b)

이 내용은 앞서 계시록 13장에서 이미 설명된 내용이다.

계시록 13장 1~4절을 보면 '바다짐승'으로 상징되는 '열 뿔과 열 왕관'을 가진 정치적 탁월한 지도자가 대환난 초기에 등장한다.

그리고 계시록 13장 11~18절에는 '바다짐승'으로부터 권세를 이양받은 '땅의 짐승'은 거짓 선지자로 땅의 짐승에게 경배를 강요하고 짐승에게 경배하지 않는 자들을 죽인다. 그뿐만 아니라 땅의 짐승은 오른손이나 이마에 짐승의 표를 받지 않는 자는 매매를 하지 못하도록 경제적 통합 정책도 활용한다.

이들이 대환난 후반기에는 용의 입, 짐승의 입, 거짓 선지자의 입(계 16:13)을 가진 귀신들의 영으로 발전한다. 이들 귀신들의 영을 가진 이들이 이적을 행하며 온 천하 왕들을 찾아가서 아마겟돈 전쟁(계 16:16)을 위해 왕들을 모은다.

여기 계시록 19장 19절의 전반부 내용은 앞서 기록한 계시록 13장과 16장의 내용을 발전시킨 내용이다.

(3) 그 말 탄 자와 그의 군대와 더불어 전쟁을 일으키다가(계 19:19c)

"그 말 탄 자"는 앞서 계시록 19장 11절, 14절에서 설명했고, 그의 군대들에 대한 내용도 14절에서 설명했다.

2) 짐승, 거짓 선지자, 짐승의 표 받은 자, 우상 숭배자들의 유황 불못(계 19:20)

여기 20절은 앞서 계시록 13장의 내용과 16장의 내용을 최종적으로 정리해 주는 내용이다.

(1) 짐승이 잡히고(계 19:20a)

'짐승'은 '토 데리온'(τὸ θηρίον)이다. 이 짐승에 대한 설명은 앞서 계시록 13장 1~10절에서 소개되었다. '짐승'은 하늘에서 미가엘 천사와 전쟁에 패한 후 쫓겨난 '붉은 용'(계 12:3~9)이 열 뿔과 열 왕관의 권세를 받은 정치가다(계 13:2~4). 그 짐승은 자기가 가진 막강한 권세 중 일부를 '바다짐승'으로 상징되는 거짓 선지자에게 양도해 주었다(계 13:12~15).

그리고 대환난의 마지막 때는 온 천하 왕들을 찾아다니면서 아마겟돈 전쟁을 준비하게 한 자였다. 그런데 그 짐승이 아마겟돈도 시작하기 전에 잡힌다. 여기 '잡히고'는 '에피아스데'(ἐπιάσθη)다. 이 단어는 '붙잡다', '쥐다'라는 뜻을 가진 '피아조'(πιάζω)의 부정 과거 수동태다. 그러니까 짐승은 전 세계에 열심히 순회하면서 그리스도를 대적하는 아마겟돈 전쟁을 준비해 왔다.

그런데 전쟁을 개시하기도 전에 백마 탄 그리스도에게 산 채로 사로잡힌다. 짐승의 권세가 아무리 막강하다 할지라도 그의 존재는 피조물 중 하나다. 창조주인 그리스도 앞에서는 전쟁을 전개해 보지도 못하고 포로가 된다.

(2) 그 앞에서 표적을 행하던 거짓 선지자도 함께 잡혔으니(계 19:20b)

'거짓 선지자'란 '호 푸슈도프로페테스'(ὁ ψευδοπροφήτης)다.

신약성경에는 거짓 선지자가 많이 소개된다. 누가복음 6장 23~26절에는 과거 조상들이 거짓 선지자들을 대적했음을 말하고, 마태복음 7장 13절에는 예수님 때에 거짓 선지자가 있음을 말한다.

마태복음 24장 11절, 24절과 마가복음 13장 22절에는 앞으로 대환난 때에 거짓 선지자들이 나타날 것을 경고한다.

이와 같은 경고가 계시록에서는 13장 11~18절의 '땅의 짐승'으로, 16장 13절에서 붉은 용, 바다짐승, 땅의 짐승으로 설명되고, 계시록 19장 20절에는 그가 완전히 '거짓 선지자'이었음을 확인시켜 준다.

특히 계시록 19장 20절에는 '표적을 행하던 거짓 선지자'로 명명된다. '표적'이 무엇인가?

신약성경에 '표적'이라는 말은 '세메이온'(σημεῖον)으로 쓰였다. '표적'(剽賊), '표징'(標徵), '신호', '기적', 'sign' 등 다양하게 번역되는 말이다.

구약에는 모세가 하나님의 권위를 증명하는 수단으로 표적들을 많이 행했다. 주님께서는 유대인들이 표적을 보여 달라고 할 때 요나의 표적밖에는 보여줄 것이 없다고 하셨다(마 12:39).

예수님께서 말씀하시는 '참된 표적'이란 그리스도의 장사지냄과 그 후에 다시 사는 부활이 참된 표적임을 암시해 주셨다.

그런데 '거짓 선지자'들은 사람들에게 다소 특이한 기적들로 사람들을 선동해서 자기들이 특별한 자임을 드러내려고 한다.

우리나라에서도 1950년대에 박태선 장로가 '전도관'을 통해 특별한 기적들을 행함으로 전국의 수많은 이들이 부천의 소사에 몰려들어 '신앙촌'으로 갔고, 또 덕소의 '신앙촌'으로 몰려갔다. 또 1960년대에는 조용기 목사가 병이 낫는 신유(神癒, divine healing)를 행해 전 세계인들을 몰려들게 했다. 또 박태선의 제자인 이만희는 2013년이 신천지 기원 30년이 되었다고 하니까 '신천지'의 시작은 1980년대라는 것이다.[8]

이만희의 신천지가 지금 얼마나 큰 세력으로 성장하여 모든 교회들에게 해악은 물론이고 국가적, 사회적으로 큰 문제들을 양산하는가? 거짓 선지자들의 특징은 사람들의 눈을 현혹시키는 표적을 보여준다. 앞으로 말세가 될수록 거짓 선지자들의 표적이 현저하게 가속화될 것이다.

그런데 그렇게 표적을 행함으로 많은 사람을 현혹하는 거짓 선지자가 마지막 아마겟돈 전쟁 때에 표적을 보여주며 큰 역할을 한다.

그가 하는 일이 무엇인가? 그는 표적을 통해 사람들의 혼을 뺀 다음에 짐승의 표를 받게 하고 우상에게 경배하도록 강요하는 일을 한다(계 13:11~18). 하지만 그와 같은 거짓 선지자는 아마겟돈 전쟁 초에 그리스도에 의해서 산 채로 사로잡힌다(계 19:20).

(3) 이 둘이 산 채로 유황불 붙는 못에 던져지고(계 19:20c)

"이 둘이"는 '호이 뒤오'(οἱ δύο)다. 이 말은 앞서 설명한 짐승과 표적을 행하던 거짓 선지자를 말한다. 이 둘이 전 세계 임금들과 장군들을 선동해 아마겟돈 전쟁을 준비한다. 그런데 전쟁을 일으켜 싸워보지도 못하고 그리스도에 의해 산 채로 사로잡힌다. 그리고 저들 둘은 산 채로 유황불 붙는 못에 던져진다.

---

8) 한창덕, 신천지 비판, 새물결플러스. 2015.

'유황불'은 '엔 데이오'(ἐν θείῳ)다. 유황인 '데이온'(θεῖον)은 불못에 꺼지지 않고 계속 타오르도록 돕는 재료이다(창 19:24; 겔 38:22). 이 유황에 불이 붙으면 엄청난 열기를 뿜어낼 뿐만 아니라 고약한 냄새와 악취로 견딜 수 없는 고통이 동반된다. 이렇게 뜨거운 열기와 악취가 동반되는 '유황 불 붙는 못'에다 '짐승'과 '거짓 선지자'가 산 채로 던져진다.

이들 두 악의 대표가 시체가 아닌 살아 있는 생명이 작동하는 상태에서 유황 불못에 던져진다는 것은 너무도 끔찍한 일이다.

3) 그 나머지는 말 탄 자의 입으로부터 나오는 검에 죽으매(계 19:21)

아마겟돈 전쟁을 일으켜 그리스도를 대적하려던 두 지도자인 짐승과 거짓 선지자는 산 채로 유황 불못에 던져진다. 그리고 이들을 따르던 나머지 무리들이 있다. 그들이 전 세계의 왕들과 장군들과 장사들과 그를 따르는 군대들이다. 또 짐승의 표를 받고 우상을 경배하던 자들이다. 이들은 짐승과 거짓 선지자의 운명과 다르게 처리된다.

이들 "그 나머지"는 말 탄 자, 즉 그리스도의 입으로부터 나오는 검(15절)에 의해 죽는다. 저들은 아마겟돈 전쟁에 참여한 반(反)그리스도 세력이다. 그들이 그리스도의 입으로부터 나오는 말씀으로 싸워보지도 못하고 죽는다. 그렇게 죽은 시체들을 "공중에서 나는 모든 새들"(17절)이 와서 배불리 먹는, 새들의 머거리로 추락한다. 참으로 비극 중 최고의 비극으로 불신자들의 최후가 마무리된다.

제2부

천년왕국
(계 20:1~15)

01
사탄의 무저갱 투옥

(계 20:1~3)

1) 또 내가 보매(계 20:1a)

"또 내가 보매"는 '카이 에이돈'(καὶ εἶδον)이다. 이 표현은 사도 요한이 앞선 내용과 확연하게 구별되는 내용을 설명할 때 관용구처럼 사용하는 표현이라고 했다. 요한은 앞서 19장에서 이 같은 표현을 여러 번 사용했다. 19장 11절, 17절, 19절에서 "또 내가 보매"가 쓰일 때마다 앞선 내용과 확연하게 다른 내용을 설명했다.

이 같은 사도 요한의 표현은 뒤에도 계속 반복된다.
계시록 20장 1절에 "또 내가 보매", 20장 4절에 "또 내가 보니", 20장 11절에도 "또 내가 …보니", 21장 1절에도 "또 내가 …보니", 21장 2절에도 "또 내가 보매", 22장 1절에도 "또 그가 …내게 보이니"가 등장한다. 이렇게 "또 내가 보매"는 앞서 소개한 내용과 다르게 구별되는 내용을 설명할 때마다 습관처럼 사용한다.

계시록 20장 1~3절 내용은 앞서 19장 19~21절에서 설명한 내용의 발전 내용이다. 19장 10~21절 내용은 짐승과 거짓 선지자의 선동으로 그를 따르던 땅의 임금들과 군대들과 우상 숭배하던 자들이 그리스도에 의해 청산되는 내용이었다. 그런데 20장 1~3절은 짐승과 거짓 선지자를 배후에 조종해 왔던 '용'이라는 악의 근원을 처결하는 내용이다. 따라서 19장 19~21절의 내용은 '용'에 의해 꼭두각시 노릇을 해 왔던 짐승과 거짓 선지자에 의해 함께 놀아났던 보이는 현상들의 정리 내용이다.

그러나 계시록 20장 1~3절의 내용은 눈에 보이지는 않으나 영적 존재로 막강한 세력을 수행해 오고 있는 '옛 뱀', '마귀', '사탄'이라는 영적 실체를 근본적으로 처결하는 내용이 소개되고 있다.

우리는 지금도 악령에 사로잡힌 수많은 실체를 보고 있다. 그들은 과거에 히틀러나 스탈린이나 모택동이나 김일성을 활용했다. 그리고 현재에는 푸틴이나 시진핑이나 김정은을 활용하고 있다. 그뿐만 아니라 각 나라에서 '차별 금지법'이라는 명분을 내세워 창조질서를 파괴하려는 정치가나 사회 운동가들 속에서도 활동하고 있다.

그러나 그렇게 온갖 사악한 죄악을 조종하는 '용'이 최후에 주님에 의해 처결된다. 이 중요한 내용을 관심 있게 살펴보자.

2) 천사가 무저갱의 열쇠와 큰 쇠사슬을 가지고 하늘로부터 내려와서(계 20:1b)

아담과 하와는 에덴동산에서 죄 없이 살아갔다. 그렇게 순결 무구

한 아담과 하와를 죄와 사망과 고통으로 몰아넣기 위해 유혹한 것이 '옛 뱀'이다. 옛 뱀은 타락한 천사가(계 12:1~9 참조) 뱀의 모습으로 변신해서 아담과 하와를 추락시킨 것이다.

그 후에 타락한 천사는 각종 다양한 모습으로 변신을 거듭해 왔다. 때로는 애굽의 바로의 모습으로, 때로는 북왕국 이스라엘의 왕 아합과 이세벨의 모습으로, 때로는 예수님의 제자 가롯 유다의 모습으로 용이며, 옛 뱀이며, 마귀, 사탄으로 변신을 거듭해 오고 있다. 이렇게 수천 년 동안 변신을 거듭해서 활동하는 정체를 일반인이 찾아내기는 힘들고, 또 찾아냈다고 할지라도 그를 처결하기가 어렵다. 그런데 그토록 교활하고 사악하고 막강한 '용'을 최종적으로 처결하는 것이 '천사'이다. 이 천사는 어떤 천사일까?

이 천사가 무저갱의 열쇠를 가지고 있다. 계시록 9장 1절을 보면 다섯째 천사가 무저갱의 열쇠를 받았다. 그런데 이 천사는 무저갱의 열쇠뿐 아니라 '큰 쇠사슬'도 가지고 있다.

'큰 사슬'은 '할뤼신 메갈렌'(ἅλυσιν μεγάλην)이다. 큰 쇠사슬이라는 말은 사도행전 12장 6절의 베드로의 감금 때와 디모데후서 1장 16절에 바울이 겪은 경험을 설명할 때 사용된 용어다. 이 천사는 용을 체포하려고 무저갱의 열쇠와 큰 쇠사슬을 가지고 하늘로부터 아마겟돈 전쟁이 벌어지고 있는 땅으로 내려왔다. 이 천사는 그의 사명이 무저갱의 옥문을 열고 닫는 특별한 권한을 가진 천사로 추정된다.

이렇게 막강한 권세를 가진 천사가 '용'의 활동을 줄곧 지켜보다가 그리스도의 재림 때에 그 힘을 발휘한다는 자체가 하나님의 특별한 섭리 역사로 이해된다.

3) 옛 뱀, 마귀, 사탄인 용을 천 년간 결박(계 20:2)

천사가 사로잡은 용은 또 다른 이름이 '옛 뱀', '마귀', '사탄'이다. 천사는 그 용을 잡아서 천년 동안 활동하지 못하도록 결박시킨다.

사실 이 같은 표현은 상징적인 표현이다. 천사는 영적인 존재이고(히 1:14), 용, 뱀, 마귀, 사탄도 눈에 보이지 않는 영적 실체이다. 천사가 용을 결박한다는 표현은 둘이 다 실체가 없는 영물들이므로 상징적 표현일 수 있다. 영적 세계의 내용이 명확한 사실이지만, 그것을 알 수 있는 것은 영적 세계에 도달한 성령의 사람들에게만 이해되는 내용이다.

천사나 사탄이 영물임에는 틀림이 없으나 그것의 활동을 금지시킨다는 완곡한 표현은 결박시킨다는 말 외에 달리 표현할 만한 표현이 없다. 따라서 상징만이 아닌 강력한 수단의 결박이라는 의미가 적절하다.

여기서 '천년 동안'이라는 말을 생각해 보자. 계시록 20장 1~7절에는 '천년'이라는 말이 여섯 번이나 계속 반복되고 있다(2, 3, 4, 5, 6, 7절).

'천년'이라는 단어는 '킬리아 에테'($\chi\iota\lambda\iota\alpha\ \check{\varepsilon}\tau\eta$)다. 그리고 4절에는 "그리스도와 더불어 천년 동안 왕 노릇 하니"라는 말에 근거하여 '천년왕국'이라는 개념이 만들어졌다. 이와 같은 천년왕국의 개념은 구약에서 예언되었고, 사도들이 계승한 개념이고, 성경 전체적인 개념이다.

이 내용을 4절에서 체계적으로 다시 설명하겠다.

4) (사탄을) 무저갱에 던져넣어 잠그고 그 위에 인봉하여(계 20:3a)

'무저갱'은 '아뷧손'(ἄβυσσον)이다. '아뷧손'을 '무저갱'으로 번역한 것은 '없을 무'(無)에 '밑 저'(底), '묻을 갱'(坑) 자를 합친 용어이다. 그래서 무저갱은 악마가 벌을 받아 한 번 떨어지면 영원히 나오지 못한다는 '밑 닿는 데가 없이 깊은 구렁텅이'라는 뜻이다. 이 용어는 신약성경에만 사용되었다(눅 8:31; 계 9:1, 2, 11, 11:7, 8, 20:1, 3).

천사는 용을 잡아서 결박하여 무저갱에 던져넣어 잠그고 그 위에 인봉을 했다. 이것은 실존하는 존재를 더 이상 활동하지 못하도록 금지시켰다는 상징적인 표현들로 이해된다.

그렇기에 그리스도의 재림 이후에 천년왕국이 실현되기 전에 더 이상 용이 활동하지 못하도록 차단시켰다는 의미로 본다. 왜냐하면 그리스도와 구원받은 성도들이 옛 구약성경 때부터 예언된 천년왕국에서, 영적 존재인 용이 활동을 계속하도록 방치한다는 것은 만왕의 왕이신 그리스도의 통치에 걸맞지 않은 내용이기 때문이다. 아울러 사탄인 용을 무저갱에 넣어 잠그고 그 위에 인봉했다는 표현은 사탄의 활동을 중단시켰다는 의미로 본다.

5) 천년이 차도록 다시는 만국을 미혹하지 못하게 하였는데(계 20:3b)

천사가 용을 결박하여 무저갱에 감금시킨 목적이 여기에서 설명되고 있다. 그것은 천년왕국이 계속되는 천년 동안은 용이 또다시 만국을 미혹하는 활동을 더 이상 못하도록 막는 데 그 목적이 있다.

사실 용은 인류의 조상 아담과 하와 때부터 지금까지 꾸준하게 활동을 계속해오고 있다. 사탄은 예수 그리스도께서 성육신해 오신 후

복음 사역을 꾸준히 방해했고, 드디어 주님을 배신자 가룟 유다에 의해 죽도록 활동했다. 또 인류 역사뿐 아니라 2000년 교회 역사에서도 꾸준하게 활동을 해왔다.

그 활동들은 황제권을 능가하는 교황들의 종교재판이었고, 잔혹한 마녀 사냥이었다. 종교개혁자 중 칼빈은 개혁을 명분으로 수십 명을 죽이고 수십 명을 추방시켰다. 지금은 기복 신앙인들이 성공하고 출세해야 하나님께 복 받은 것이라는 사이비 축복론으로 선량한 성도들을 미혹하고 있다. 그러나 장차 천년왕국 때는 더 이상 사탄의 유혹이 작동하지 못하도록 무저갱에 던져넣어 잠그고 그 위를 인봉한다. 천년왕국에는 주님과 구원받은 성도들만이 함께 살아간다. 그곳에 사탄, 마귀, 용이 존재해서는 안 되는 것이다. 주님은 이토록 천년왕국에 대한 세심한 배려를 해놓으셨다.

6) 그 후에는 반드시 잠깐 놓이리라(계 20:3c)

"그 후"는 '메타 타우타'(μετὰ ταῦτα)다. 이 용어는 '~뒤에'라는 뜻을 지닌 목적격 지배 전치사다. 그러므로 '사탄이 천년 동안 무저갱에 감금된 후에'라는 뜻이 된다. 그리고 "잠깐"은 '미크론 크로논'(μικρὸν χρόνον)이다. 이 말은 약간, 적은, 소량이라는 형용사이다. 사탄이 천년간 무저갱 속에 감금된 긴 시간에 비해 그가 잠시 놓이게 되는 시간은 극히 짧은 시간 동안 놓이게 된다는 것이다.

왜 사탄을 영구히 '무저갱'에 감금시키지 않고 '짧은 시간'이라도 옥에서 놓이게 하는가?

그 이유가 계시록 20장 7~10절에서 설명되고 있다. 그 설명을 뒤에서 다시 살펴보자.

02
천년왕국과 그리스도와 구원받은 성도들의 통치

(계 20:4)

여기에 매우 귀중한 진리가 소개되고 있다. 계시록 20장 4절에 천년왕국과 그리스도와 구원받은 성도들이 천년왕국에서 왕 노릇 한다는 내용이 소개되고 있다. 그런데 이 천년왕국이 문자대로 사실대로 존재할 것인가, 아니면 천년왕국은 하나의 상징일 뿐인가? 이 양극단의 해석이 함께 공존하고 있다.

여기서는 성경 본문의 강해를 먼저 하겠다. 그리고 나서 천년왕국에 대한 양극단의 차이를 (특주 39)에서 "천년왕국은 사실인가, 상징인가?"를 살펴보겠다.

1) 또 내가 보좌들을 보니 거기에 앉은 자들이 있어(계 20:4a)

사도 요한은 계시록 20장 1~3절에서 천사가 용을 잡아 무저갱에 던져 감금시키는 내용을 설명했다. 그러나 20장 4~6절 내용은 앞의 내용과 전혀 다른 내용을 설명한다.

여기서 말하는 '보좌들'은 '드로누스'(θρόνους)다. '보좌'라는 일반적인 말은 '보배 보(寶)' 자에다 '자리 좌(座)' 자를 써서 '보배로운 자리', '하나님이 앉는 자리', '황제가 앉는 자리', '부처가 앉는 자리'라는 뜻으로 다양하게 쓰는 용어다.

그러나 신약성경에 '보좌'라는 말이 쓰인 경우는 하나님(마 5:34), 그리스도(마 19:28, 25:31; 계 7:17) 등의 경우에만 사용되었다. 그런데 계시록 20장 4절에는 하나님의 말씀 때문에 목 베임을 당한 순교자들과, 또 짐승과 우상에게 경배하지 않고 이마와 손에 표를 받지 않은 자들도 보좌에 앉아 심판하는 권세를 가지고 있다고 했다.

2) 심판하는 권세를 받았더라(계 20:4b)

"심판하는 권세"는 '크리마 에도데'(κρίμα ἐδόθη)다. 구원받은 성도들이 이 세상에서 살아가는 동안에는 세상의 왕이나 통치자들의 권세에 의해 부당한 판단을 받으며 살아갈 수가 있다.

초대교회 이후 4세기 이전까지의 성도들은 로마제국의 황제들을 신(神)으로 인정하지 않는다는 이유 하나로 수많은 성도들이 죽어 갔다. 또 중세기 천년 동안에는 로마가톨릭의 종교대로 믿지 않는 성도들이 이단으로 정죄되어 재산을 빼앗기고 추방과 화형을 당해 죽은 성도들이 수십만 명이 된다.

또 칼빈이 주도한 제네바시에 칼빈이 제정한 '제네바 법'(1541년)대로 순응하지 않는다고 58명이 극형을 당해 죽었고, 76명이 추방을 당했다. 또 초기 신대륙 개척기 때 청교도들이 인디언들을 살육한 숫자도 너무나 많아서 어림잡아 추산만 한다.

우리나라도 과거 조선왕조 때 임금들이 천주교도와 개신교도들을 핍박하고 죽인 순교자들이 많다. 또 일제 강점기 때나 한국전쟁 때 지배자들에 의해 억울하게 순교당한 이들이 많이 있다.

지금도 권력을 가진 자들의 독주로 피해를 당하면서도 해결받지 못하는 억울한 일들이 부지기수로 계속되고 있다. 그중의 한 가지 예가 '차별 금지법'이라는 미명으로 동성애자를 옹호하는 정치 세력들이 있다. 그런데 장차 천년왕국 때는 그 입장이 완전하게 달라진다.

지금까지 불편부당하게 희생당한 모든 사람이 저들을 심판하는, 판세가 역전되는 세상으로 달라질 것이다. 천년왕국은 이 세상에서 통했던 불편부당하고 억울한 사건들이 최후에는 바로잡힌다는 하나님의 속성을 반영시킨 신앙인 것이다.

천년왕국이 상징이 아닌 이유는 성경의 진리에 기반한 최후심판의 정당성을 보장해 주는 사실적 진리이기 때문이다.

3) 또 내가 보니 예수를 증언함과 하나님의 말씀 때문에 목 베임을 당한 자들의 영혼들과(계 20:4c)

이 세상에서는 정치권력이나 종교권력에 의해서, 혹은 사상적 권세를 가진 자들에 의해서 억울한 일을 당할 수 있다. 그런데 이렇게 피해를 당하고도 이 세상의 권력은 그 진실을 제대로 밝혀내지 못하여 억울하게 사장당해 버릴 수 있다. 그러나 이 세상에서 사장당한 불의는 천년왕국에서 제대로 시정이 되어야만 하나님의 공의의 속성에 맞는 통치가 되는 것이다. 그와 같은 하나님의 공의의 속성에 의해 예수를 증언하다가 죽임을 당한 순교자들이나 하나님의 약속 때문에 목 베임을 당한 자들이 장차 공평 정대한 천년왕국에서 제대로 판단이 정리되어야만 그것이 공의의 나라가 회복되는 것이다.

이 같은 천년왕국을 단지 장차 누릴 하늘나라에 대한 상징이라고 해석하는 것은 '공의'와 '정의'를 왜곡하는 모순에 이르는 것이다.

또 하나 우리가 기억해야 할 사실이 있다. 여기 4절에는 "하나님의 말씀 때문에 목 베임을 당한 자들의 영혼"이라는 표현이 있다. "목 베임을 당한"이라는 말은 '페펠레키스메논'(πεπελεκισμένων)이다. 이 말은 '도끼'라는 명사 '펠레퀴스'(πελεκυς)에서 파생된 말이다. 그렇기에 초대교회 때 바울 사도가 로마에서 도끼로 목이 잘려 순교당했다는 전설과 함께 초기 교부들의 많은 순교가 이어졌다. 안디옥교회의 감독이었던 이그나티우스(35~117)는 로마의 원형 극장에서 짐승들에게 찢겨 죽는 순교를 당했고[9] 서머나 교회의 감독이었던 폴리캅(69~155)도 서머나 지방의 관헌에게 산 채로 화형을 당해 순교했다.[10]

또 로마교회 변증가 유스티누스(100~165)도 기독교 변증가로 활약하다가 로마 집정관에게 순교를 당했다.[11]

이와 같은 순교의 행렬은 2000년 교회 역사 속에 지속적으로 이어져 오고 있다. 그들이 억울하게 순교당한 것으로 영적 보상만 받고 끝나는 것이 아니다. 그들이 천년왕국 때 판세가 역전된 세상에서 왕 노릇 한다는 것이 본문의 내용이다. 이들 순교자들이 평범하게 예수 믿고 천국 가는 이들과는 다른 보상을 받는다는 것이 계시록의 사상이다.

---

9) 정수영, 교부시대사, 쿰란출판사, 2014, pp.67~88.
10) 정수영, 교부시대사, pp.89~97.
11) 정수영, 교부시대사, pp.140~165.

이 같은 계시록 사상을 영적인 상징이라고 폄하하고 일반화시키는 것은 성경이 명시한 재앙을 받을 소행이다(계 22:18~19).

4) 또 짐승과 그의 우상에게 경배하지 아니하고 그들의 이마와 손에 그의 표를 받지 아니한 자들이 살아서 그리스도와 더불어 천년 동안 왕 노릇 하니(계 20:4d)

이 내용은 계시록 13장 11~18절에 있는 내용을 반영하고 있다. 계시록 13장 내용은 대환난 기간의 중간기에 해당되는 내용이다. 이들은 목 베임을 당하는 순교자들처럼 목숨을 잃지는 않는다. 그러나 대환난의 극심한 박해와 불공평한 핍박 속에서도 신앙의 절개를 지켜나가는 살아 있는 순교자들과 같은 삶을 살아나가는 자들이다. 그들도 천년왕국에서 그리스도와 더불어 왕 노릇 하게 된다.

여기서 우리가 특별하게 기억해야 하는 용어가 있다. 계시록 20장 4절에 기록된 '살아서'라는 말의 참된 의미를 확실하게 이해해야만 천년왕국이 상징이라거나, 영적이라는 오해에서 벗어날 수 있다.

여기 '살아서'는 '에제산'(ἔζησαν)이다. 이 단어는 '살다', '생존하다'는 뜻을 지닌 '자오'(ζάω)의 부정 과거 능동태다. 능동태라는 의미는 문장의 주어가 어떤 동작이나 작용을 스스로 할 때의 동사(動詞) 형태다. 그렇기에 앞서 계시록 13장에 소개된 두 짐승(바다짐승과 땅의 짐승)에 의해 과거에 이미 죽임을 당했던 성도들이 있었다.

그들은 그들이 죽은 것으로 끝난 것이 아니라 자동적으로 다시 살아난다는 뜻이다. 그렇기에 미래의 천년왕국에서는 죽은 자들이 영광된 부활의 몸으로 다시 살아나서 영광된 몸 상태로 살아 있는 실체적, 문자적 사실대로 왕 노릇 한다는 뜻이다.

여기 계시록 20장 4절에는 미래의 천년왕국에서 살아갈 주인공들을 말한다. 그것은 그리스도와 더불어 첫째 부활에 참여할 자들이다(계 20:5~6). 첫째 부활에 참여할 자들에 관한 설명은 바울 사도가 고린도전서 15장 전체에 설명했다.

고린도전서 15장 중에서 20~25절을 보자. 여기에 보면 그리스도께서 부활의 첫 열매가 되셨다고 했다(20절). 그리고 부활의 순서가 23절에 첫 열매인 그리스도요, 그다음에는 그가 강림하실 때(휴거 때 살전 4:13~18) 그리스도에게 속한 자요, "그 후에는 마지막이니"라는 말씀 속에 대환난 기간에 구원받을 자들을 암시하고 있다.

그리고 그렇게 부활하게 될 부활체의 설명을 고린도전서 15장 39~44절에서 신령한 몸으로 다시 살아나는데 그것이 영의 몸이라고 했다. 그렇게 신령한 영의 부활체로 24~26절에는 원수들을 발 아래 둘 때까지 왕 노릇 한다고 했다. 바울 사도가 설명한 영광스러운 부활의 몸은 영적 상태의 상징이 아니다. 주님께서 죽으셨다가 사흘 만에 다시 살아나셔서 보여주셨던 육체적 구애를 받지 않는 영광의 몸으로 구원받은 모든 성도가 다시 부활된다. 그렇게 부활된 몸으로 살아서 그리스도와 더불어 천년 동안 왕 노릇 한다.

천년왕국은 계시록 20장 4절에 설명된 예수를 증언한 사들과, 하나님의 말씀 때문에 목 베임을 당한 자들의 영혼들과, 대환난 때 표를 받지 아니한 자들이 해당되는 내용이다. 그들 모두가 다시 살아나는 '부활되는 영광된 몸으로' 살아난 상태에서 그리스도와 더불어 천년왕국에서 왕 노릇 한다는 것이 본문 내용이다.

그런데 부활신앙을 제대로 모르고 성경에 명시된 "살아서 그리스도와 더불어 천년 동안 왕 노릇 하니"라는 원문을 바르게 이해하지 못한 자들이 과거 지도자 노릇을 하면서 천년왕국을 '영적이다', '상징이다'라고 잘못된 기초를 닦아 놓았다. 참으로 서글프고 답답하고 가슴 아픈 일이다. 과거의 잘못된 지도자들의 잘못을 뒤늦게 깨닫고 시정할 때 주님께서 기뻐하실 것이다.

그러나 교회의 전통은 과거의 유명한 아우구스티누스나 루터, 칼빈이 주장한 것은 다 옳다고 옹호만 하는 '교주'(敎主) 우상주의가 세상을 지배해 가고 있다. 그것이 바로 '무천년 사상'이고 '후천년 사상'이다. 이에 대한 보다 자세한 내용을 〔특주 39〕로 살펴보겠다.

(특주 39)

천년왕국은 사실인가, 상징인가?

    천년왕국에 관한 성경적 근거는 앞에서 자세히 설명했다.
    필자는 요한계시록 20장 4절에 기록된 "살아서 그리스도와 더불어 천년 동안 왕 노릇 하니"라는 기록이 명백한 부활신앙의 근거라고 설명했다.

    그런데 성경에 기록된 명백한 사실인데도 불구하고 이 내용을 해석하는 교회 역사 속의 지도자들의 개인적, 임의적 해석들의 계승이 오늘날 무천년설이라는 이름으로 교회를 무기력하게 만들고 있다. 성경에 천년왕국을 기록한 사도들이 천상에서 통탄하고 있을 것이다.

    그러나 참으로 복되고 다행스러운 현상들을 많이 보게 된다. 그것은 You Tube 방송을 보면 전국 각 곳 다양한 목회자들이 전천년설에 입각한 종말론 강의를 하는 분들이 많이 있음을 본다. 또 그런가 하면 교회 역사 속에서 요한계시록이 사도 요한이 기록한 것이 아닌 장로 요한이 구약 내용과 외경들의 내용을 잘 혼합시켜 사도 요한의 이름으로 저술했다는 자유주의자들의 주장도 출판되고 You Tube 방송도 하여 많은 청중을 현혹시키고 있다.
    현대 세계가 코로나로 위축되고, 서방에서는 전쟁이 계속되고, 국제간의 긴장이 극대화됨으로 종말의 위기의식을 잘 표현하는 종말의 징조들임이 분명하다(마 24:4~14).

이럴 때일수록 참과 거짓의 분별을 잘해야만 우리의 미래가 바르게 판가름될 것이다. 그런 의미에서 필자는 더욱더 성경이냐, 신학이냐를 분별할 줄 알아야 한다고 믿는다.

이제 필자는 천년왕국에 대한 성경에 기록된 내용을 먼저 살펴보겠다. 그래서 이것이 단지 계시록 20장 4절에만 기록된 단편적 사상이 아니라 구약에서도 희미하게 예언된 내용임을 밝히겠다. 그리고 신약성경에 명시된 명백하고 확실한 내용도 밝히겠다.

아울러 성경에 기록된 진리가 왜 오늘날처럼 잘못된 편견으로 소외를 당하고 있는지, 그 원인을 2000년 전 교회 역사 속에서 천년왕국의 진리를 오도한 지도자들의 발자취를 통해 살펴보겠다. 그래서 참된 보배로운 진리가 밝게 빛나게 되기를 열망한다.

여기서는 크게 세 가지로 나눠서 설명하겠다.
1) 성경에 예언된 천년왕국
 (1) 구약성경
 (2) 신약성경

2) 천년왕국에 대한 교회 역사의 다양한 해석들
 (1) 교부시대
 (2) 중세시대
 (3) 종교개혁시대

⑷ 근대와 현대

3) 현대 전 세계에 통용되는 신학 견해들
⑴ 무천년설
⑵ 후천년설
⑶ 세대주의적 전천년설
⑷ 역사적 전천년설

결어

이상과 같은 내용으로 정리를 하겠다.

1) 성경에 예언된 천년왕국

⑴ 구약성경
　구약성경에는 많은 예언들이 기록되었다. 아득한 창세기 때에는 메시아의 예언인 '여자의 후손'(창 3:15)이라는 아주 막연한 예언이 주어졌다. 그러나 '여자의 후손'은 그 후 계속해서 발전되어 예언된다.
　유다 지파에서(창 49:8~12), 다윗의 가계에서(사 11:1~5), 주의 종으로(사 42:1~4, 50:4~9), 고난의 종으로(사 52:13~53:12), 영원한 메시아(단 7:13~14, 9:25~26)로 예언된다. 이렇게 메시아의 예언이 발전되고 구체화된다.

　천년왕국의 예언도 마찬가지다. 앞서 '메시아' 예언이 막연한 개념이 점진적으로 발전되었던 것처럼, '천년왕국'이라는 확연한 표현은 없어도 천년왕국을 암시해 주는 많은 예언들이 구약성경에 계속해서 발전되어 왔음을 알 수 있다. 그 내용이 선지서들 속에서 발견된다.

이사야는 주전 740~680년까지 장기간 동안 활동한 선지자다. 이사야 11장 1~9절에는 미래의 이상적 평화의 나라상을 예언하고 있다. 이사야서 24~25장에는 여호와께서 땅의 왕들을 벌하실 것을 예언하고 있다(특히 24:21~23). 이사야서 25장 8절의 내용은 계시록 21장 4절에 반영되고 있다. 또 65장 17~19절의 내용은 계시록 21장 1~2절에 반영되었고, 65장 20~25절의 내용은 계시록 20장 4~6절에 반영되고 있다. 이렇게 이사야서와 계시록을 비교해 보면 구약성경에서 천년왕국이라는 표현만 하지 않았을 뿐 내용을 보면 천년왕국을 말하고 있다.

주전 760~753년경 활약한 아모스도 이스라엘의 미래 회복을 예언한다. 아모스서 9장 11~15절의 내용은 천년왕국은 아니지만 이상적인 미래 세상을 말한다. 또 주전 735~710년경 활약한 미가도 미가서 4장 1~5절에서 여호와께서 이루실 평화를 예언하고 있다.

이 같은 구약성경들의 예언은 다소 막연하고 애매한 것 같아 구약의 선지자들이 미래의 평화로운 천년왕국을 희미하게 예언했다고 볼 수 있다. 이 같은 구절들이 천년왕국에 대한 암시적 예언이었다고 믿어지는 것은 천년왕국의 존재를 믿는 자들에게 가능한 것이다. 만약 신약에 기록된 천년왕국이 상징에 불과하고 존재하지 않는다고 믿는 자들에게는 구약성경들 내용에서 아무런 의미를 찾지 못하고 말 것이다.

(2) 신약성경

신약성경에서 천년왕국을 언급한 곳은 계시록 20장 1~6절이다. 그런데 계시록 20장 1~6절에서 천년왕국을 설명하면서 천년왕국에 참여할 자들로 첫째 부활에 참여할 자들을 말한다.

계시록 20장 1~6절에 "첫째 부활"을 두 번(5, 6절) 말하고 또 "둘째 사망"도 말한다.

이 내용은 본문 강해 때 다시 설명하겠다. 여기 천년왕국에 참여하게 될 자들은 당연히 첫째 부활에 참여할 자임을 설명한다.

신약성경에서 '부활'에 관한 진리는 단연 고린도전서 15장이다. 우리가 '천년왕국' 참여자로 '첫째 부활'을 설명한 요한계시록 20장 4~6절의 이해를 위해서는 고린도전서 15장의 내용을 먼저 알아야 한다. 고린도전서 15장 전체는 기독교 복음의 핵심인 그리스도의 부활(15:1~11)과 그리스도교 신앙과 선교의 근거인 그리스도의 부활(15:12~19)을 설명한다.

그리고 고린도전서 15장 20~28절에는 성도들의 부활 순서를 설명한다. 여기 고린도전서 15장의 부활장 중에 우리가 관심을 가질 구절이 있다.

제1단계는 20절의 예수 그리스도는 부활의 첫 열매다.

23절에 "각각 자기 차례대로" 부활 순서가 진행되는데 첫 열매인 그리스도가 맨 처음이다.

제2단계는 그리스도가 공중강림 때(살전 4:16) 그리스도에게 속한 자이다.

제3단계로 24절에 "그 후에는 마지막이니" 여기 "그 후에"라는 말은 '에이타'(εἶτα)로 1단계와 2단계 이외의 사람들이다. 그들이 누군가? 그들은 "아담 안에서 모든 사람들"(고전 15:22) 중에 불신자들로 둘째 사망(계 20:6)에 해당될 자들이고, 백보좌 앞에서 심판받을 자들이다(계 20:12).

이렇게 구약성경에 암시적인 예언과 신약성경에 명백하게 밝혀주고 있는 것이 미래의 천년왕국과 또한 천년왕국의 성격과 내용에 관한 말씀이다. 이 모든 내용을 종합적으로 정리할 때 천년왕국은 부활 신앙을 확인시켜 주는 복된 소망의 신앙 내용이다.

그런데 2000년 교회 역사를 보면, 성경에 근거한 천년왕국의 복된 소망을 잘못 이해하고 하나의 상징이라고 진리를 희석시켜 왔다. 이제 과거 2000년 역사 속에 천년왕국 진리를 희석시킨 잘못된 지도자들의 역사를 살펴보겠다.

2) 천년왕국에 대한 교회 역사의 다양한 해석들

성경을 기록한 예언자들과 사도들은 명백한 천년왕국 신앙을 성경 속에다 기록해서 남겨 주었다. 그런데 사도들 이후의 교회 지도자들이 성경 진리를 왜곡함으로 성경 진리를 고수하는 진리 세력들과 많은 투쟁을 벌였다. 참으로 어처구니가 없는 것은, 성경 진리만 고수하는 진리파들은 성경만으로 만족하고 성경만 갖고 투쟁을 했다. 그러나 세상의 철학을 아는 자들이나 세상의 지식을 아는 자들은 성경만이 아닌 세상적 철학이나 세상적 지식으로 성경 진리를 혼합시켰다.

저들의 명분은 확실했다. 성경의 난해한 진리를 세상 사람들 모두에게 쉽게 알게 하려면 세상의 철학이나 지식으로 옷을 입혀 기독교를 변증해야 된다고 주장했다. 그 같은 명분으로 성경의 진리를 철학으로 옷을 입혀 내놓은 저술서들이 당대 성경 고수파들에게 배척을 받았다.

그러나 역사의 결과는 참으로 오묘하다. 성경만 고수하던 진리파들은 성경만 전승시켰다. 그러나 성경의 진리를 변질시킨 잘못된 지도자들의 저작들은 후세에 걸쳐서 그 영향력이 지금까지 계승 발전되고 있다.

저술된 작품의 영향력은 당대만 아니라 수천 년을 대를 이어 그를 따르는 자들에 의해 영향을 끼치고 있다.

필자는 그들의 이름과 작품명과 그 내용의 문제점들을 시대별로 분류해서 "교회사" 시리즈로 저술해 오고 있다.

여기서는 필자가 이미 저술로 밝혔던 인물 중에서 각 시대별로 대표자 이름들과 내용을 요약 정리하는 것으로 국한시키겠다. 좀 더 자세한 내용은 필자의 교회사 저서들을 참고하기 바란다.

(1) 교부시대(100~500년 어간)

교부들은 사도들 이후의 교회 지도자들이다. 교부들이 수백 명이 되지만 교회 역사에 가장 큰 영향을 미친 이는 두세 사람 정도가 된다.

① 오리게네스(Origenes, 185~254)

그는 박식한 학자로 평생을 성경 교리학교에서 가르치는 일과 수많은 저서들을 남겼다.[12]

그가 후세에 끼친 영향은 '연옥설'과 '만인 구원설'이라는 이난석 요소를 남겼다.

② 유세비우스(Eusebius, 265~339)

---

12) 정수영, 교부시대사, 쿰란출판사, 2014.

그는 팔레스타인 출신으로 가이사랴 교회 감독으로 지냈다.[13]

그는 《연대기》와 《교회사》 10권을 남겼다(325).

그는 《교회사》에서 문헌적 근거를 찾아볼 수 없는 사료들에 근거한 일방적 주장으로 베드로의 로마 순교 사화를 남겼다. 로마가톨릭의 베드로 로마 사역과 순교 사화는 바로 여기서 비롯되었다. 그의 베드로 순교 사화는 성경적 근거를 도외시한 사화였으나 가톨릭교회는 정사(正史)로 계승하고 있다.

③ 아우구스티누스(Augustine, 354~430)

북아프리카 누미디아의 타가스테(Tagaste)에서 로마군 아버지와 아프리카 여인 사이에서 태어났다. 그는 청년기에 방탕과 마니교(Manichaeism)에 10여 년간 심취했다가 암브로스(339~397) 설교와 어머니 모니카의 기도로 개종을 한다. 그 후 고향에 돌아가 히포(Hippo)의 감독으로 평생을 지낸다. 그의 《고백록》을 비롯해 《하나님의 도성》(*The City of God*, 413~427)은 '신국론'으로 세계 사상서로 전해져 온다.

그는 최초로 기독교 역사관을 수립한 공헌이 있다. 반면에 그의 신학 사상에는 중대한 해독을 수립하는 기초를 닦아 놓았다. 그의 신학 사상은 많은 문제점을 남겼다.[14]

㉠ 교회론 문제 ㉡ 성례전 신학 ㉢ 공적 신앙 ㉣ 종말론 신앙 등등 그의 잘못된 신학 사상은 로마가톨릭이 계승했고(㉠, ㉡, ㉢, ㉣) 또 종교개혁자들이 계승했다(㉠ ㉡ ㉣). 이 중 우리가 명확하게 알아야 할 내용이 두 가지다.

하나는, 그의 세례 중생론(Baptismal Regeneration)은 가톨릭의 칠성사(七聖事)의 기초를 이루었고, 종교개혁자들에 의해 '세례'만 받으면

---

13) Ibid.
14) Ibid., pp.940~957.

'교인'으로 인정하는 전통을 만들었다.

두 번째는, 그가 최초로 요한계시록의 천년왕국 사상을 사실이 아닌 상징(symbol)이라고 희석시켜 놓았다.

그의 탈 성경적 가르침은 중세기 천년 동안과 종교개혁자들과 개혁주의 신학자들이 무천년설(Amillennialism)로 계승해 가고 있다.

참으로 가슴 아픈 사실은, 사도들이 믿은 '천년왕국'의 진리가 인간들이 만든 개인적 견해들이 역사 속에 답습되어 오늘날에는 한 부류의 신학 사상으로 거대한 세력을 형성한 산맥을 이루어 놓았다는 사실이다.

(2) 중세시대(500~1500)

교부시대에 여러 교부들의 개인적 견해 연구가 중세시대에 스콜라 신학(Scholasticism)으로 발전 계승된다. 중세시대의 신학의 핵심은 성경 자체가 아닌 성경을 해석한 교부들의 신학 연구가 주종을 이룬다. 스콜라 철학은 철저하게 가톨릭교회 수호를 위해 헌신하는 학문으로 일관한다.

과거 교부들은 플라톤 철학(Platonism)에 편중한 신학이었으나, 중세기 스콜라 철학자들은 아리스토텔레스(BC 384~322)에 편중하는 신학으로 발전한다.

중세시대 1000여 년을 암흑시대로 몰아간 대표적 세력을 세 그룹으로 정리할 수 있다.

① 예수 그리스도의 대리자라는 교황들

이들 교황들은 역사를 왜곡하고 성경을 편리대로 남용하고, 세상의 법률들보다 상위법인 '교회법'(Canon Law)을 만들어 교회가 국가 위에 군림하는 암흑시대를 만들어갔다. 이들 교황들은 성직 매매, 교황령 지배, 부도덕한 창녀 정치로 세상을 오염시켜 갔다.

그에 대한 내용을 필자의 《중세교회사Ⅰ》(교황들의 역사)에서 소상하게 밝혔다.[15]

② 스콜라 신학자들

중세기 신학자들은 학문을 연구하는 목적을 오로지 가톨릭교회의 정당성을 뒷받침하려는 데 두었고, 여기에 전력을 다 쏟았다. 이들 스콜라 철학자들과 그들의 신학 사상 내용을 필자의 《중세교회사Ⅱ》에서 밝혔다.[16]

스콜라 신학은 9세기에 시작되어 13세기에 최고로 융성했다가 14세기에 급격하게 쇠퇴하였다. 그러나 오늘날 전 세계 가톨릭의 신학 체계는 과거 중세기에 유행했던 스콜라 신학 기초 위에 요지부동의 보수파들이 주동 세력으로 형성하고 있다.

현 교황인 266대 프란치스코 교황(2013~현재)은 상당한 개혁성향의 교황이지만, 막강한 보수파 주동 세력들에 의해 큰 효력을 발휘하지 못하고 있는 상태다.

③ 다양한 수도회들

중세기 가톨릭교회는 여러 개의 수도회들을 생산했다.

이들 수도회들 내용도 필자의 《중세교회사Ⅱ》에서 밝혔다. 여기서 그 이름들만 소개해 보겠다.

① 베네딕트 수도회 ② 클뤼니 수도회 ③ 카루투시아 수도회 ④ 시토 수도회 ⑤ 무장 수도회(십자군 때) ⑥ 탁발수도회 ⑦ 프란체스코 수도회 ⑧ 도미니크 수도회 ⑨ 갈멜 수도회 ⑩ 어거스틴 수도회 ⑪ 예수회

---

15) 정수영, 중세교회사Ⅰ, 쿰란출판사, 2015.
16) 정수영, 중세교회사Ⅱ, 쿰란출판사, 2017.

이들 다양한 수도회들은 서로 경쟁적으로 교황권을 쟁취하려는 투쟁과 함께 자기들 교세 확장에 끝없는 투쟁을 계속해 갔다.

이들은 신대륙 발견 후 전 세계 각 곳에 선교지 개척으로 눈부신 활약을 했다.

중세기 암흑시대 주동 세력은 이들 세 그룹이었다. 그런데 이들 세 그룹 모두가 한결같이 아우구스티누스의 무천년 사상을 신봉하는 편견 속에 살아갔다. 저들은 미래의 천년왕국은 존재하지 않고 오직 교황 중심의 가톨릭교회만이 영원할 것으로 믿고 살아갔다.

(3) 종교개혁시대(1500~1600)

종교개혁시대에 관한 역사를 필자의《종교개혁사》에서 설명했다.[17]

종교개혁은 1000년 동안 유럽을 지배한 로마 가톨릭교회를 개혁한 개신교들의 역사다.

똑같은 역사를 가진 동방정교회는 종교개혁 없이 진행되어 오고 있다.

로마가톨릭에서 종교개혁으로 분리된 세력은 네 그룹이다.

① 독일의 루터교 ② 영국의 성공회 ③ 제네바의 장로회 ④ 스위스, 독일, 네덜란드의 재침례교도들이다. 그런데 이들 중 가톨릭과 전쟁을 하면서 교파를 완성한 세력은 ① ② ③ 이고, ④의 세력은 희생되거나 군소파로 변형된다.

종교개혁자들 중 신학적으로 크게 공헌해서 오늘날까지 영향을 미치는 그룹이 세 그룹이다. ① 독일의 루터교와 ② 제네바 칼빈의

---

17) 정수영, 종교개혁사, 쿰란출판사, 2012.

장로교와 ③ 영국의 성공회다.

이중에서 오늘날까지 신학 사상에 영향을 끼친 것은 루터와 칼빈이다.

이들 두 사람 모두 아우구스티누스의 '무천년설'을 신봉했다. 그리고 루터는 로마서 13장을 근거로 루터교를 독일의 국교로 만드는 결과를 가져왔고, 칼빈은 로마서 9장을 근거로 '이중 예정론'(Double Predestination)이라는 탈 성경적 사상을 남겼다. 이들 두 사람 모두가 아우구스티누스의 무천년설 신봉자로 요한계시록 주석을 손대지 않았다. 그 결과 두 사람의 신학을 따르는 루터교와 장로교는 무천년 사상의 전통을 계승해 가고 있다.

(4) 근대와 현대

이 중에서 칼빈주의는 네덜란드와 미국과 한국으로 그 사상이 계승되어 오고 있다. 네덜란드에서 카이퍼(A. Kuyper, 1837~1920)가 자유 대학교(Free University)를 세워 칼빈주의자 10만 명을 배양했다. 또 네덜란드의 바빙크(J. H. Bavinck, 1895~1964)가 자유대학교 선교학 교수로 네덜란드 개혁교회 선교 센터로 많은 칼빈주의 선교사들을 배출했다.

미국 뉴저지주의 프린스턴대학(Princeton Univ)은(1856년) 의학, 법률 이외의 모든 과목을 가르치는 장로파 대학이다. 이곳 신학원에서 공부한 하지(C, Hodge, 1797~1878)가 평생 신학교수로 스콜라적 칼빈주의 사상을 가르쳤다.

우리나라 초기의 신학자 박형룡(1897~1978)이 프린스턴신학교를 졸업하고(1926) 미국 남침례 신학교에서 변증학 전공으로 박사 학위를 받고 귀국했다.

그가 1947년 고려신학교 교장, 1953년 총회신학교 교장을 지내면서 칼빈의 개혁주의 신앙과 청교도 사상과 웨스트민스터 신앙 등 보수주의적 정통신학의 가르침과 저서들을 남겼다.

그가 남긴 신학 사상이 오늘날 총신대학(사당동)의 기조가 된다.

또 신학 사상이 전혀 다른 김재준(1901~1987)이 있다. 김재준은 함경북도에서 출생하여 일본 청산(靑山)학원을 졸업하고(1928) 미국 프린스턴신학교에서 수학하다가(1928) 이듬해 웨스트민스터신학교로 옮겨 구약학 전공으로 석사학위를 받고 귀국했다(1932).

1935년 《아빙돈 단권 주석》으로 진보적 신학자, 자유주의 신학자로 알려졌다. 그는 1940년 4월에 개원한 조선신학교(현 한신대학교) 교수로 취임해 모세 5경의 모세 저작설을 부인하고 J, E, D, P 자료 편집설을 가르쳤다. 그로 인해 1952년 대한예수교장로회 총회에서 제명처분을 받았다. 이 사건으로 1953년 6월, 기독교장로회가 분립하게 된다. 그는 1959년 6월 한신대학 학장에 취임하여 1961년에 정년 퇴임하고 1987년 노환으로 별세했다.

필자는 그분이 학장으로 재직했다가 퇴임하는 1960년부터 1965년까지 한신대학에서 자유주의 신학풍의 신학을 배웠다.

또 다른 신학자가 있다. 그분이 박윤선(1905~1988)이다. 그는 평양신학교 졸업 후(1934년) 미국 웨스트민스터신학교에 유학했다(1934). 거기서 메이첸(J. G. Machen) 교수 지도로 신약학을 공부하고, 1936년 신학석사 후 귀국했다가 1938년 재차 도미해 원어학, 변증학을 공부했다.

1946년 부산고려신학교 교장으로, 1963~1974년까지 총신대학 교수, 대학원장으로 지내다 1980년 합동신학원 원장으로 지내다 1988년에 별세했다. 그도 역시 칼빈주의에 철저한 개혁주의 사상으로 성경 주석 20권을 남겼다.

3) 현대 전 세계에 통용되는 신학 견해들

요한계시록에 기록된 천년왕국 사상은 구약과 신약에 근거한 성경적 진리이다. 그러나 성경의 진리를 '상징'이라고 왜곡시킨 아우구스티누스의 인간사상은 그 후 1천여 년을 계승해 오고 있다.

특히 한국 초기신학의 개척자인 박형룡과 박윤선의 칼빈주의에 입각한 무천년 사상이 이 땅에 100여 년 동안 펼쳐져 왔다. 이렇게 거대한 산맥은 하루 이틀에 이루어진 것이 아니다. 수백 년, 수천 년 교회 역사 속에 계속해서 발전해 온 인간들의 신학 조류다. 그것을 극복하는 길은 오직 성경대로 돌아가야만 하는 길 외에는 대책이 없다.

이렇게 수천 년의 교회 역사를 거쳐 오면서 처음부터 끝까지 성경의 내용만을 고집하는 "성경을 성경으로 해석"하려는 성서주의자들이 있었다. 그들은 인간들이 성경의 낱말이나 문장의 뜻을 쉽게 풀이한 주석(註釋: commentary)이나 주해(註解: expository)를 외면했다. 그리고 오직 성경 안에서 동일한 용어들을 찾아서 이해하려고 했다. 그런 이들의 성서신학(聖書神學)은 인간들의 해석을 경원시하는 특징들이 있다. 그런가 하면 과거 인간들의 성서해석인 '주석'이나 '주해'는 특정한 신학에 치우친 편견(偏見)들이 계승된다.

종말론에 관한 결과도 마찬가지다. 현재 아우구스티누스를 시작해서 루터, 칼빈을 계승한 인간들의 주석들이 하나의 신학 조류를 만든 유산이 있다. 그리고 인간들의 해석들을 배제하고 성서신학에 주력하려는 신학 조류들도 있다. 그 결과 현재 전 세계에는 천년왕국을 놓고 네 가지 견해로 분류되어 있다.

(1) 무천년설(Amillennialism)

이들은 계시록 20장 4절의 천년왕국을 문자적으로 보지 않고 예수님의 초림 때부터 재림하실 때까지의 전 기간의 상징으로 해석한다. 이들은 휴거나 주님의 공중강림이나 7년 대환난을 사실로 믿지 않고 하나의 상징으로 믿는다.

이렇게 천년왕국을 상징으로 믿는 근거는 계시록 20장 4절의 "살아서 그리스도와 더불어 천년 동안 왕 노릇 하니"라는 구절이 문자적인 뜻이 아니라 상징이라는 것이다.

계시록 20장 1~7절에 '천년'이라는 표현이 여섯 번이나 반복된다(2, 3, 4, 5, 6, 7절). 이때 말하는 '천년'은 '킬리아 에테'(χίλια ετη)다. 이렇게 여섯 번이나 반복된 '천년'이란 말이 아무 의미를 담지 않고 여러 가지 각자의 주관적 의미로 상상할 수 있는 '상징'의 의미일까?

이것을 '상징'이라고 해석한 아우구스티누스 자신은 성경의 원문을 모르고, 그가 아는 라틴어로 '천년'이라는 말을 '밀레니움'(millennium)이라고 사용하면서, 천년왕국이 없다는 부정어 'A'가 덧붙여져서 아밀레니움이 시작되었다.

이와 같은 무천년설의 주장을 가톨릭이 계승했고, 종교개혁자들이 발전시켰으며, 현재는 칼빈주의의 대표적 주장으로 자리하고 있다. 이 주장이 주님께서 오신 이후 현재까지 재림이 이뤄지지 않고 있는 사실을 들어 많은 이들에게 설득을 주고 있다.

또 계시록 20장 5~6절에 기록된 첫째 부활을 단순한 영적 부활로,

계시록 20장 3절의 무저갱을 단순한 억압상태로, 계시록 핵심 구절들을 모두 상징일 뿐이며 사실이 아니라고 왜곡시켜 오고 있다.

(2) 후천년설(Post Millennialism)

이 주장은 무천년설과 비슷하다. 이들은 천년왕국이 따로 존재하는 것이 아니고 그리스도의 초림 이후 복음이 전 세계에 확산되면 점점 더 좋은 이상적인 세상으로 발전되는 것이 곧 천년왕국의 실현이라고 믿는다.

그와 같은 천년왕국 후에 그리스도의 재림이 있다고 믿기에 후천년설이라는 말이 생겨났다. 앞서 무천년설과 후천년설의 공통점은 천년왕국을 하나의 상징으로 보기에, 휴거도 7년 대환난도 믿지 않고 오직 '재림'만 믿는다. 이 같은 후천년설은, 성경이 이 세상을 비판적으로 가르치는 데 반해 이 세상이 점점 더 좋아진다는 낙관적 해석을 함으로 성경 진리와 현 세상과 배리되는 이론이다.

(3) 세대주의적 전천년설(Dispensational Premillennialism)

여기서는 '세대주의'와 '전천년설'의 두 가지 개념을 설명해야 하겠다.

① 세대주의(Dispensationalism)

'세대', '시대'라는 용어는 신약성경 여러 곳에서 비롯되었다. 누가복음 16장 1~3절에 기록된 "청지기", 고린도전서 9장 17절의 "사명", 에베소서 1장 9절의 "경륜"(3:2) 골로새서 1장 25절의 "직분", 디모데전서 1장 4절의 "경륜"이라는 단어들에는 "경륜"이라는 개념이 집약되어 있다.

'경륜'(經綸)이라는 말은 '오이코노미아'(οἰκονομία)다. 이 말은 관리, 감독, 배포, 경륜, 계획, 훈련 등 다양하게 번역되는 말이다. 이 단어

속에는 하나님께서 인류의 구원을 위한 계획과 그 계획을 수행해 나가시는 전체적 조치들을 포함하는 말이다. 이 단어를 영어로 번역할 때 'dispensation'이 되고, 이 말을 한국말로 번역하면 '세대주의'(世代主義, Dispensationalism)가 된다.

세대주의의 최초 주장자는 영국 플리머스 형제단의 지도자였던 다비(J. N. Darby, 1800~1882)이다. 그러나 다비 이전에도 비슷한 주장을 했던 이들이 있었다. 교부들 중 유스티누스(110~165), 이레네우스(130~200)가 있었고, 근대에는 프랑스의 삐에르 뽀아레(1646~1719), 영국의 찬송가 작가인 존 와츠(1674~1748) 등이 세대주의를 말했다. 그리고 넬슨 다비(1800~1882)가 세대주의를 체계적으로 집대성했고, 미국의 C. I. 스코필드(1843~1921)가 1909년 《관주 성경》으로 체계화시켜 놓았다.

그런데 세대주의는 처음 고전적 세대주의(Darby 이후~1950년 초)가 수정된 세대주의(1950년 말~1970년 말)로 발전되고, 그것이 다시 진보적 세대주의(1980년 초~현대)로 계속 발전되면서 세대 구분이 달라져 왔다.
이들은 하나님께서 인류의 구속 계획을 7단계로 발전시켜 왔다고 주장하는데, 그 7단계는 고전적 의미에서 진보적 의미로 발전이 되었다.
① 천지 창조 ② 구약시대 ③ 예수님의 초림에 의한 신약 교회시대 ④ 성도의 휴거와 예수 그리스도의 공중강림 ⑤ 7년 대환난 ⑥ 그리스도의 지상 재림과 성도들의 천년왕국 ⑦ 최후심판과 성도들의 천국과 불신자의 지옥으로 구분하는 것이 현 세대주의 입장이다.

② 전천년설(Premillennialism)

이 말은 천년왕국이 실현되기 전에 예수 그리스도의 공중강림과 성도들의 휴거가 이뤄진다는 주장을 하므로 전천년설이라고 한다.

필자는 세대주의적 전천년설이 성경에 기록된 내용을 문자적으로 믿으며, 인간들의 개인적 해석이나 특정 해석을 따르는 특정 신학을 인간적 불완전한 주장이라고 거부하며 따르지 않는다.

(4) 역사적 전천년설(Historical Premillennialism)

이 주장은 신약교회 시대와 7년 대환난이 연속적으로 계속하여 전개되고, 예수님의 재림 후에 천년왕국이 이뤄진다는 주장이다.

이 주장은 그리스도의 재림 후에 천년왕국이 사실적으로 이뤄진다고 믿는 면에서는 앞서 세대주의적 전천년설과 같다. 그러나 차이가 있는 것은, 이들은 신약교회 시대가 종식되고 그리스도의 공중강림과 구원받은 성도들의 '휴거'를 믿지 않는다. 그렇기에 천년왕국을 사실대로 믿는 것 외에는 무천년설 주장자들과 비슷한 주장이다.

결어

참으로 감사하고 감격스럽다. 성경에 계시된 하나님의 진리는 단순하고 명쾌하며 확실하다. 그런데 하나님이 피 흘려 세워주신 '교회'를 이끌어간 교회 역사 속의 지도자들은 참으로 복잡하고 어렵고 혼란을 부추기는 온갖 궤변들을 만들어 놓았다. 이와 같은 궤변들이 각종 교리와 신학이라는 이름으로 포장되어서 교회를 혼란시키며 교회사를 장식해 왔다.

이렇게 궤변들로 꾸며진 신학 이론들은 '성경'과 '교회 역사'를 제대로 모르는 이들이 궤변에 넘어가기 쉽도록 매우 정교한 이론들로 만들어 놓았다. 현재 필자의 주변에도 궤변을 정상 학문으로 착각하며 신학 이론을 성경 진리보다 더 신뢰하려는, '신학'을 믿고 '성경'은 믿지 않는 우매한 자들이 허다하다. 이런 때에 성경의 진리만이 참된 진리이고, 인간들이 주장하는 신학이라는 미명으로 포장된 궤변의 오류를 발견하여 진리에 눈을 뜰 수 있도록, 본 계시록 강해서가 좋은 참고서로 쓰임 받을 수 있기를 기도한다.

이처럼 '성경' 진리만을 증언할 수 있도록 부족한 노종을 사용해 주심에 크게 감사하고 감격할 따름이다. 바라기는, 이 책이 성경 원문 중심의 성경 진리가 인간들이 만든 교활한 신학과 교리에서 해방되는 촉매 자료가 되기를 간절히 소망한다.

03
첫째 부활에 참여하는 자들의 복

(계 20:5~6)

1) 그 나머지 죽은 자들은(계 20:5a)

여기 계시록 20장 5절을 우리말 성경에는 괄호로 묶어 표현했다. 이렇게 한 부분을 괄호 안으로 표현한 것은 별다른 의미가 있거나 특별한 의미가 있는 강조의 표현은 아니다. 이 같은 표현은, 신약성경의 권위 있는 사본들 중 하나인 시내사본(4세기 중엽)이나 또는 약간 후대 사본인 시리아 사본 등 몇몇 사본에는 본 괄호 안의 내용이 누락되어 있기 때문이다.

그러나 시내 사본과 연대가 비슷한 바티칸 사본(4세기 중엽)과 알렉산드리아 사본(5세기경)에는 괄호 안의 내용이 포함되어 있다. 그렇기에 괄호로 표시된 것이 큰 의미가 있는 것은 아니다.

그런데 이 괄호 안의 내용을 간과해 버리고 4절의 마지막인 "살아서 그리스도와 더불어 천년 동안 왕 노릇 하니 이는 첫째 부활"이라고 연결하면 본문의 뜻이 명확하게 드러나는 것이 사실이다. 이렇게 볼 때 4절 후의 괄호 안의 내용은 5절을 설명해 주려는 삽입구절로 볼 수 있다.

그런데 왜 이렇게 괄호 안으로 표현했는가? 그 이유는 앞서 4절 마지막에 기록된 "살아서 그리스도와 더불어 천년 동안 왕 노릇"할 사람들과 전혀 상반된 운명을 가진 죽은 자들을 "그 나머지 죽은 자들"로 부연 설명을 해주는 것이다.

여기서 우리는 "그 나머지 죽은 자들"이 누구인지 알 필요가 있다. 그들은 "살아서 그리스도와 더불어 천년 동안 왕 노릇" 할 사람들이 아니다. "그 나머지 죽은 자들"이 누굴까? 사도 요한은 계시록 전체에 "땅에 거하는 사람들"과 "하늘에 거하는 사람들"을 둘로 분류해서 이분법(二分法) 원리로 계시록 내용을 전개해 나가고 있다. 그렇기에 계시록 전체를 눈여겨본다면 항상 두 세력이 대조되고 두 세력의 갈등과 투쟁이 계속된다.

그리고 마지막에 구원받은 자는 새 하늘, 새 땅의 천국으로 가서 영생을 누리게 된다. 그에 반해 구원받지 못한 자는 사탄에 의해 우상을 숭배하다가 마지막에 불과 유황 못으로 간다.

이렇게 볼 때, 앞서 4절 마지막에 "살아서 그리스도와 더불어 천년 동안 왕 노릇" 할 사람들은 천상에 속한 자에 해당된다. 그리고 그 "나머지 죽은 자들"은 땅에 속한 자들로 심판받고 지옥에 갈 사람들을 의미한다.

"그 나머지 죽은 자들"은 "호이 로이포이 톤 네크론"(οἱ λοιποὶ τῶν

νεκρῶν)이다. 이때 '죽은 자'로 표현된 단어가 '네크로스'(νεκρός)다. 신약성경에 '죽었다'는 단어가 여러 종류가 있으나 그 중 대표적으로 두 종류로 구별되어 사용되었다.

하나는, 영적인 죽음을 의미하는 '아포드네스코'(ἀποθνήσκω)다. 이 단어가 요한복음 11장 25~26절에 "나를 믿는 자는 죽어도 살겠고 무릇 살아서 나를 믿는 자는 영원히 죽지 아니하리니"라는 구절에 쓰였다.

그 외에도 로마서 5장 6~15절과 6장 2~10절에도 영적 죽음을 의미하는 용어로 많이 쓰였다.

그리고 또 다른 하나가 '네크로스'(νεκρός)라는 단어다. 이 단어는 육체적으로 영적으로 다 죽은 자를 의미하는 단어로 쓰였다. 마태복음 22장 31~32절에 "죽은 자의 부활"이나 고린도전서 15장 12~52절에 기록된 "죽은 자"라는 표현이 '네크로스'다. 그리고 여기 계시록 20장 5절의 "그 나머지 죽은 자들"이라는 '죽은 자들'이 바로 '네크론'으로 쓰였다.

그렇기에 이 구절에 앞서 4절의 내용과 이 부분을 연결시켜 이해한다면 예수를 증언함과 하나님의 말씀 때문에 목 베임을 당한 자들이 있다. 또 짐승과 그의 우상에게 경배하지 아니하고 그들의 이마와 손에 표를 받지 아니함으로 죽은 자들이 있다. 그들은 세상적 기준으로 본다면 이미 죽은 자들이다. 그러나 그들은 영적으로 천국에서 살아 있는 존재들이다. 그와 반대로 그리스도의 재림 때까지 땅에서 살아남아서 산 자인 줄로 착각하고 살아갈 자들이 있다. 그러나 그들이 육적으로 살아 있다고 해서 산 자들이 아니라 실상은 죽은 자들에 불과하다는 것이다.

2) 그 천년이 차기까지 살지 못하더라(계 20:5b)

앞서 4절에서 장차 천년왕국에 들어갈 자들을 밝혔다. 그것은 ① 예수를 증언한 자 ② 하나님의 말씀 때문에 목 베임을 당한 자들이다. 이들은 천년왕국 전에는 영혼 상태로 낙원(눅 23:43)에 살고 있다. 또한 ③ 대환난 기간 중에 짐승과 우상에게 경배하지 아니하고 그들의 이마와 손에 표를 받지 아니한 자들이 살아서 천년왕국에 들어간다.

따라서 미래의 천년왕국에는 이미 죽어서 영혼 상태로 낙원에서 살아가는 자들이 예수님 강림 때 부활의 영광스런 몸으로 회복된다(고전 15:50~54). 그렇게 영광된 몸으로 회복된 몸은 썩지 않을 영광의 몸이다. 그 영광스러운 부활의 몸으로 예수님 재림 때에 그리스도와 함께 지상에 내려와 천년왕국에 들어간다.

이렇게 천년왕국에는 대환난 이전에 구원받은 자들과 대환난 기간에 구원받은 자들이 들어간다. 그러나 대환난 기간에도 구원받지 못한 자들이 있다. 그들은 천년이라는 장기간 동안 비록 육체적으로 100세 이상 장수하고 살아간다고 할지라도 영적으로 구원받지 못한 자들은 결국 대심판으로 멸망당하고 만다.

3) 이는 첫째 부활이라(계 20:5c)

'첫째'는 '헤 프로테'(ἡ πρώτη)다. 이 말은 시간상으로나 순서상으로 '제일 먼저'라는 뜻이다. 또 '부활'이라는 단어는 '헤 아나스타시스'(ἡ ἀνάστασις)다. 신약성경에는 '부활'이라는 단어가 약 40회 가까이 기록되었다. 그런데 그 대부분이 예수 그리스도의 육체적 부활을 지칭하는 용어로 쓰이고 있다.

복음서와 서신서 대부분이 예수 그리스도의 육체적 부활을 지칭하고, 부활장이라는 고린도전서 15장 전체는 부활을 설명하는 중에 특히 20절에서 "그리스도께서 잠자는 자들의 첫 열매"라는 표현으로 인류 역사 최초의 부활의 첫 모임으로 설명한다.

그런데 여기 계시록 20장 6절에는 예수 그리스도께서 재림해 오실 때에 그리스도와 함께 지상으로 내려올 구원받은 자들이 첫째 부활에 참여하는 자라고 했다.

이것은 앞서 고린도전서 15장 50~54절에서, 주님께서 공중 강림하실 때에 구원받은 성도들이 영광된 부활의 몸으로 변화되는 내용이 여기 계시록 20장 6절에서 증명되는 내용임을 의미한다.

4) 이 첫째 부활에 참여하는 자들은 복이 있고 거룩하도다(계 20:6a)

성경에는 '첫째 부활'만 있고 '둘째 부활'은 없다. 그런데 사망은 '둘째 사망'이 있다(계 20:6, 14). 그렇다면 '첫째 부활'이 무엇인가?

앞서 고린도전서 15장 20절, 23절에 그리스도께서 부활의 첫 열매라고 했다. 그리고 고린도전서 15장 23절에 "먼저는 첫 열매인 그리스도요 다음에는 그가 강림하실 때에 그리스도에게 속한 자"도 부활할 것을 말한다. 사실 예수 그리스도의 부활은 이미 2천 년 전에 이루어졌다. 그리고 장차 주께서 공중 강림하실 때 예수 그리스도에게 속한 자들 모두가 첫째 부활자들로 참여하게 된다.

그렇기에 장차 주님의 공중강림 때 휴거되어 승천하는 성도들은 공중에서 주님을 만날 때 부활의 영광스러운 몸으로 만나게 된다는 것이다. 이렇게 '첫째 부활'에 참여하게 될 성도들이야말로 복 받은 자들이고, 또한 거룩한 자들인 것이다.

참으로 안타까운 사실이 있다. 지금도 '그리스도의 공중강림'과 성도들의 '휴거'의 진리(살전 4:17)를 믿지 않는 자들은 '첫째 부활'의 의미를 전혀 모르고 있다는 것이다.

바울 사도는 고린도전서 15장 39~44절에서 부활할 몸은 육신의 몸이 아니라 영의 몸이라고 분명하게 가르쳤다. 또 요한은 요한복음 21장에서 부활한 영체의 실체를 확실하게 증명했고, 그 부활한 영체가 산 채로 승천했음을 사도행전 1장이 증명해 준다.

지금도 천년왕국을 사실로 믿지 않는 무천년주의나 후천년주의자들은 천년왕국이 상징이고 '첫째 부활'은 영적 부활일 뿐 신령한 몸의 부활을 믿지 않는다.

참으로 부활신앙의 무지가 성경에서 가장 소중한 '부활의 소망'과 천년왕국의 진리를 훼손시키는 죄악을 저지르고 있다. 이것은 성경의 예언 말씀을 제하여 버리는 죄악이며, 거룩한 성에 참여함을 제해 버림을 당할 죄악(계 20:19)이라고 판단된다.

첫째 부활에 참여하는 자들은 '복'이 있고 '거룩'하다고 했다. 여기서 말하는 '복'이란 '마카리오스'(μακάριος)다. 필자는 《시편 강해 I권 여호와는 나의 목자시니》에서 "세상의 복과 성경의 복"을 비교해서 설명했다.[18] 세상의 복은 불교, 유교, 서양 철학이 말하는 모든 복들이 세상적, 현세적 복임을 말했다. 그러나 성경의 복은 ① 하나님의 선택 받음 ② 주님과의 관계가 유지됨 ③ 인간의 심령이 성령으로 변

---

18) 정수영, 여호와는 나의 목자시니, 쿰란출판사, 2018, pp.46~62.

화된 영적 중생이 복이라고 했다.

그렇게 영적 중생의 복이라는 단어가 '마카리오스'(μακάριος)라고 했다. 계시록 20장 6절의 '복'이 있다는 말이 '마카리오스'다. 그렇기에 첫째 부활에 참여할 자들은 영적으로 거듭난 성도들이므로 그들이 복 있는 자라는 말은 성경 진리를 확인해 주는 말이다.

그리고 첫째 부활에 참여하는 자들은 '거룩하다'고 했다. '거룩하다'는 '하기오스'(ἅγιος)다. 거룩하다는 말은 하나님의 속성 중의 하나로 '순결과 의로움'이라는 뜻과 함께 '구별되다', '분리되다'라는 뜻도 포함된다. 그렇기에 첫째 부활에 참여하게 될 자들은 그가 이 세상에서 하나님의 속성처럼 순결함과 의로움으로 구별되고 분리된 자들이다.

그리스도인들이 성령으로 거듭나면 그 인격에 흠이 많고 과거에 많은 죄악의 상처들이 있어도 신분상으로 의롭다고 인정한다(합 2:4; 롬 1:17). 그렇게 신분상으로 의인이 된 자는 성도가 된다. 성도들이 이 땅에서 살아가는 동안 얼마만큼 말씀대로 실천하느냐, 그 실천의 정도에 따라 거룩의 정도는 달라진다. 그러나 거룩의 정도가 구원과 연관되는 것은 아니다. 거룩의 정도로 상급이 달라질 뿐이다(고전 3:10~15). 장차 '첫째 부활'에 참여할 자들은 영적으로 거듭난 성도들이고, 그들은 또한 하나님의 자녀로 구별된 성도들이다.

이렇게 '첫째 부활'에 대한 확신을 가진 자들만이 천년왕국에 대한 올바른 소망과 연결될 수 있을 것이다.

5) 둘째 사망이 그들을 다스리는 권세가 없고(계 20:6b)

신약성경에 '사망'이라는 단어는 '다나토스'(θάνατος)다. 이 단어가 가장 많이 쓰인 곳이 로마서 5장부터 8장이다. 그런데 계시록에서도 '둘째 사망'이라는 표현이 나온다(계 2:11, 20:6, 14).

'둘째 사망'이 있다면 '첫째 사망'도 있다는 뜻이다. 그렇다면 첫째 사망이 무엇인가? 그것은 세상 인간 모두가 일반적으로 죽는 육체적 죽음이 첫째 사망이다(롬 5:12, 21, 6:23, 8:6; 고전 15:21, 26, 54~56 등).

그렇다면 '둘째 사망'은 무엇인가? 둘째 사망을 '호 듀테로스 다나토스'(ὁ δεύτερος θάνατος)라고 했다. 첫째 사망이 육체적 죽음이고, 둘째 사망은 뒤의 계시록 20장 11~15절에 기록된 대로 아담 이래 모든 인류가 육체적으로 죽었으나 장차 백보좌의 심판에 의해 행위대로 심판을 받고 불못에 던져져 영혼과 육체가 영원히 죽게 되는 것을 둘째 사망이라고 했다(20:14).

그런데 첫째 부활에 참여하게 되는 자들은 이미 영생을 얻었으므로 둘째 사망이라는 처참한 비극에 영향을 전혀 받지 않는다는 것이다.

우리가 이 땅에서 성령으로 거듭나면 육체적으로 죽는 첫째 사망은 통과해야만 한다. 그러나 휴거 때 영광의 몸으로 변화된 후에는 더 이상 사망의 영향을 전혀 받지 않는다. 이 얼마나 놀랍고 엄청난 축복의 특혜인가?

6) 도리어 그들이 하나님과 그리스도의 제사장이 되어(계 20:6c)

여기 '도리어'는 '알르'(ἀλλ)다. 이 단어는 앞에서 진술한 내용과 상반되거나, 또는 뒤에서 더욱 강한 강조를 하기 위해 사용되는 역접 접속사 '알라'(ἀλλά)의 축약형이다. 그렇기에 첫째 부활에 참여할 자들은 둘째 사망이 그들을 다스리지 못하는 소극적인 면을 넘어, 그들이 하나님과 그리스도의 제사장이 된다는 적극적인 표현을 하고 있는 것이다. 또 여기서 깨달을 귀한 내용이 있다.

우리 말 성경에는 정확하게 뜻이 나타나지 않았다. 그런데 "그들의 하나님과 그리스도의 제사장이 되어"라는 원문은 "호 데오스 카이 호 크리스토스 에손타이"(ὁ θεοῦ καὶ ὁ Χριστος ἔσονται)다.

여기 "제사장이 되어"라는 말은 소유격으로 쓰였다. 그렇기에 첫째 부활에 참여할 자들은 단지 하나님과 그리스도의 제사장이 되는 신분만의 변화가 아니라, 하나님과 그리스도의 백성으로 하나님과 그리스도의 재산처럼 하나님과 그리스도의 소유가 된다는 것이다.

우리가 알고 있는 것처럼, 현대 세상에서 각 나라의 인구는 그 나라들의 재산이 되고 있다. 전 세계 최대 인구를 가진 중국이 14억이고, 인도가 13억이고, 미국이 3억 2천이고, 인도네시아가 2억 6천만이다. 러시아는 1억 4천으로 9위이고, 일본이 1억 2천으로 10위이고, 한국은 5천만으로 세계 인구 27위다.[19]

하나님의 소유인 천국 백성은 하나님의 재산이 된다. 그래서 죄인 하나가 회개하고 돌아오면 천국에서는 잔치를 베푸는 것이다(눅 15:7).

---

19) 이형기, 세상의 지식. 지식과 감성, 2018, p.27.

7) 천년 동안 그리스도와 더불어 왕 노릇 하리라(계 20:6d)

첫째 부활에 참여하는 자들에게는 세 가지 축복이 따른다.
① 둘째 사망의 권세에서 벗어난다.
② 하나님과 그리스도의 소유가 되는 제사장이 된다.
③ 천년 동안 그리스도와 더불어 왕 노릇 한다.
여기 4절과 6절에 '왕 노릇 하니'라는 말은 '에바실류산'(ἐβασίλευσαν)이다.

이 말은 '다스리다', '통치하다'는 뜻을 가진 '바실류오'(βασιλεύω)의 부정과거 능동태다.

그렇기에 구원받은 성도들이 실제로 '통치'를 할 것을 의미한다. 그런데 그 통치가 군왕들이 왕권 권력을 행사하는 통치일까, 아니면 영적으로 우주 만물을 다스리는 우주적, 초월적 통치일까? 둘 중에서 필자는 우주적, 초월적 통치일 것으로 믿어진다.

(특주 40)

천년왕국에서 왕 노릇 하리라

서론

'천년왕국'은 요한계시록 20장 1~6절에 기록된 성경적 진리이다.

이 내용은 계시록 20장 4절의 마지막에 "살아서 그리스도와 더불어 천년 동안 왕 노릇 하리니"라는 말에서 비롯되었다. 이 내용의 원문을 보면 "카이 에제산 카이 에바실류산…킬리아 에테"(καὶ ἔζησαν καὶ ἐβασίλευσαν…χίλια ἔτη)이다.

이 원문을 보면 앞서 4절 초부터 설명한 ① 예수를 증언한 자들 ② 하나님 말씀에 목 베임을 당한 자들의 영혼들 ③ 짐승과 우상에게 경배하지 아니하고 이마와 손에 표를 받지 아니한 자들이 "살아서 그리스도와 더불어 천년 동안 왕 노릇" 하게 된다는 것이다.

이 구절을 어떻게 해석해야 하는가? 교회 2000년 역사에서 성경의 해석법은 다양하게 발전해 왔다. 성경에 기록한 구약과 신약의 기록자들은 ① 문자적 해석 ② 비유적 해석 ③ 영적인 해석들에 치중했다. 그다음에 교부들은 문자적 해석보다는 ① 다른 사물에 빗대서 은연중에 어떤 의미를 찾는 알레고리적 해석에 치중했다.

그다음에 교부들은 문자적 해석보다는 ① 다른 사물에 빗대서 은연 중에 어떤 의미를 찾는 알레고리적 해석에 치중했다.

중세기 스콜라 철학자들은 ① 교부들 신학을 발전시키는 신비적 해석에 주력했고 ② 가톨릭교회를 옹호하는 가톨릭 신학적 해석만이 통용되었다.

종교개혁자들은 ① 문자적 해석과 ② 신학적, 인문주의적인 해석학을 활용했다.

현대의 해석학은 매우 폭넓게 활용되고 있다. 그러나 가장 보편적으로 인정받는 해석학(Hermeneutics)은 ① 문자적 해석 ② 문법적 해석 ③ 역사적 해석 ④ 영적인 해석 ⑤ 상징적인 해석 등으로 일반화되어 있다.

이중에 ①, ②, ③은 제삼자들이 보아도 보편타당성을 가지므로 가장 신뢰하는 해석방법이다.

그러나 ④, ⑤는 상당히 주관적이고 신비적이며 제삼자들에게 공감을 받기가 제한됨으로 특별한 경우 외에는 절제하는 것이 일반적 통례이다.

여기 계시록 20장 4절을 어떻게 해석해야 하는가? 당연히 ①, ②, ③의 해석법을 존중하고 ④의 해석까지 곁들이는 것이 가장 안전하다.

그런데 교회 역사 속에서 요한계시록의 해석법에 이 원칙이 적용되지 않고 예외로 취급받아 왔다. 그것은 요한계시록 내용이 너무 신비적이고 상징적이라는 이유로 계시록에 대하여 '상징'(象徵) 또는 '신비적' 해석을 하기 시작했다.

요한계시록에 대하여 상징적, 신비적 해석을 한 지도자들은 오리게네스(185~254), 아우구스티누스(354~430) 등이다. 이렇게 빗나간 교부들의 해석학을 그대로 계승시킨 것이 중세 가톨릭의 스콜라 철학자들이었다.

종교개혁자인 루터(1483~1546)나 칼빈(1509~1564)은 철저하게 문자적, 문법적 해석법으로 종교개혁을 단행했다.
 이들이 가톨릭의 교리들을 문자적, 문법적으로 해석함으로 종교개혁이 가능했다. 그러나 이들이 구약의 예언서들과 신약의 요한계시록을 문자적, 문법적으로 해석하려는 시도는 벽에 부딪친다. 그래서 두 사람 모두 요한계시록이 '상징적 책'이라고 여기며 손을 대지 않았다. 참으로 어처구니가 없는 것은 이들 후손들은 한결같이 요한계시록을 상징적인 책이라고 해석하는 전통을 이어오고 있다.
 그 같은 결과가 계시록 20장 4절의 내용도 전체가 상징적 내용인 것처럼 영적, 상징적인 뜻이라는 해석을 유지하는 전통이 이어지고 있다.

사실 '상징'이라는 용어는 성경의 한 해석방법 중 하나이나 매우 주관적, 신비적으로 보편타당성을 갖기가 어렵다. 그러므로 신앙 양심을 가진 자들은 상징이라는 해석법을 자제해야만 한다. 상징이라는 의미 속에는 무한대로 해석할 소지가 많기 때문이다. 그러나 현실은 루터나 칼빈이 요한계시록의 내용들을 '상징'이라고 했기 때문에 그대로 믿고 따라야 된다는 교주(敎主) 신학이 철옹성처럼 계승되어 오고 있다.
 여기서 필자는 ① 문자적 ② 문법적 ③ 역사적 해석법을 따라 천년왕국에서 왕 노릇 한다는 성경 내용을 보다 확대해서 해석해 보겠다.

1) 천국과 천년왕국의 차이

(1) 천국(天國)

천국이라는 말은 헬라어로 '바실레이아'(βασιλεία)이다. 이 용어가 신약성경 중 마태복음에서만 약 40회 가까이 사용되었다. 그 외에는 디모데후서 4장 18절에 한 번 더 쓰였다. 그리고 '천국'이라는 '바실레이아'가 똑같은 의미로 '하나님의 나라'라는 말로 '헤 바실레이아 투 데우'(ἡ βασιλεία του θεου)로 쓰이고 있다.

'하나님의 나라'라는 용어는 마태복음을 비롯하여 4복음서에 고르게 사용되었고, 4복음서 중 누가복음에서 두드러지게 많이 사용되었다. 그리고 사도행전과 바울 서신서들에도 '하나님의 나라'라고 쓰였다. 이 같은 사실을 근거로 '천국'과 '하나님의 나라'는 다 똑같은 뜻임을 알 수 있다.

그렇다면 '천국' 또는 '하나님의 나라'는 무슨 뜻인가? 여기서 '하나님'이라는 뜻을 익히 잘 알기에 뒤로 미루고 '나라'라는 '바실레이아'(βασιλεία)가 무슨 뜻인지 살펴보자. 이에 대해서 세 가지의 다른 뜻이 이 단어 속에 포함되었음을 알 수 있다. 그것은 ① 군주가 다스리는 지역 ② 군주가 다스리는 백성 ③ 군주가 실제적으로 통치하는 그 자체 등의 뜻이 포함되어 있다.

그런데 신약성경에서 '하나님의 나라'(Kingdom of God)라는 의미는 이 세 가지 뜻을 모두 다 적용하고 있다.

① 하나님의 백성을 의미하는 경우
요한계시록 1장 6절에 "하나님을 위하여 우리를 나라와 제사장으

로 삼으신 그에게", 또 계시록 5장 10절에도 "그들로 우리 하나님 앞에서 나라와 제사장들을 삼으셨으니 그들이 땅에서 왕 노릇 하리로다"라고 하였다.

이 같은 경우에는 '하나님의 나라'란 곧 '하나님의 백성 된 사람들'을 의미한다.

② 하나님의 통치가 미치는 영역을 의미하는 경우

이 영역은 현재에서 시작되어 미래와 영원까지 계속됨을 의미한다. 마태복음 5장 1~12절에 유명한 8복이 소개되고 있다.

이때 말하는 8복의 핵심은 '심령', '마음'으로 표현되는 '영적', '정신적', '심령적', '마음의 내면'에 예수 그리스도의 성령이 지배하기 시작할 때, 마음속에 성령님을 모실 때부터 하나님의 통치인 하나님의 다스림이 시작되는 것이다.

그렇게 마음속에 '하나님의 통치'인 '하나님의 다스림'이 시작된 것이 복음서에는 다양하게 표현되었다.

마태복음 11장 11절에서는 침례자 요한 이전의 구약 사람들은 하나님의 다스림의 능력인 성령님이 구약 사람들 중 제한된 사람들에게만 임해 왔었고, 또 임해 오셨던 성령님이 떠나가기도 하셨다(사울 왕이나 솔로몬의 경우). 그러나 오순절 성령 강림(행 2장) 이후의 신약시대에는 성령님이 젊은이, 늙은이, 남종과 여종 등 모든 육체에 부어 주신다(행 2:17~18). 그래서 신약시대 성도들이 침례 요한보다 더 크다고 말씀하신 것이다.

또 마태복음 21장 31절에는 '세리와 창녀들'이 당시 대제사장들과 백성의 장로들보다 먼저 하나님의 나라에 들어가리라고 하셨다.

이 같은 내용은 하나님의 나라는 하나님의 통치가 현재에 미친다는 뜻이다.

그런가 하면 '하나님의 나라'는 그리스도의 재림으로 시작되는 미래의 영역으로 설명되고 있다. 마태복음 26장 31~46절을 보면 인자가 자기 영광으로 모든 천사와 함께 오실 때 모든 민족들을 그 앞에 모으고 양과 염소로 구별한다.

마태복음 13장 36~43절에는 세상 끝에 천사들이 와서 의인들을 하나님 나라의 해와 같이 빛나게 하실 것을 말씀하셨다. 이렇게 하나님의 나라는 미래의 그리스도 재림 이후에 있을 장차 올 시대에 누리게 되는 영생을 의미한다(마 19:28~29).

③ 하나님이 실제적으로 통치 또는 지배하는 경우

이와 같은 하나님의 직접적 통치와 지배가 여기 요한계시록 20장 1~6절에 소개되는 '그리스도가 왕으로 다스리는 천년왕국 시대'이다.

이때 말하는 '하나님의 나라'인 천년왕국은 천년 기간만이라는 제한된 기간이다. 그렇기에 '천년왕국'이 하나님의 나라이지만 제한된 기간은 끝이 나고 영원한 천국이 계시록 21장 이후에 다시금 설명되고 있다.

여기서 천국의 축소개념이고 제한 개념인 천년왕국에 대한 차이점을 설명해야 할 필요성을 느끼게 된다.

(2) 천년왕국(千年王國)

천년왕국에 대한 기록은 요한계시록 20장 1~7절 사이에 기록되었다. 천년왕국에 대한 기록이 계시록 20장 1~7절에 기록되었다고 해서 천년왕국을 계시록 20장 1~7절만 가지고 해석하려는 시도는 성서신학에 결정적 오류를 범하는 단순하고 무지한 견해이다.

요한계시록에 기록된 모든 예언은 구약성경에 이미 예언되었던 내용의 성취 내용이거나 또는 사도들이 언급한 내용의 성취 내용들로 연결되고 있다.

이제 그 사례를 들어보자.
① 7년 대환난의 예언
요한계시록에는 마흔두 달(계 11:2), 천 이백 육십 일(계 11:3, 12:6), 또한 때와 두 때와 반 때(계 12:14) 등의 표현이 나온다.

이 모든 표현은 '3년 반'이라는 의미이다. 그리고 '3년 반'이 계시록 6~11장 사이에 일곱 인, 일곱 나팔 재앙으로 먼저 설명되었으므로 이것을 '전 3년 반'이라고 한다.

그다음에 계시록 12~14장은 뒤에 있을 '후 3년 반'의 중간에 기록되었기 때문에 중간기라고 한다. 그리고 마지막 계시록 15~18장의 일곱 대접 재앙은 극심한 재앙들로 후 3년 반에 시행된다. 그렇다면 이와 같은 전 3년 반, 후 3년 반의 7년 대환난이라는 내용이 어디에서 비롯되었는가?

그 내용은 구약 다니엘서 9장 24~27절에 기록된 '일흔 이레'의 예언 중에, 이미 69이레는 지나갔고 마지막 1이레인 '7년'이 남았다는 다니엘서 9장의 해석에서 요한계시록의 6~18장이 설명되는 것이다.

② 아마겟돈 전쟁의 예언
요한계시록 16장 12~16절에서 아마겟돈 전쟁이 언급된다. 그리고 그 전쟁의 실현은 계시록 19장 17~21절에 기록되었다. 이렇게 끔찍한 아마겟돈 전쟁 내용도 구약성경의 예언에서 비롯되었다. 구약 에스겔서 38~39장에는 침략자 곡이 하나님의 심판에 의해 처참하게 멸망당할 것이 예언되었다.

요한계시록의 아마겟돈 전쟁은 구약 에스겔서 38~39장 예언의 성취 내용이다.

③ 신약성경들의 앞과 뒤의 연결

신약성경의 복음서나 서신서들에 먼저 기록된 내용들이 신약성경 중 가장 늦게 기록된 요한계시록에서 완성되는 내용이 부지기수로 많다.

그 대표적 몇 가지만 예를 들어보겠다. 마태복음 24~25장은 요한계시록의 축소판 내용이다.

이 두 장 안에서 기록된 내용이 그대로 계시록에 반복되어 반영되고 있다. 예컨대 마태복음 24장 15~28절의 내용은 계시록의 6~18장의 내용으로 발전되고, 또 마태복음 24장 29~31절의 내용은 계시록 19장 내용으로 발전된다. 또 요한복음 5장 39절의 내용은 계시록 20장 4~6절에 반영되고 있다. 이와 같은 사례들은 신약성경 각 곳에 가득 차고 넘친다.

이제는 천년왕국에 관련된 내용이 구약과 신약 어디에 있는지를 알아보자. 신약성경의 직접적인 기록은 요한계시록 20장 1~6절에 기록되었다. 그렇다면 천년왕국에 관한 기록이 요한계시록 20장에 한 번뿐인가? 결코 그렇지 않다. 구약성경에는 수많은 예언이 있다. 그 많은 예언 중에 메시아의 오심과 그의 죽으심의 예언은 이미 과거에 성취된 예언들이다.

그런가 하면 구약의 예언 중에는 아직 성취되지 않은 7년 대환난이나 아마겟돈 전쟁 등 남아 있는 예언들이 있다. 그뿐만이 아니라 메시아가 통치하는 천년왕국의 상태를 예언한 내용이 아직까지 성취되지 않고 남아 있다.

이제까지 성취되지 않고 남아 있는 '메시아의 통치'인 천년왕국의 미래상을 여기서 확인해 보자. 이렇게 구약성경에서 예언된 메시아의 통치가 아직까지 이뤄지지 않고 남아 있는 것은 그것이 미래에 있을 천년왕국의 통치로 이해해야만 되는 당위성을 갖는 것이기 때문이다.

2) 미래 천년왕국의 상태 예언

예수 그리스도께서 장차 재림해 오신 후에 현재의 이 땅 위에서 천년왕국이 실현된다. 지금 우리가 살고 있는 전 세계에는 수백 개의 나라와 지도자들이 공존하고 있다.

이들 나라들 간에는 경제적, 군사적, 인구적, 문화적, 사상적, 종교적, 신체적 등 각종 차별들로 가득한 세계이다. 그러나 그리스도께서 재림해 오신 후에는 전 세계가 그리스도 중심으로 천년 동안의 통치가 이루어진다. 이와 같은 통치는 현재와 같은 영적, 정신적 통치가 아니다.

실제적이고, 육체적이고, 정치적이고, 영적인 통치를 의미한다. 이제 그 사실을 살펴보자.

(1) 정치적인 면
① 예수 그리스도께서 직접 전 세계를 통치하신다.
　　이 내용이 이사야 11장 1~5절에 예언되었고, 또 계시록 20장 4~6절에 반영되고 있다.
② 예루살렘이 세계의 수도가 된다.

이에 대한 예언이 예레미야서 3장 17~18절과 에스겔 48장 30~35절에 예언되어 있다.

③ 이스라엘이 아브라함에게 약속한 땅(창 13:14~17)과 또 이스라엘 12지파에게 다시 약속하신 땅(겔 47:13~48:29)을 차지하게 된다.

(2) 육체적인 면

① 전 세계적인 평화를 누린다.

이사야 2장 4절: 이 내용은 UN 본부 건축물의 기초석에 새겨진 내용이다.

이사야 32장 16~18절에도 전 세계가 정의와 공의로 화평과 평안이 이뤄질 것을 예언하고 있다.

② 그때에는 육체적 질병들이 모두가 그칠 것으로 예언되었다(사 35:5~10).

③ 그때에는 모든 인간의 수명이 연장될 것으로 예언되었다(사 65:17~23).

④ 그때에는 야생동물이 온순해질 것이 예언되었다(사 11:6~9, 35:9; 겔 34:25).

⑤ 그때에는 농작물이 풍성해질 것이 예언된다(사 35:1~2, 6~8).

(3) 영적인 면

① 하나님의 지식이 온 세계에 충만해진다(사 11:9).

② 성령 충만한 상태가 된다.

사도행전 2장의 성령 강림은 부분적인 강림이었으나 미래에는 성령 충만이 풍성해진다(욜 2:28~32).

③ 많은 민족이 예루살렘에서 예배드린다(사 2:2~4; 미 4:2~5; 슥 8:20~23, 14:16~21).

(4) '왕 노릇 하리라'는 의미

여기 계시록 20장 4절의 마지막과 6절 마지막에 "왕 노릇 하리라"는 말이 두 번이나 반복되어 있다. "왕 노릇 하리니"라는 말은 '바실류수신'(βασιλεύσουσιν)이다.

이 말의 참된 뜻은 성경에서 찾아야 한다.

여기 '왕 노릇'이라는 말이 '바실류수신'이고, 또 '하나님의 나라'라는 말도 '헤 바실레이아 투 데우'(ἡ βασιλεία τοῦ θεοῦ)다. 왕 노릇이란 결국 하나님의 다스림이 미친다는 뜻이다. 사람들은 '왕 노릇'이라는 뜻을 군주들이 지배하는 통치개념으로 상상한다.

그러나 천년왕국에서의 '왕 노릇'은 주님께서 부활하신 신령한 몸으로 40일간 자연과 공간과 시간을 초월하고 사셨던 것처럼, 이 세상의 모든 제약을 초월하고 살아가는 영광과 초월의 삶이라고 추정된다.

결어

성경의 천년왕국은 명백한 진리다. 그리고 미래의 그 천년왕국은 천국과는 비교가 안 되는 제한된 왕국으로 끝이 난다. 천년왕국보다 영원하게 더 좋은 천국이 있는 것이다.

04
사탄의 영원한 패망

(계 20:7~10)

천년왕국이 현재의 세상보다는 훨씬 좋은 세상임에는 분명하다. 그러나 천년왕국이 아무리 좋다 해도 '천국'은 아니다. 천년왕국 동안 정치적, 육체적, 영적인 면에서 급격하게 향상은 되겠지만 완벽한 시대는 아니다.

천년왕국 기간에 신령한 몸으로 변화된 성도들이 살아가고 또한 대환난 기간에 구원받은 성도들은 영적으로 구원은 받았으나 육체적으로는 여전히 제한을 받는 세상을 살아가게 된다. 그래서 대환난 기간에 구원받은 성도들은 100세에 죽는 자를 젊은이라고 한다(사 65:20). 그뿐만 아니라 저들은 육체로 살아가기에 결혼을 하고 자녀도 낳는다. 그들의 자녀 중에는 구원받지 못하는 불신자도 나올 수 있다. 그래서 천년왕국이 천년만으로 종식된다. 그리고 다른 인류들과 함께 백보좌의 심판을 받게 된다(계 20:11~15).

이렇게 제한적인 천년왕국이 끝난 직후의 내용이 계시록 20장 7~10절의 내용이다. 이때 사탄이 옥에서 풀려나와 한시적으로 활동을 재개하고(계 20:7~8) 사탄이 세계만방의 군대를 미혹해서 예루살렘 성을 공격하게 한다(계 20:9).

하지만 하늘에서 불이 내려와 사탄을 태워버리고 사탄의 세력을 불과 유황 못에 던져서 영원히 멸망하게 만든다(계 20:10). 그 유황 못은 짐승, 거짓 선지자들이 죽지 않고 산 채로 고통당하는 곳인데 사탄도 그곳에 던져져서 고통이 계속되는 곳에서 살아간다.

1) 천년이 차매(계 20:7a)

천년왕국이라는 기나긴 시간이 지난 후를 말하는 분명한 표시가 "천년이 차매"라는 말이다.

이 말은 '카이 호탄 텔레스데 타 킬리아 에테'(Καὶ ὅταν τελεσθῇ τὰ χίλια ἔτη)다.

여기 '천년'이라는 말은 계시록 20장 1~7절 사이에 명백하게 실제적 '천년'을 뜻하는 표현이 여섯 번이나 반복되었다. 2절에 '천년 동안'은 '킬리아 에테'(χίλια ἔτη)다.

3절에 "천년이 차도록"은 '아크리 텔레스데 타 킬리아 에테'(ἄχρι τελεσθῇ τὰ χίλια ἔτη)다.

4절의 "천년 동안"은 2절과 똑같은 '킬리아 에테'(χίλια ἔτη)다.

5절의 "그 천년이 차기까지"는 3절과 똑같은 '아크리 텔레스데 타 킬리아 에테'(ἄχρι τελεσθῇ τὰ χίλια ἔτη)다.

6절의 "천년 동안"은 2절과 똑같은 천년이라는 '킬리아 에테'이다.

7절의 "천년이 차매"는 위에서 반복한 천년이라는 '킬리아 에테'에

'차매'라는 뜻의 '텔레스데'(τελεσθῇ)가 사용되었다.

이렇게 계시록 20장 2~7절에 기록된 천년왕국은 거듭 여섯 번이나 반복 강조되는 문자들 속에서 천년왕국이 사실적 천년왕국임을 강조하고 있다.

이제 우리는 7절 한 절을 좀 더 문자적, 문법적, 내용적으로 살펴보자.

(1) 천년이 차매

여기서 '천년'이라는 '킬리아 에테'(χίλια ἔτη)는 문자적으로 천년이라는 뜻 이외에 다른 뜻으로 해석할 만한 다른 근거를 갖고 있지 않다.

다음에 '차매'라는 말은 '텔레스데'(τελεσθῇ)다. 이 말은 '성취하다', '끝내다', '완성하다'는 뜻을 지닌 '텔레오'(τελέω)의 가정법이다. 그리고 원문에 '차매'라는 단어는 그에 앞서 시간과 때를 나타내는 부사 '호탄'(ὅταν)이라는 단어와 함께 쓰였다. 그렇기에 "천년이 차매"라는 원문은 앞서 2~3절에 사탄이 무저갱 속에서 실제적으로 천년이라는 기간 동안 완벽하게 감금되어 있던 기간이 종결된 때임을 의미한다.

여기에서 "천년이 차매"라는 말은 사실적인 천년, 실제적 천년이 완성되었음을 뜻한다. 그렇기에 사탄은 사실적으로 '천년'이라는 세월을 옥에서 갇혀 있을 것을 의미한다.

(2) 사탄이 그 옥에서 놓여(계 20:7b)

'옥'은 '퓔라케스'(φυλακῆς)로, 앞서 3절에 '무저갱'을 '아븟손'(ἄβυσσον)이라고 표현하였는데 이와 같은 의미이다.

그리고 '~에서'는 '에크'(ἐκ)이다. 이 말은 출처나 기원을 나타내는 소유적 지배 전치사다. 따라서 사탄이 천년 동안 옥에 감금되어 있다가 천년이 차면 그 옥에서 다시 방면되어 풀려날 것을 의미한다.

아울러 '놓여'라는 말은 '뤼데세타이'(λυθήσεται)다. 이 단어는 '풀어주다', '해방하다'는 뜻을 가진 '뤼오'(λύω)의 미래 수동태다. 이 단어가 가르쳐주는 의미는, 사탄이 무저갱에 천년 동안 갇히게 되는 것이나 또 천년이 차매 옥에서 풀려나는 모든 행위들이 사탄의 의지가 아니라, 절대자이신 하나님의 섭리에 의해서 갇히기도 하고 풀리게도 됨을 의미한다.

사탄을 옥에다 감금시키는 일이나 천년 후에 다시 풀어주는 일은 천사가 한다(1절). 그런데 그 천사는 하나님의 뜻에 의해 하나님을 대행하는 사역을 수행한다.

이렇게 '천년왕국'의 진리는 성경에 계시된 명백한 종말론의 진리이다. 본문을 읽어보면 천년왕국은 문자적으로 사실이고 내용적으로 확실한 것임을 여섯 차례에 걸쳐서 반복해서 확인시켜 주고 있다.

이와 같은 천년왕국의 명백한 사실적 진리를 하나의 상징일 뿐이라고 폄훼하는 세력들이 교회 역사 속에서 '무천년주의'라는 이름으로 계승되고 있다. 왜 문자적으로 명백한 천년왕국 진리를 상징이라고 축소시킬까? 그 원인에 대하여 필자는 세 가지 원인이 작용했을 것으로 추정해본다.

한 부류는, 신약성경의 부활 신앙을 제대로 모르는 영적 문제자들이 이 구절을 상징이라고 해석한 것 같다. 왜냐하면 이 구절 속에 '첫째 부활'을 설명하는데, 그 내용이 고린도전서 15장 20~28절에 설명된 '부활 신앙'의 연장 설명의 내용임을 모르는 것 같다.

둘째 부류는, 최초로 천년왕국을 '상징'이라고 주장한 교부들과 중세기의 스콜라 철학자들의 전통을 따르는 루터나 칼빈의 해석을 최상의 해석으로 믿는 교주(敎主) 신학의 우상화 사상이 '상징'이라는 굴레 안에 갇혀 있는 것 같다.

셋째 부류는, 요한계시록 전체 내용 중에 '상징적'인 표현들이 많다는 이유를 든다. 네 생물, 열 뿔, 용, 짐승, 바벨론 등 무수한 내용이 '상징적' 표현인 것처럼, 천년왕국도 상징이라고 해석해야 옳다고 주장한다. 그들의 주장은 절반은 맞고 절반은 잘못되었다. 요한계시록 안에 상징적 표현이 많은 것이 사실이다.

그러나 3년 반이라는 뜻의 '한때, 두 때, 반 때'가 상징이면서 사실적인 뜻인 것처럼, 미래에 있을 7년 대환난이 명백한 사실적 미래 대환난으로 믿어야 되는 것처럼, 또 계시록 21장 1절의 '새 하늘과 새 땅'도 사실적 미래로 믿어야 되는 것처럼, 계시록에는 상징적 내용과 계시적 내용이 섞여 있다. 그리고 상징적 내용을 미래를 계시해 주는 내용으로 해석해야만 되는 것이다.

그런데 계시의 내용을 상징으로 해석하니까 미래의 계시가 애매해지고 약화되어 다양한 견해들로 분산되면서 결과적으로 계시의 진리가 무력하게 되고 말았다.

교회 역사를 살펴보면 사탄이 자기들 집단만이 천년왕국의 소유자라고 주장해 왔다. 그것이 과거 독일의 광신적인 천년왕국주의자들이 벌인 민스터 왕국(Kingdom of Münster) 쪽농이었다.[20]

그것이 또 윌리엄 밀러(Wm. Miller, 1782~1849)가 시작한 제7일 안식일 예수 재림교회의 천년왕국 도래설이었다. 우리나라에서도 1950~

---

20) 정수영, 종교개혁사, 쿰란출판사, 2012, pp.423~431.

1960년대의 박태선의 전도관이나 1990년대의 이장림이나 현대의 신천지 교주 이만희 등이 천년왕국을 왜곡 남용해서 사회적 비난을 받고 있다.

과거 역사가 천년왕국을 왜곡한 거짓 선지자들로 세상에 혼란을 일으켰고, 교회 권위가 추락했으며, 천년왕국에 대한 배타적 선입관을 갖게 된 것이 사실이다. 그러나 그렇다고 할지라도 천년왕국을 상징이라고 주장하는 잘못된 지도자들의 가르침으로 인해 소중한 천국의 소망마저 희석되어 교회가 무기력하게 된 것도 사실이다.

천년왕국을 상징으로, 사도 요한의 환상이라고 해석한 무천년주의자들의 잘못된 주장으로 천년왕국과 천국에 대한 소망마저 다 잃어버리게 되고 말았다. 그렇게 잘못된 신학 사상은 세월이 흐르면서 모든 성도에게 천국 소망을 잃게 만들었다.

천년왕국을 상징이라고 해석한 잘못된 지도자들의 영향이 천국은 성도의 확실한 미래의 소망이 아닌 하나의 '신화'(神話, myth)라는 자유주의 신학의 발판을 닦아줬다.

불트만(R. Bultmann, 1884~1976)은 신약성경에는 예수 그리스도의 진리인 '케리그마'(κήρυγμα)와 유대교와 헬라의 신화가 섞여 있고 천국은 신화적 표현이라고 했다. 신정통주의를 자처한 바르트(K. Bath, 1886~1968)는 《교회 교의학》 13권으로 유명해졌으나 성경의 창세기 내용은 '설화'(說話, saga)라고 했다.

무천년주의 신학은 결국 천국의 소망을 희석시켰을 뿐 아니라, 자유주의와 신정통주의라는 성경 진리를 무기력하게 만드는 기초를 제공하였다.

2) 나와서 땅의 사방 백성 곧 곡과 마곡을 미혹하고(계 20:8a)

천년왕국 때는 정치적, 외적, 영적으로 많은 변화가 되는 전 세계가 준(準) 천국에 가까운 환경 속에서 그리스도의 통치를 받으며 살아간다. 이때 천년왕국에는 ① 부활의 영광된 몸으로 그리스도와 더불어 세상을 초월하는 왕 노릇 하는 성도들과 ② 대환난 때 구원받은 성도들이 육체를 가지고 살아가는 성도들과 ③ 전혀 구원받지 못한 자들이 사탄의 유혹이 없는 야생초처럼 번져간다. 그러나 천년이 차면 하나님께서는 사탄을 풀어줘서 천년왕국 때 자유를 선용했는지, 남용했는지를 시험하신다. 그것이 '곡'과 '마곡'의 미혹이다. 이와 같은 곡과 마곡의 전쟁은 앞서 계시록 19장 17~21절에 있었던 아마겟돈 전쟁과 다른 또 다른 전쟁 양상이다.

'곡'과 '마곡' 전쟁의 기록에 대한 해석이 두 가지로 나누어진다.
첫째는, '아마겟돈' 전쟁(계 19:17~21)과 곡과 마곡 전쟁은 별개의 전쟁이라는 것이다. 구약 에스겔서 38~39장에는 곡과 마곡이 이스라엘을 공격하는 전쟁 내용이 예언되어 있다. 에스겔의 전쟁 예언이 계시록 16장 12~16절에서 아마겟돈 전쟁으로 확인되고, 그것이 계시록 19장 17~21절에서 실현된다.
이와 같은 '아마겟돈' 전쟁은 전쟁을 선동한 '짐승'과 '거짓 선지자', 그리고 그들의 유혹에 편승한 장군들과 군대들이 수된 대상들이었다. 그리스도께서는 아마겟돈 전쟁의 주범인 '짐승'과 '거짓 선지자'는 유황불못에 던지고, 그의 추종자들은 새들의 먹거리가 되게 하신다. 반면에 천년왕국 후에 있는 곡과 마곡 전쟁 때 사탄의 추종자들은 하늘의 불로 태워버리고, 사탄인 용을 영원히 정리하는 유황불에 던진다. 이렇게 아마겟돈 전쟁과 곡의 전쟁을 두 개의 전쟁으로 분리 해석한다.

둘째는, 무천년주의자, 후천년주의자들의 해석이다.
저들은 요한계시록 내용 전체가 환상 속에서 기록된 상징적 의미라고 본다. 그래서 구약 에스겔서 38~39장의 곡과 마곡 전쟁의 에스겔의 환상이 요한이 본 환상과 함께 오버랩(overlap)되어서, 아마겟돈 전쟁이나 곡과 마곡의 전쟁은 다 똑같은 환상의 설명들일 뿐이라고 한다. 그리고 자비하신 하나님이 '아마겟돈 전쟁 후에 또 곡과 마곡 전쟁을 허용하신다는 것은 하나님의 성품에 위배되는 주장'이라고 말한다. 이렇게 요한계시록 전체를 상징과 환상으로만 해석한다.
무천년주의자들이 천년왕국을 믿지 않는 이유는 계시록이 상징이라고 믿기 때문이다. 이렇게 미래의 천국을 상징이라고 해석하고 환상일 뿐이라고 해석한 결과가 무엇인가? 그것은 성경의 핵심 진리들이 해석자에 따라 각각 달라지는 모호함뿐이다. 그 명백한 사실을 필자의 인생 속에서 확실하게 체험했다.

필자는 인생 80의 장수의 축복을 받았다. 인생 80중에 절반에 해당되는 약 40여 년은 자유주의, 신정통주의라는 인간들의 신학사상의 틀 안에서 살아왔다. 그 기간에 배운 신학사상은 '천국'이 신화(myth)이고, 성경의 신(神)들의 이야기 역시 신화라고 배웠다. 그리고 성경은 하나님의 영감으로 기록된 '계시'가 아니라 고대 여러 자료들을 후대에 편집한 종교가들의 편집본이라고 했다.
이 같은 신학을 배운 후 교회에서는 설교를 하는 목사지만 세상에 나아가서는 온갖 죄를 짓는 죄인으로 이중생활을 하고 살아갔다. 그러나 30대 말에 '거듭남'을 체험하고, '성경' 말씀을 완벽한 '계시'의 말씀으로 믿는 보수 신학을 다시 배운 후 필자의 인생은 오직 하나님만 위해 살도록 변화되었다.

3) 모아 싸움을 붙이리니 그 수가 바다의 모래 같으리라(계 20:8b)

사탄이 무저갱에서 감금되는 것이나 또 풀려나는 것은 자기의 자의적 행위가 아니다. 전부가 하나님의 섭리에 의한 결과들이다. 사탄이 무저갱에서 풀려나오자 전 세계 모든 사람에게 하나님을 대적하도록 싸움을 붙인다.

이때 말하는 "싸움을 붙이리니"는 '에이스 톤 폴레몬'(εἰς τὸν πόλεμον)이다. 이 말은 전 세계 모든 사람으로 '싸움 안으로'(in to the battle) 몰아간다는 뜻이다.

이것은 앞서 계시록 19장 17~21절의 아마겟돈 전쟁처럼 왕과 장군들이 죽는 실제적 전쟁이 아니다. 앞으로 제3차 전쟁도, 핵전쟁도 일어나지 않는다. 이때 마귀가 획책하는 전쟁은 전 세계인들에게 하나님을 대적하도록 부추기는 영적 전쟁이다. 그런데 그 전쟁에 전 세계의 많은 반항자들이 바다의 모래처럼 많은 세력으로 확대된다는 의미라고 이해된다.

4) 그들이…성도들의 진과 사랑하시는 성을 두르매(계 20:9a)

그들은 천년왕국의 태평성사(太平盛事) 때 마음껏 번창하며 사탄의 유혹이 없이 마음껏 번성한 죄악 무리들을 의미한다.

그들이 천년왕국 후에 사탄의 재활동으로 유혹을 받자 바다의 모래같이 결집한다. 이들 결집된 세력들은 성도들의 진(陣)과 사랑하시는 성(城)을 둘렀다고 했다. 여기서 말하는 '진'은 '파렘볼렌'(παρεμβολὴν)이다. 이 말은 군대 진영(陣營)을 뜻하는 전문 술어다.

이 단어가 사도행전 21장 34절, 37절에 '영내'라고 번역되었다. 그렇기에 여기서 '성도들의 진'이라는 표현은 구원받은 성도들이 천년왕국 때에 집단적인 성이나 진영을 형성하고 살아갈 것임을 암시해 준다.

또 '사랑하시는 성'이라고도 했다.

여기서 말하는 "사랑하시는 성'은 요한계시록 21장 9~27절에 기록된 '새 예루살렘 성'을 연상시켜주는 구원받은 성도들만이 살아갈 공간적 표현이다. 그리고 '두르매'는 '에퀴클류산'(ἐκύκλευσαν)이다. 이 말은 에워싸고 포위한다는 뜻이다. 따라서 천년왕국 직후에 무저갱에서 풀려난 사탄은 전 세계적으로 하나님을 대적하는 세력들을 규합하여 바다의 모래처럼 많은 대적 세력을 형성한다. 그래서 성도들이 거주하고 있는 성을 포위한다.

5) 하늘에서 불이 내려와 그들을 태워버리고(계 20:9b)

앞서 계시록 19장 17~21절에 기록된 아마겟돈 전쟁은 예수 그리스도와 하늘 군대들이(19:11~14) 짐승과 땅의 임금들의 군대들과 치르는 전쟁이었다.

그때는 세상 사람들을 결집시킨 책임자 짐승과 거짓 선지자는 산 채로 유황 불못에 던지고, 그를 추종하던 인간들은 새의 밥이 되게 했다. 그러나 여기 계시록 20장 7~10절의 '곡과 마곡'의 전쟁 때에는 세상 사람들을 충동질하는 주체가 짐승과 거짓 선지자를 조종해 오던 사탄이다.

하나님께서는 이때 영적으로 처음부터 끝까지 하나님을 대적하는 사탄의 존재를 앞서 짐승과 거짓 선지자가 고통받는 불과 유황 못에 던진다.

그리고 사탄의 유혹을 받고 추종하던 바다의 모래 같은 어리석은 인간들에게는 하늘에서 불이 내려와 태워버린다. '하늘의 불'은 하나님의 영역에서 비롯된 능력을 상징한다.

성경에는 '하늘의 불'이 몇 가지 의미로 사용되고 있다.

하나는, 하나님의 심판의 의미로 하늘의 불이 사용되었다.

소돔과 고모라성에 유황과 불이 비같이 내린 사실(창 19:24), 불이 고라 자손들 250명을 삼킨 사실(민 26:10), 갈멜산 제단 위 엘리야의 제물을 태운 불(왕상 18:38) 등은 하나님의 심판을 상징하는 불이다.

그런가 하면 하늘의 불이 하나님께 드리는 기도의 응답으로 사용되는 경우도 있다.

낮에는 구름 기둥, 밤에는 불기둥의 보호를 받음(출 13:21~22), 솔로몬이 기도를 마쳤을 때 불이 하늘에서 내려와 제물을 사른 내용(대하 7:1) 등은 하나님의 임재와 기도 응답의 의미가 있음을 알려준다.

그러나 여기 계시록 20장 9절의 "하늘의 불"은 하나님의 철저한 진노의 상징과 심판의 의미가 함께 포함되어 있다.

이 사실을 보면, 하나님을 대적하는 세력들은 그들이 이 땅 위에서 왕성한 활동을 한다고 할지라도 그들의 마지막 종결은 불로써 태워버림을 당하게 된다. 과거와 지금도 하나님을 대적하는 철학 사상이나 인간들의 정치세력이 세상 사람들 다수에게 크게 환영받고 추종자들을 만들어낼 수 있다. 그러나 그들의 종말은 불로 태워지는 존재 형태의 말살이 되는 것이다.

6) 또 그들을 미혹하는 마귀가 불과 유황 못에 던져지니(계 20:10a)

앞서 요한계시록 19장 17~21절에 기록된 아마겟돈 전쟁의 주역은 마귀 사탄의 하수인인 짐승과 거짓 선지자였다. 그들은 사탄의 배후 조종을 받고 천하의 왕들과 장군들을 동원해 그리스도와 대결하려고 아마겟돈 전쟁을 일으켰다.

그러나 그리스도께서는 저들과 전쟁을 일으키지도 않으시고 "예리한 검"으로 저들 집단 세력들을 물리쳐 버리신다. 그래서 사탄의 조종자인 짐승과 거짓 선지자 둘은 산 채로 유황불 붙는 못에 던져진다(계 19:20). 그리고 나머지 추종자들은 새들의 먹거리가 된다(계 19:21).

그런데 천년왕국 직후에 옥에서 풀려난 사탄이 또다시 곡과 마곡 전쟁을 일으킨다. 이때 사탄 마귀는 전에 산 채로 불못에 던져졌던 그 유황 불못에 던져진다. 그리고 사탄 마귀를 추종하던 어리석은 불신자들은 불에 태워져 사라진다.

이렇게 성경에 기록된 내용을 본다면, 예수 그리스도의 재림 이후에는 두 번의 전쟁이 있게 된다. 여기서 전쟁이라고 표현한다는 것은 인간의 입장에서의 표현이고, 그리스도의 입장에서 보면 일방적인 심판일 따름이다.

그러나 계시록에는 인간들의 이해를 위해 두 번의 전쟁 양상으로 기록되었다.

첫째는, 아마겟돈 전쟁이다(계 19:17~21).

이때 심판의 대상은 '짐승'과 '거짓 선지자'이고, 그를 추종하던 땅의 왕들과 장군들과 그들의 군대들이다. 이때 심판의 대상인 짐승과 거짓 선지자는 유황 불못에 던져진다.

둘째는, 곡과 마곡의 전쟁이다(계 20:7~10).

이때 심판의 대상은 마귀 사탄과 그를 추종하는 전 세계 인류이다.

결국 마귀 사탄이 짐승과 거짓 선지자와 똑같은 유황 불못에 던져진다.

7) 세세토록 밤낮 괴로움을 받으리라(계 20:10b)

"세세토록"은 '에이스 투스 아이오나스 톤 아이오논'(εἰς τοὺς αἰῶνας τῶν αἰώνων)이다.

"세세토록"이란 표현은 계시록 안에 여러 번 반복된 용어이다.

계시록 1장 6절과 18절, 4장 9절과 10절, 5장 13절, 7장 12절, 10장 6절, 11장 15절 등 여러 곳에 쓰였다. 이 말은 인간 '세'(世) 자가 거듭되어 '세세'(世世)란 대대(代代)로, 한이 없이, 무한의 기간인 영원을 뜻한다. 이 용어가 하나님께 쓰일 때는 하나님의 존재 및 영광이 영원하다는 뜻으로 쓰인다(롬 16:17; 계 1:18).

그러나 여기 사탄과 짐승과 거짓 선지자가 고통당하는 것을 표현할 때는 끝이 없는 기간으로 영원히 계속될 고통임을 의미한다.

"밤낮 괴로움을 받으리라."

'밤낮'이라는 표현이 계시록에는 서로 대치되어 사용되고 있다.

계시록 4장 8절을 보면 네 생물이 밤낮 쉬지 않고 찬송을 드린다. 또 12장 10절에는 사탄이 하나님 앞에 밤낮 참소하는 자로 설명된다. 그런데 '사탄', '짐승', '거짓 선지자'가 고통당할 유황 못은 밤낮 괴로움만 받는 곳이다.

우리는 낮에 활동하고 '밤'에는 잠으로 '쉼'을 얻는다. 밤마다 잠이 반복되어 쉬게 하신 하나님의 섭리가 오묘막측하다. 이렇게 밤이 되면 잠을 잘 수 있는 것이 하나님의 큰 축복이다. 잠의 축복을 시편 127편 2절에는 "여호와께서 그의 사랑하시는 자에게는 잠을 주시는 도다"라고 해서 여호와를 전폭적으로 신뢰하는 자는 잠을 잘 자는 축복을 누린다고 했다. 그렇기에 밤에 잠을 잘 자는 것은 건강과 보호라는 은총의 표징이다.

그런데 사탄, 짐승, 거짓 선지자가 뜨거운 유황 불못 속에 태워져서 고통을 잊어버리게 된다면 참으로 복된 일이겠지만, 그들은 뜨거운 유황 불못에서도 죽지 않고 살아서 모든 고통을 다 느끼게 된다. 그리고 그와 같은 산 고통이 밤이 되어도 멈춰지지 않는다. 이것은 죽음으로 끝이 나는 행복이 아니라 죽지 않고 살아 있으면서 타 죽을 것 같은 고통만이 영원무궁토록 계속 진행이 된다는 것이다. 이 얼마나 끔찍하고 참혹하며 처참한, 끝이 없는 고통의 연속인가?

그런데 계시록 20장 14~15절을 보면, 구원받지 못한 모든 인간이 사탄의 고통받는 그 불못에서 함께 고통당하며 살아가게 된다. 우리는 성경에 기록된 '지옥'의 개념을 바로 알아야만 신앙생활을 제대로 할 수 있다.

무천년주의자들은 요한계시록 내용이 상징적이기 때문에 천년왕국도 상징이라고 주장한다. 그렇다면 무천년주의자들이 믿는 천국과 지옥도 상징인가? 저들이 믿는 부활 신앙은 무엇인가? 그것도 상징인가?

성경의 진리를 상징이라는 의미로 희석하여 종말론 신앙을 무기력하게 만들어서 좋아할 자가 사탄 외에 누가 있겠는가? 참으로 개탄스럽고 무서운 일이 아닐 수 없다.

05
최후 백보좌 심판과 영원한 불못 심판

(계 20:11~15)

1) 또 내가…보니(계 20:11a)

이 말은 '카이 에이돈'(καὶ εἶδον)으로 사도 요한이 장면의 전환을 위한 표현으로 꾸준히 사용하고 있는 관용어다.

앞서 계시록 20장 7~10절에서 사탄이 부추겨서 일으킨 곡과 마곡 전쟁의 내용은 10절로 끝이 났다. 그리고 여기 11절의 내용은 '땅과 하늘이' 간데없이 사라지는 내용이다. 그리고 12절부터 15절 내용은 백보좌 심판의 내용이다. 그렇기에 12절 초에 또다시 "또 내가 보니"를 사용한다.

여기 11절 내용은 백보좌 심판과 전혀 다른 '땅과 하늘'이 사라져 없어지는 내용이다.

이 중대한 내용이 여기 11절에 설명되고, 또다시 21장 1절에서 다시금 재설명된다.

계시록 21장 1절을 다룰 때 다시 설명할 것이기에 여기서는 간략하게 이해하고 넘어가겠다.

2) 크고 흰 보좌와(계 20:11b)

여기 "크고 흰 보좌"란 '드로논 메간 류콘'(θρόνον μέγαν λευκὸν)이다.

여기서 '크고 흰'이라는 말에서 '대백'(大白)이라는 말이 생겼고, '보좌'라는 말을 붙여서 '백보좌'라는 용어가 생겼다. '보좌'라는 말은 '드로논'(θρόνον)이다.

우리말의 '보좌'(寶座)는 '보배 보(寶)' 자에 '앉을 좌(座)' 자를 써서 '황제가 앉는 자리'라는 뜻이다. 그러나 이 말이 성경에서는 '하나님이 앉는 자리'라는 뜻으로 사용되고 있다(계 4:2, 9, 5:1, 7, 13, 6:16, 7:10, 15, 19:4, 21:5 등등).

3) 그 위에 앉으신 이를 보니(계 20:11c)

"그 위에 앉으신 이"는 '톤 카데메논 에프 아우투'(τὸν καθήμενον ἐπ' αὐτοῦ)이다.

여기 '보좌에 앉으신 이'는 누구인가? 이에 대한 해석은 두 가지로 나누어진다. 그에 대한 첫째 해석은, 계시록 전체에서 보좌에 앉으신 이를 하나님으로 표현하므로, 여기 '보좌에 앉으신 이'는 당연히 하나님이시다. 그렇게 하나님으로 해석하는 견해가 있다.

또 두 번째 해석은, 신약성경의 다른 곳들을 근거로 그리스도로 해석한다.

요한복음 5장 22절에 "아버지께서 아무도 심판하지 아니하시고 심판을 다 아들에게 맡기셨으니"라는 말씀과 고린도후서 5장 10절에 "이는 우리가 다 반드시 그리스도의 심판대 앞에 나타나게 되어 각각 선악 간에 그 몸으로 행한 것을 따라 받으려 함이라"는 말씀, 디모데후서 4장 1절에 "하나님 앞과 살아있는 자와 죽은 자를 심판하실 그리스도 예수 앞에서"라는 말씀을 근거로 '보좌 위에 앉으신 이'를 그리스도로 해석한다.

성경은 이처럼 '보좌 위에 앉으신 이'를 하나님으로 설명하는 것과 또 장차 심판하실 분은 그리스도로 설명하는 주장이 있는 것이 사실이다. 그렇다면 11절의 '보좌 위에 앉으신 이'는 누구일까? 그분은 '땅과 하늘'을 간데없게 하시는 하나님으로 이해된다. 그리고 12절에서 '백보좌'에 앉으신 그리스도께서 심판하시는 사역을 하신다.

따라서 '보좌 위에 앉으신 이'는 하나님과 그리스도이시다. 그런데 두 분이 하시는 종말 때 사역이 각각 다르다. 창조주 하나님은 '땅과 하늘'을 없게 하시고, 그리스도께서는 백보좌에서 모든 인류를 심판하신다. 그리고 하나님과 그리스도를 따로 분리시켜 이해하려는 것은 "나와 아버지는 하나이니라"(요 10:30)고 말씀하신 참 의미를 모르는 생각이다.

4) 땅과 하늘이 그 앞에서 피하여 간데없더라(계 20:11d)

"땅과 하늘"은 '헤 게 카이 호 우라노스'(ἡ γῆ καὶ ὁ οὐρανός)다.
이 땅과 하늘은 태초에 하나님께서 창조하신 땅과 하늘이다(창 1장).

하나님께서 창조하신 땅과 하늘은 하나님께서 각종 원소들을 규합해서 만들어 놓으신 물체들이다. 우리는 '땅'이라고 하면 영원무궁토록 계속 존재할 불변의 물체라는 굳은 신념을 갖고 있다. 그러나 땅이라는 물체를 제대로 잘 분석해 보면 각종 원소들이 결합된 물체들이다.

흙(earth)이라는 물체를 보라. 흙에는 산소(O) 45%, 규소(Si) 27%, 알루미늄(Al) 8.00%, 철(Fe) 6.00%, 칼슘(Ca) 5.00%, 마그네슘(Mg) 2.80%, 나트륨(Na) 2.30%, 칼륨(K) 1.70% 등등 20여 종류의 원소들이 결합되어 있는 물체이다. 흙 위에서 살아가는 인간과 동물, 식물들의 모든 생명체의 구성 요소는 위의 20여 종류 요소들이 각각 다른 형체를 이루고 살아가다가 흙으로 돌아간다.[21]

흙과 생물뿐만이 아니다. 태양과 별과 달 등 태양계들을 분석해도 똑같은 원소들이 결합되어 있다는 것이 과학자들의 주장이다.[22]

그런데 장래에는 '땅'과 '하늘'이 그(하나님) 앞에서 피하여 간 데가 없어진다. 여기 '피하여'는 '에퓌겐'(ἔφυγεν)이다. 이 말은 '달아나다', '도망하다', '도주하다'는 뜻을 지닌 '퓨고'(φεύγω)의 부정과거 능동태다. 그렇기에 땅과 하늘이 하나님에 의해서 일순간에 사라져 없어진 것을 도망해 버렸다는 말로 표현하고 있다.

사도 요한의 '땅과 하늘이 그 앞에서 도망쳐 버렸다'는 표현은 성경 각 곳에서 똑같은 내용을 말한다.

---

21) 정수영, 창조 신앙, 쿰란출판사, 2014, pp.171~172.
22) 위의 책, pp.120~124.

사 51:6 "하늘이 연기같이 사라지고 땅이 옷같이 헤어지며…"
마 24:35 "천지는 없어질지언정 내 말은 없어지지 아니하리라"
벧후 3:10 "그날에는 하늘이 큰소리로 떠나가고 물질이 뜨거운 불에 풀어지고 땅과 그중에 있는 모든 일이 드러나리로다"

"이 모든 것이 이렇게 풀어지리니…"라는 표현을 보자. 베드로후서 3장 10절에 두 번이나 쓰인 '풀어진다'는 말은 '뤼데세타이'(λυθήσεται)다. 이 말은 '분해하다', '해체하다', '느슨하게 놓아준다'는 뜻이다. 그렇기에 최초에 창조된 땅과 하늘을 각종 원소들로 결합시켜 단단하게 만들어 놓으셨으나, 미래에는 그 결속된 원소들을 분해시키고 해체하여 땅과 하늘을 없애버리신다는 뜻이다.

이 얼마나 무서운 지구의 종말인가? 이와 같은 지구의 마지막 종말을 믿는 감독들은 "대 유성 지구의 종말"이라는 영화를 만들어냈다. 그러나 대부분의 많은 사람들이 지구의 종말을 믿지 않는다.

그래서 부지런히 땅을 늘리고 건물을 높이고 화려하게 치장한다. 성경의 진리를 모르는 무지한 자들의 어리석은 행위들이다. 본 요한계시록 강해서가 지구의 종말을 모르는 무지한 자들의 어리석음을 깨우치는 양서가 되기를 바란다.

5) 또 내가 보니 죽은 자들이 큰 자나 작은 자나(계 20:12a)

사도 요한은 11절 한 절에서 지구의 종말 상태를 설명했다.
이제 12절부터는 전혀 다른 내용의 그리스도의 백보좌 심판 내용을 새롭게 설명한다.

"죽은 자들이 큰 자나 작은 자나 그 보좌 앞에 서 있는데"라고 하였다.

여기 '죽은 자들'이란 '네크루스'(νεκρούς)다. 이들 '죽은 자들'은 누구를 의미하는가?

이 말에 대한 해석이 다양하다.

① 앞서 계시록 20장 5절에 "그 나머지 죽은 자들"과 20장 9절의 하늘에서 불이 내려와 그들을 태워버린 자들과 연관시켜서 아마겟돈 전쟁이나 곡의 전쟁에서 죽은 자들로 보는 해석이 있다.

② 요한복음 5장 24절에 믿는 자는 영생을 얻었고 심판에 이르지 않는다는 말씀을 근거로, 구원받은 자는 그 어떤 심판도 받지 않는다는 해석도 있다.

이 같은 해석을 뒷받침해 주는 성경이 고린도전서 3장 10~15절의 내용이다. 구원받은 성도는 장차 불로 공적을 시험받지만 구원이 소멸되는 것은 아니라는 해석이 있다.

③ 요한계시록 20장 12b절의 '죽은 자들'이라는 '네크루스'라는 단어가 12절과 13절에서 세 번이나 거듭 사용되고 있다. 이때 말하는 '죽은 자들'이라는 말을 수사해 주는 '큰 자나 작은 자'라는 말은 아담, 하와 이후 모든 인류를 총칭하는 의미이다. 따라서 여기서 '죽은 자들'이라는 의미는 아담, 하와 이래 인간으로 태어났다가 죽은 모든 자들을 의미한다.

이렇게 해석이 다양하다. 필자는 이 세 가지 해석들이 다 성경 말씀이므로 굳이 한 가지 해석만을 선택하기에는 쉽지 않은 내용이다. 그러나 본문의 맥락이 백보좌 심판을 말하고 있으므로 ③의 해석을 따르도록 하겠다.

6) 책들이 펴있고 또 다른 책이 펴졌으니 곧 생명책이라(계 20:12b)

여기 보면, 하나님의 보좌 앞에는 두 종류의 다른 책이 있다. 하나는 '책들'이라는 복수로 쓰인 '토이스 비블리오스'(τοῖς βιβλίοις)가 있고, 다른 하나는 '또 다른 책'이라는 단수로 쓰인 '알로 비블리온'(ἄλλο βιβλίον)이 있다.

'책들'이라는 복수는 각 사람의 행위를 기록한 행위들의 '행위 책'이고, '또 다른 책'이라는 단수는 '생명책'을 뜻한다.

장차 천년왕국이 끝나고 나면 예수 그리스도께서 백보좌의 심판장으로 임하시게 된다. 그런데 그때 주님 앞에는 두 종류의 책이 펼쳐져 있게 된다.

(1) 생명책
'호 에스틴 테스 조에스'(ὅ ἐστιν τῆς ζωῆς)라는 '생명책'이다.
성경에는 '생명책'에 관한 내용이 계속해서 소개된다.

출 32:32 "주께서 기록하신 책에 내 이름을"
시 69:28 "그들을 생명책에서 지우사"
시 139:16 "내 형질이 이루어지기 전에 주의 눈이 보셨으며 나를 위하여 정한 날이 하루도 되기 전에 주의 책에 다 기록이 되었나이다"
단 12:1 "그때에 네 백성 중 책에 기록된 모든 자가 구원을 받을 것이라"

이렇게 구약성경에 이미 생명책을 암시해 주는 기록들이 있다.
신약성경에는 생명책이 명확하게 설명된다.

빌 4:3 "그 이름들이 생명책에 있느니라"

계 3:5 "그 이름을 생명책에서 결코 지우지 아니하고"

계 13:8 "죽임을 당한 어린양의 생명책에 창세 이후로 이름이 기록되지 못하고 이 땅에 사는 자들은 다 짐승에게 경배하리라"

계 17:8 "창세 이후로 그 이름이 생명책에 기록되지 못한 자들이"

그리고 여기 계시록 20장 12절과 15절에 또다시 생명책을 말하고 있다.

이렇게 구약성경과 신약성경에 계속된 생명책은 구원받은 자들의 이름이 기록되는 책을 의미한다. 이들 구원받은 자들은 심판을 받지 않는다.

무천년주의자들 중에는 구원을 받았다고 할지라도 장차 구원받은 이후의 행위들을 심판받는다고 주장하는 이들이 있다. 그들이 그렇게 주장하는 근거로 다음과 같은 성경 구절들을 예로 든다.

시 62:12 "주여 인자함은 주께 속하오니 주께서 각 사람이 행한 대로 갚으심이니이다"

렘 17:10 "나 여호와는 심장을 살피며…각각 그의 행위와 그의 행실대로 보응하시니"

롬 2:6 "하나님께서 각 사람에게 그 행한 대로 보응하시되"

벧전 1:17 "각 사람의 행위대로 심판하시는 이를 너희가 아버지라 부른즉"

이런 구절들을 근거로 "구원받은 자라도 백보좌 심판대 앞에서는 심판을 받는다, 그것이 공평무사하신 공의의 하나님의 속성이다." 이렇게 구원받은 자의 백보좌 심판을 주장한다.

그러나 성경에는 정반대 되는 기록도 있다.

요 5:24 "내 말을 듣고 또 나 보내신 이를 믿는 자는 영생을 얻었고 심판에 이르지 아니하나니 사망에서 생명으로 옮겼느니라"

요 5:29 "선한 일을 행한 자는 생명의 부활로, 악한 일을 행한 자는 심판의 부활로 나오리라"

요 3:18 "그를 믿는 자는 심판을 받지 아니하는 것이요 믿지 아니하는 자는 하나님의 독생자의 이름을 믿지 아니하므로 벌써 심판을 받은 것이니라"

요 12:47 "사람이 내 말을 듣고 지키지 아니할지라도 내가 그를 심판하지 아니하노라"

요 12:48 "나를 저버리고 내 말을 받지 아니하는 자를 심판할 이가 있으니 곧 내가 한 그 말이 마지막 날에 그를 심판하리라"

살후 2:12 "진리를 믿지 않고 불의를 좋아하는 모든 자들로 하여금 심판을 받게 하려 하심이라"

계 11:18 "주의 진노가 내려 죽은 자를 심판하시며…주의 이름을 경외하는 자들에게 상 주시며 또 땅을 망하게 하는 자들을 멸망시키실 때"

계 19:2 "그의 심판은 참되고 의로운지라 음행으로 땅을 더럽게 한 큰 음녀를 심판하사"

이 모든 구절들은 심판받을 대상이 구원받지 못한 죄인들을 의미한다. 따라서 백보좌 심판 때 구원받은 자도 구원받지 못한 자와 똑같이 심판을 받는다는 주장은 구원의 확신을 체험하지 못한 종교인들의 견해이다.

(2) 행위의 책들

"자기 행위를 따라 책들에 기록된"이라는 말은 '톤 게그람메논 엔 토이스 비블리오스 카타 타 에르가 아우톤'(τῶν γεγραμμένων ἐν τοῖς βιβλίοις κατὰ τὰ ἔργα αὐτῶν)이다.

성경에는 행위대로 보응한다는 내용들이 있다.

렘 32:19 "인류의 모든 길을 주목하시며 그의 길과 그의 행위의 열매대로 보응하시나이다"

겔 7:27 "내가 그 행위대로 그들에게 갚고 그 죄악대로 그들을 심판하리니 내가 여호와인 줄을 그들이 알리라"

렘 21:14 "내가 너희 행위대로 너희를 벌할 것이요"

롬 9:32 "그들이 믿음을 의지하지 않고 행위를 의지함이라"

갈 2:16 "사람이 의롭게 되는 것은 율법의 행위로 말미암음이 아니요 오직 예수 그리스도를 믿음으로 말미암는 줄 알므로"

갈 3:10 "무릇 율법 행위에 속한 자들은 저주 아래에 있나니"

벧전 1:17 "각 사람의 행위대로 심판하시는 이를 너희가 아버지라 부른즉"

성경에는 행위가 중요함을 강조하는 내용이 많이 있다. 그러나 그 행위가 구원받지 못한 자의 행위와 구원받은 자의 믿음에 근거한 행위로 확연히 구별되고 있다.

여기 계시록 20장 12절에 기록된 "행위를 따라 기록된 책들"은 구원받은 자들의 생명책과 대조되는 구원받지 못한 자들의 행위의 책들이다. 그렇기에 장차 백보좌의 심판 때에는 아담, 하와 이래 구원받지 못하고 죽은 모든 사람들의 행위들이 기록된 책들에 근거해서 구원받지 못한 자들의 심판이다.

백보좌 심판 때 구원받은 자들이라 할지라도 행위의 심판을 받게 된다는 무천년주의자들 주장은, '구원'의 참된 의미를 모를 뿐만 아니라 부활의 영광도 모르는 이론이다.

우리가 이 땅에서 주님을 믿는다는 것은, 우리 심령 속에 하나님의 영이신 성령님이 지배하고 있다는 것이며(마 5:3~10), 그는 이미 영생을 얻은 것이다(요 5:24).

우리가 영적으로 영생을 얻었으나 육적으로는 여전히 죄의 지배를 받기 때문에 크게 탄식하며 살아가는 것이 현실이다(롬 7:17~25). 그러나 주님께서 공중 강림하실 때에 영적으로 구원받은 자들이 휴거에 의해 구름 속으로 끌어올려 갈 때 부활의 신령한 몸으로 주님을 만난다(살전 4:13~18). 그렇게 영광스러운 몸으로 변화되는 것이 곧 '부활의 몸'이다(고전 15:39~44).

이렇게 '휴거'라는 사건은 성도들의 대변혁의 사건이다. 휴거가 실현되기 이전의 구약 성도들과 신약교회 시대 이후에 구원받은 성도로 이미 죽은 성도들은 지금 어디에 있는가? 그들은 영적 상태로 '낙원'(눅 23:43)에서 천국 생활을 하고 있다. 그러나 장차 휴거가 이뤄지면 그리스도에 속한 자와 구약 성도들도 신령한 영광의 몸으로 변화된다(고전 15:23~24). 그리고 7년 대환난이 끝이 나면 그리스도의 지상 재림 때에 영광스러운 몸으로 변화된 구약 성도들과 신약 성도들이 다 같이 지상으로 함께 동행한다. 이후 그리스도가 다스리는 천년왕국에서 그리스도와 함께 왕 노릇 한다.

이렇게 영광스러운 부활의 몸으로 변화된 성도들이 계시록 20장 12~15절에 기록된 백보좌의 심판 때에 불신자들과 똑같이 행위를 따라 기록된 대로 심판을 받는다는 무천년주의자들의 해석은 구원도 부활도 잘 모른다는 뜻이다.

　백보좌 심판은 아담 이래 7년 대환난 때까지 수많은 기회를 외면하고 구원받지 못한 자들의 심판이다. 그렇기에 백보좌 심판 앞에는 구원받지 못한 자들의 행위들이 비디오로 녹화된 것처럼 기록된 책들이 펴져 있는 것이다.

　왜 '행위의 책들'이 준비되는가? 인간 중에는 철면피한 자들이 죄를 지적해 줘도 변명과 불복을 한다. 그것을 저들 앞에서 다시금 비디오를 재생해 보여주듯이 생생하게 보여줄 것이다.

　'행위의 책들'은 구원받지 못한 자들의 뻔뻔한 변명을 차단시키기 위한 증거 자료들로 준비되는 것이라고 이해된다.

7) 바다가 그 가운데서 죽은 자들을 내주고(계 20:13a)

　여기 독특한 설명이 있다. 그것이 "바다가 그 가운데서 죽은 자들을 내준다"라는 표현이다. '바다'가 그 가운데에서 죽은 자들을 내줄 뿐만 아니라 '사망'과 '음부'도 그 가운데에서 죽은 자들을 내준다. 장차 백보좌의 대 심판 때에는 사망, 음부, 바다 등이 다 함께 죽은 자들을 내주는 세력이다.

　사망과 음부는 쉽게 이해된다. 그런데 바다가 그 가운데서 죽은 자들을 내준다는 말은 이해가 쉽지 않다. 이에 따라 그 해석이 달라진다.

　① 먼저 문자적 해석을 들어보자.

　'바다'라는 말은 '달랏사'(θάλασσα)로 문자적 바다(sea)이다. 바다는 고기를 자라게 하고, 산소를 공급해 주고, 비를 내리게 해 주며, 배를 운행할 수 있도록 돕는 좋은 면이 많다. 그러나 인류 역사를 보면 바다에 빠져 죽고 시체를 찾지 못한 비극의 장소가 또한 바다이다. 그렇게 바다에 빠져 죽은 자들은 물고기 밥이 되어 해체되고, 그 시신을 찾지 못함으로 그들은 영원히 잊혀진 존재로 상상할 수 있다.

그러나 여기 성경에는 인간들에게 잊혀진 존재로 인식되어 있는 바닷속에 죽은 존재들도 백보좌 심판 때에는 다 살아나서 심판대의 심판을 받게 된다는 것이다. 이 같은 표현은 백보좌 심판 때는 그 누구도 예외가 없다는 강력하고도 강조적인 표현이라고 볼 수 있다.

② 상징적 해석자들의 견해를 들어보자.

무천년주의자들은 요한계시록 전체를 상징적 묵시 문학으로 본다. 요한계시록의 내용은 '환상' 속에서 본 내용이므로 그것을 '계시'로 볼 수 없고 상징적 의미로 해석해야 된다는 것이다. 그래서 여기 바다는 구약 외경 에녹1서 61장 5절의 내용과도 같은 내용이고, 계시록 각 곳에서 상징적 의미로 쓰였다고 해석한다.

계시록 4장 6절의 "수정과 같은 유리 바다", 5장 13절의 "땅 아래와 바다 위", 8장 8절의 "바다에 던져지매", 12장 12절의 "땅과 바다는 화 있을진저", 13장 1절의 "바다에서 한 짐승", 15장 2절의 "불이 섞인 유리 바다" 등이다.

계시록의 '바다'는 상징적 의미이기에, 여기 계시록 20장 13절의 바다도 상징적 이미지로 '사망', '음부', '바다'가 다 똑같은 죽음을 상징하는 표현이라는 것이다.

이러한 해석도 그 나름대로 설득력이 있어 보인다. 그렇다면 '바다가 그 가운데 죽은 자를 내어준다'는 말은 무슨 뜻일까? 그것이 단순하게 '죽음'을 상징하는 의미에 국한된 뜻일까? 오히려 필자는 문자적으로 바다를 '의인화'(擬人化)하여 바다가 과거에 죽었던 자들을 다 소생시켜 내어준다는 의미로 해석하는 것이 사실에 가까울 것 같다.

두 가지 해석을 다 참고하되 믿음의 분량대로 이해하는 것이 좋겠다.

8) 각 사람이 자기의 행위대로 심판을 받고(계 20:13b)

필자는 이때 심판받게 되는 '각 사람'에 대해 '구원받지 못한 자들'이라고 했다.

그들 '각 사람'은 '헤카스토스 카타'(ἕκαστος κατὰ)다. 백보좌의 심판은 아담과 하와 이후에 인간의 몸으로 태어나서 짧게 살다가 죽은 이나, 장수하다 죽은 이나, 세상에서 특권을 누리고 살다 죽은 이나, 종의 신분으로 짓눌려 살다 죽은 이나 그 어떤 인간이든지 각 개인별로 심판을 받게 된다.

그때의 심판대에는 특정한 민족이나 국가라고 해서 혜택을 받는 것도 아니고, 또 훌륭한 조상들의 후손이라고 해서 특혜를 받는 것도 아니다. 부자지간의 심판이 다를 수 있고, 부부지간의 심판이 다를 수 있고, 형제지간에도 각각 다른 심판을 받게 된다.

백보좌의 심판의 공정성을 [특주 41]에서 "백보좌 심판의 공정성"으로 다시 살펴보겠다.

9) 사망과 음부도 불못에 던져지니(계 20:14a)

"사망과 음부"는 '호 다나토스 카이 호 하데스'(ὁ θάνατος καὶ ὁ ᾅδης)다. '사망'은 창세기 3장에서 죄를 짓고 타락한 결과로 생겨난 타락의 유산이다. 그래서 바울 사도는 "한 사람으로 말미암아 죄가 세상에 들어오고 죄로 말미암아 사망이 들어왔나니 이와 같이 모든 사람이 죄를 지었으므로 사망이 모든 사람에게 이르렀느니라"(롬 5:12)고 했다.

이렇게 아담과 하와의 죄로 인해 인간들에게 사망이 계승되고 있다. 이렇게 시작된 사망은 인류역사가 계승되면서 점점 더 많은 부정적 의미들을 추가시킨다.

그래서 사망에 대한 부정적 내용이 허다하게 뒤따른다.

'죄의 삯은 사망이다(롬 6:23), 육신의 생각은 사망이다(롬 8:6), 세상 근심은 사망을 이루게 한다(고후 7:10), 욕심이 장성한즉 사망을 낳는다(약 1:15), 사망은 괴로움을 준다(삼상 15:32), 사망은 올무가 된다(삼하 22:6), 악을 따르는 자는 사망에 이른다(잠 11:19), 사망은 주를 찬양하지 못하게 한다(사 38:18)' 등이다. 사망에 대한 부정적 내용이 성경 속에 가득하다.

그런데 사망에 대한 부정적 내용들을 예수 그리스도께서 개혁시켜 주셨다. 예수님은 자신이 죽으셨다가 다시 살아나심으로 사망이 더 이상 부정적 의미이거나 해결할 수 없는 과제가 아님을 증명해 보여주셨다.

요 1:12 "영접하는 지 곧 그 이름을 믿는 자들에게는 하나님의 자녀가 되는 권세를 주셨으니"

요 5:24 "나 보내신 이를 믿는 자는 영생을 얻었고 심판에 이르지 아니하나니 사망에서 생명으로 옮겼느니라"

요 6:47 "믿는 자는 영생을 가졌나니"

사망의 해결을 믿는 것이 부활 신앙이다(롬 8:2; 딤후 1:10). 이 같은 부활 신앙의 성취는 주님께서 공중으로 강림하실 때 이뤄지는 미래의 사건이다(살전 4:16~17).

그런데 여기 요한계시록 20장 14절의 내용은, 주님께서 공중 강림하심으로 성도들이 영광스러운 부활의 몸으로 그리스도와 함께 지상 재림한 이후 천년왕국이 끝난 후의 내용이다.

그때 백보좌 심판을 시행하신 다음에는 사망을 불못에 던지신다. 이렇게 사망을 불못에 던진다는 표현은, 이때 이후로부터는 더 이상 사망이라는 것이 존재하지 않게 하신다는 뜻이다. 그렇다. 요한계시록 20장 14절 이후에는 사망이나 음부의 역사에 대하여 기록되지 않는다.

백보좌 심판의 가장 큰 의미는 이때 이후에는 사망과 음부가 더 이상 사용되지 않는 죽은 유물의 개념으로 달라지게 된다.

사망과 함께 음부라는 개념도 없어진다.

음부에 대한 개념이 구약과 신약이 다르다. 구약에서 '음부'(陰府)라는 용어는 '슈올'(שְׁאוֹל)이다. 구약성경에 기록된 음부의 개념은 전부가 부정적인 개념이다. 구약성경의 음부는 모든 인간이 죽은 후에 공통으로 가는 곳이다(창 37:35; 삼상 2:6; 욥 7:9; 시 18:5, 30:13; 잠 27:20 등등). 음부는 지하 깊은 곳에 있고(시 86:13; 사 57:9; 암 9:2), 어두운 곳이며(시 143:3; 애 3:6), 소리도 없는 적막한 곳(시 94:17), 망각의 땅이다(시 88:12). 또한 음부에서는 지상의 사람과 교통할 수가 없다. 그곳은 하나님과의 교통도 단절되기 때문에 사람들은 그곳을 두려워한다(시 6:5, 88:4~12; 사 38:18).

신약에서 '음부'의 개념은 완벽하게 달라진다. 신약에서는 그리스도께서 음부에 매여 있을 수 없는 음부의 해방자로 설명된다(행 2:24~28). 또 주님은 음부의 열쇠를 가지셨다(계 1:18). 그리스도의 지배는 땅 아래 음부에까지도 영향력을 행사하신다(엡 4:9; 빌 2:10). 따라서 그리스도를 믿고 구원받은 자들에게는 음부의 권세가 미치지 못하고, 오히려 그리스도의 영광된 부활의 몸처럼 부활의 몸으로 변한다(고전 15:21~50). 그러므로 그리스도인에게는 사망도 음부도 영향력을 행사하지 못하게 된다(롬 6:1~14).

여기 계시록 20장 14절의 사망과 음부도 불못에 던져진다는 말은, 구약에서의 공포와 저주의 개념이 더 이상 존재하지 않는다는 확신에 찬 승리의 선언이다. 이 같은 확신을 가진 자만이 어떠한 환경과 조건에도 담대해질 수가 있다.

10) 이것은 둘째 사망 곧 불못이라(계 20:14b)

여기 매우 귀중한 진리를 소개하고 있다.

백보좌 심판 때에 아담 이래 인간으로 태어났다가 죽은 모든 인류가 그들이 살아간 삶의 족적이 기록된 '행위를 기록한 책들'로 심판을 받는다. 그들이 이미 육체적으로 죽은 첫째 사망자들이다. 그런데 그들이 백보좌 심판을 받기 위해 다시 살아나는 부활이 이뤄진다. 저들이 다시 살아나는 이유는 백보좌 심판을 받기 위해서다. 그래서 저들 각자가 잘 살았다고 착각했던 것들이 하나님의 공의로우신 판단 기준에 의해 심판이 이뤄진다. 그런데 그렇게 심판을 받고 나면 회생의 기회가 찾아오는 것이 아니다. 저들은 모두 다 둘째 사망인 불못에 던져진다.

여기서 우리는 '둘째 사망'의 진리를 깨달아야 하겠다. '둘째 사망'은 '호 다나토스 호 듀테로스'(ὁ θάνατος ὁ δεύτερός)다. 첫째 사망이 단순히 인간의 수명이 끝나고 죽는 육체적 죽음을 의미한다면, 둘째 사망은 육체와 영혼이 영원히 죽음으로 하나님과 그리스도와 관계가 영원히 단절되는 영원한 죽음을 의미한다.

'둘째 사망'이라는 의미는 '불못'이라는 곳과 같은 개념이다. 그래서 '둘째 사망 곧 불못'이라고 했다. '불못'은 '헤 리므네 투 퓌로스'(ἡ λίμνη τοῦ πυρός)다. 그곳은 앞서 계시록 19장 20절에 '짐승'과 '거짓 선지자'가 던져진 곳이고, 또 계시록 20장 10절에는 사탄, 마귀가 던져진 곳이며, 여기 계시록 20장 14절에는 구원받지 못하고 죽은 모든 인생이 던져지는 곳이다.

이렇게 해서 이 땅에서 인간으로 태어났으나 하나님을 믿지 않고 죽은 구약시대의 인생들이나, 예수 그리스도를 믿지 않고 죽은 신약시대의 인생들은 모두가 다 불과 유황이 함께 타는 꺼지지 않는 불못에 던져진다.

아울러 우리가 예수 그리스도를 믿고 구원받은 성도가 되었다고 하는 사실이 얼마나 큰 축복인가를 깨달아야만 한다. 지금 세상은 경제, 건강, 장수, 세상 명예가 큰 축복인 양 착각하고 살아가고 있으나 구원받지 못한 자들은 '둘째 사망'의 영원한 고통과 재앙 속에 살아갈 것이다.

11) 누구든지 생명책에 기록되지 못한 자는 불못에 던져지더라
(계 20:15)

'생명책'은 '엔 테 비블로 테스 조에스'(ἐν τῇ βίβλῳ τῆς ζωῆς)다.

이에 대한 설명은 앞서 12절에서 설명했다. 여기서 사도 요한은 '생명책'에 기록되지 못하는 자들의 인생과 세월이 얼마나 헛되고 허망하며 무의미한가를 확실하게 말한다.

그리고 이 땅에서 구원받은 자들이 비록 이 세상에서는 멸시를 당하고 무시를 당한다고 해도, 그들의 영적 상태는 하늘나라의 영원한 세계에 이미 진입되어 있으므로 영광스러운 미래가 보장되어 있음을 확인시켜 준다.

〔특주 41〕
백보좌 심판의 공정성

여기서는 인류 최대, 최후의 마지막 백보좌 심판이 얼마나 광범위하고, 또 얼마나 정확한가를 바르게 깨닫기를 바란다. 그래서 현재 우리가 살아가고 있는 지금, 이 좋은 때에 구원받지 못한다면 그 누구도 예외 없이 전부가 백보좌 심판의 대상자가 됨을 깨달아야 한다. 현재 성령으로 거듭나서 주님 뜻대로 살기 위해 온갖 부당한 핍박들을 당하고 살아간다 해도, 구원받은 자들의 미래가 얼마나 귀중하고 영원한 축복인지를 깨닫고 큰 자부심을 가지고 담대한 믿음의 용사로 살아가야 함도 깨달아야 한다.

1) 백보좌 심판의 대상들

장차 백보좌 심판의 대상들은 누구인가? 이에 대해서는 이미 언급했다. 장차 백보좌 심판의 대상은 아담 이래 인간으로 태어난 모든 인류 중에서 구원받지 못한 모든 인간이다.

무천년주의자들은 이미 구원받은 성도들까지도 백보좌 심판에 포함된다고 주장한다. 그러나 그 같은 주장은 '생명책'의 의미를 간과해 버리고 오직 "자기 행위를 따라 책들에 기록된 대로"라는 '행위의 책'에만 역점을 둔 잘못된 주장이다. 따라서 백보좌 심판에는 아담과 하와 이래 구원받지 못한 모든 종교인들, 정치인들, 그리고 세상 모든 인간이 포함된다. 그렇기에 행위의 책들은 여러 권으로 많은 의미를 포함해 주는 '책들'이라는 복수의 단어 '비블리아'(βιβλία)와 '비블리오스'(βίβλιος)가 쓰였다. 그에 반해 '생명책'은 단수인 '비블리온'(βιβλίον)으로 쓰였다.

장차 백보좌 심판에서 심판받을 대상은 누굴까? 구약시대를 상상해 보자. 일찍이 하나님의 선택을 받은 이스라엘 민족이 있다. 이스라엘 민족 중에는 족장들 시대에 '에서'와 '야곱'으로 분리된다. 이중에 에서의 후손과 이스마엘의 후손들은 구원받은 후손들일지 의심이 든다.

또 이스라엘의 후손들로 왕이 된 사울 왕과 솔로몬 왕을 비롯해 아합 왕 등 수많은 왕들도 구원받은 왕일지 의심이 된다. 그뿐만 아니라 대제사장들, 사두개인들, 바리새인들은 예수님을 대적하는 종교 세력이었다. 그들도 구원받은 자들인지 의심이 된다.

구약시대 때 전 세계의 백성들은 어떻게 되었을까? 저들이 하나님의 선택을 받지 못했으므로 모두 다 심판의 대상이 될까? 바울 사도는 이에 대해서 상당히 선명한 해답을 주고 있다. 로마서 1장 19~23절을 보면, 하나님께서는 창세로부터 창조하신 우주 만물을 통해 하나님의 능력과 신성을 분명하게 알 수 있도록 일반 계시를 주셨다. 그렇기에 창조물을 통해 하나님을 깨달은 자들의 진실성과 깨닫지 못한 자들의 방종이 심판의 기준이 된다고 할 수 있다.

또 로마서 2장 14~15절에는 율법 없는 이방인들에게 율법이 없이도 본성적으로 인류가 가진 보편적 양심이 그 증거가 된다고 했다. 그래서 디모데전서 4장 2절의 화인 맞은 양심이 아닌 한 인간의 보편적 속성인 양심이 심판의 기준이 됨을 암시해 준다. 그뿐만이 아니다. 모든 세계 민족들은 다 각각 과거사라는 역사를 가지고 있다. 과거 역사는 악은 망하고 선이 승리한다는 교훈을 주고 있다.

역사를 제대로 잘 아는 이들은 역사 속에서 하나님이 인류 역사를 이끌어 가시는 사실들을 깨달을 수 있다. 이렇게 창조물들, 양심, 역사가 모든 인류의 백보좌 심판의 기준이 될 수 있다고 본다. 이렇게 볼 때 미래 백보좌 심판 때에는 구원받지 못한 인간들이 다 포함된다는 결론에 도달되는 것이다.

이것을 좀 더 생동감 있게 각 영역별로 분류해서 예를 들어보겠다.

(1) 정치적, 군사적 희생자들

과거 특정한 가문들이 왕들의 대를 계승해 간 왕정시대가 있었다. 조선 왕조 때 이(李) 씨들만이 왕위를 계승한 때라든가, 유럽 각 나라들에서도 특정한 가문들만이 왕통을 계승해 나간 시대가 있었다. 이와 같은 왕정 시대 때에는 군왕 한 사람이 입법, 사법, 행정권을 모두 다 장악하고 행사했다. 이와 같은 일인 독재 시대 때 죄 없이도 억울하게 죽어 간 무수한 희생자들이 헤아릴 수 없이 많다. 그러나 백보좌 심판 때에는 군왕들의 독재로 희생된 자들의 억울함이 제대로 심판받게 될 것이다. 그때 심판자였던 군왕들과 희생자들의 입장이 달라질 것이다.

또 전쟁으로 인해 원치 않게 죽어 간 억울한 희생자들이 많이 있다. 우리가 알고 있는 전쟁만 하더라도 수많은 희생자를 알고 있다. 월남 전쟁 때의 희생자, 한국전쟁 때의 희생자, 제1차, 제2차 세계 대전의 희생자들이 헤아릴 수 없이 많다. 그들을 국가가 순국, 순직자로 기억해 주고는 있으나 최후 백보좌 심판 때에는 좀 더 명확하게 판단이 이뤄질 것이다.

(2) 종교적 희생자들

우리는 종교적 희생자들을 더 확실하게 기억해야 한다. 초대교회 이후 성도들이 로마제국 황제들에 의해 강요된 황제 숭배를 거부하다 희생된 수많은 이들이 있다. 또 중세기에는 로마 가톨릭교의 단일 종교 정책에 따라 교황과 수도사들이 합작해 종교재판과 마녀사냥으로 죽어 간 희생자들 수도 엄청나다.

중세기의 십자군 전쟁처럼 근세 시대에는 프랑스, 네덜란드, 독일, 영국 등에서 왕정과 개신교도들과의 전쟁으로 죽어 간 희생자 역시 수를 헤아릴 수 없이 많다. 또 이슬람의 정복 역사로 희생된 무리도 헤아릴 수 없이 많다.

조선왕조 때 유교 통치자들에 의해 희생된 자들도 있다. 일제 강점기에 천황 숭배를 거부하다 희생된 많은 순교자들이 있다. 한국전쟁 때 공산주의에 희생된 자들도 수없이 많다. 한국의 정치사 변혁기에 억울하게 죽어 간 이들도 있다. 이 모든 희생자들이 이 땅 위에서는 억울하게 죽었으나 장차 백보좌 심판 때에는 모든 억울함이 바로 교정될 것이다.

(3) 사회적 희생자들

종교적 희생자만 있는 것이 아니다. 정치적, 사회적 신념이 다름으로 희생된 자들도 무수하게 많다. 과거의 노예제도 때 인간을 물건처럼 인식하여 노예로 억울하게 죽어 간 이들도 헤아릴 수 없이 많다.

또 신대륙 정복 때 죽어 간 인디언들과 쫓겨난 인디언들의 억울한 수많은 사연들이 있다. 파묻힌 역사로 알지 못하는 내용이 많이 있다. 또 공산주의 독재로 억울하게 죽어 간 사람들이 있었고, 현재의 우크라이나 전쟁에서도 많은 이들이 죽어 가고 있다. 또 지금도 권력을 잡은 자들이 제도적, 사법적 허점을 악용함으로 약자들의 억울한 희생이 발생하고 혼란한 사회가 계속되고 있다. 앞으로도 힘없는 자들의 억울한 희생은 계속될 것이다. 이와 같은 과거사와 현실적 사실을 목도한다면 참으로 희망이 보이지 않는다.

그러나 이와 같은 현실적 부당한 역사들이 종지부를 찍을 때가 있다. 마치 대통령 재임 동안에는 온갖 특권과 특혜 속에 보호를 받다가 임기가 끝난 후에는 모든 과거사들이 다 드러나서 재판을 받게 되는 것과 마찬가지다. 이처럼 우리가 죽고 난 후 백보좌 심판 때에는 과거의 모든 삶이 다 심판의 대상이 된다. 그래서 과거에 세상에서 특권을 누리던 자들이 공평무사한 그리스도의 심판대 앞에서 심판을 받게 된다. 그렇게 심판받도록 심판의 재료가 모든 인간의 행위들을 기록한 '행위의 책들'이라는 것이다. 그때 행위의 책들에 의해 심판받는 핵심적 내용이 두 가지다. 그것은 '말'과 '행위'이다.

2) 백보좌 심판의 기준

(1) 말(言語)

말(언어)이라는 것이 얼마나 중요한가? 말이라는 것은 단순히 의사소통의 도구 정도가 아니다. 언어의 음운, 문자, 문법, 어휘 등을 연구해서 역사적, 지리적 특징들을 밝혀내는 전문학문이 언어학(言語學)

이다. 또 언어 치료사들은 언어 장애를 일으킨 환자에게 발음과 대화로 훈련을 시켜서 장애 극복에 도움을 준다. 그뿐만 아니라 '언어 철학'(言語哲學)도 있다. 언어 철학에서는, 각 사람의 말에는 그의 인격과 품격(品格)이 담겨있음을 규명해낸다.

우리는 물건의 품질의 좋고 나쁨의 등급(等級)을 매길 때나 신분이나 인격의 등급을 구분할 때 품격(品格)이란 말을 쓴다. 여기 '품질'(品質) 또는 '품격'(品格)이라는 낱말에서 '품' 자는 '품수 품(品)' 자를 쓴다. 이때 쓰인 '품수 품(品)' 자는 '입 구(口)' 자 세 개가 합친 글자이다. 다시 말하면 '말'이라는 것은 마음속에 담겨있는 것을 입 밖으로 품어내는 마음의 소리이다. 그렇기에 '말'은 그 사람의 사상과 생각이 쌓이고 싸여서 그 사람의 수준이나 등급을 드러내는 내면의 현상화다.[23]

사람의 품격은 결국 말이 쌓이고 쌓여서 한 사람의 품성을 만들어 내는 것이다.

이렇게 '말'은 그 사람 내면의 사상과 정신을 밖으로 표현하는 수단이고, 또 그와 같은 말들이 쌓여서 한 인간의 '품격'을 형성한다. 그뿐만이 아니다. 주님께서는 '말'이 이 세상 안에서만 사용되고 끝나는 것이 아니라 장차 대심판 때에 심판의 기준이 된다고 말씀하셨다.

마태복음 12장 34~37절을 보면 마음에 가득한 사상을 입으로 말한다. 7뿐만 아니라 사람은 그가 무슨 부익한 말을 하든지 심판날에 이에 대하여 심문을 받으리라고 했다. "네 말로 의롭다 함을 받을 수도 있고 네 말로 죄 있다는 정죄함을 받으리라." 말이 장차 백보좌

---

23) 이기주, 말의 품격, 황소 미디어 그룹, 2021. pp.9~11.

심판 때 심판의 기준이 된다는 것이다.

여기 '무익한'이라는 말은 '아르곤'(ἀργόν)이다. 이 말의 뜻은 '가치 없는', '쓸모없는', '게으른', '놀고 있는'이라는 의미를 지닌 형용사 '아르고스'(ἀργός)의 목적격 용어이다. 그렇기에 사람들이 가치 없는 말, 쓸모없는 말을 내뱉는 것도 장차 심판의 대상이 된다는 것이다.

그래서 스코틀랜드 작가인 칼라일(T. Carlyle, 1795~1881)은 '침묵'(沈默)에 관한 많은 예찬을 했다.

"침묵은 말 이상으로 웅변적이다."
"침묵은 영원처럼 깊고, 말은 시간처럼 얕다."
"침묵은 자기 자신을 위대한 일에 적응시키는 요소이다."
"연설은 위대하다. 그러나 침묵은 더욱 위대하다."

칼라일은 청교도 신봉자였기에 침묵의 가치를 크게 주장했다. 오늘날 우리는 꼭 필요한 말을 하고 살아가는가? 이는 진지하게 검토해 보아야 하는 현실적, 미래적 중대한 문제이다. 주님은 마태복음 10장 26~27절에서 "감추인 것이 드러나지 않을 것이 없고 숨은 것이 알려지지 않을 것이 없다"라고 하셨다.

"너희가 귓속말로 듣는 것을 집 위에서 전파하라"고 해서 아무리 비밀스러운 말이라 해도 다 밝혀질 것을 말씀하셨다. 주님은 자기 말이 자의로 말하는 것이 아니라 나를 보내신 아버지께서 내가 말할 것과 이를 것을 친히 명령하여 주신 대로 말씀하신다고 했다(요 12:49).

그러므로 우리도 성경에 기록된 말씀과 관련한 말이 아니라면 될 수 있는 대로 자제할 필요가 있는 것이다.

(2) 행위(行爲)

행위가 구원을 주는 것은 아니다.

신약성경에서 말하는 구원은 '믿음'으로 받는 것이지 '행위'로 받을 수 없음을 수없이 강조한다(요 3:19; 롬 3:28, 4:2; 갈 2:16, 3:10; 엡 2:9; 딤후 1:9 등등). 그런가 하면 행함이 없는 믿음은 죽은 것이라고 하였다(약 2:26). 하나님은 각 사람의 행위대로 심판하신다(벧전 1:17; 계 2:23, 18:6, 20:12, 13).

우리가 알아야 할 사실은 행함으로 구원받는 것이 아니라는 것이다. 그러나 구원받은 자에게는 성령의 은혜에 따라 행함이 뒤따르는 것이 사실이다.

계시록 20장 12~13절의 '행위의 책들'은 구원받은 자들에 대한 행위들이 아니라 구원받지 못한 자들에 대한 행위의 심판이다. 이 구절이 구원받은 자들도 행위의 책들에 의해 심판을 받는다는 무천년주의자들의 해석은, 로마 가톨릭교회가 행위로 구원을 받는다고 주장하는 것처럼 매우 위험한 주장이 될 수 있다.

분명한 것은, 아담 이래 구원받지 못한 자들은 그들의 '말'과 '행위'가 백보좌 심판의 기준이 된다는 것이다. 그렇게 심판을 받는 이유가 무엇인가? 그가 살았을 때 믿지 않으므로 살아서 이미 심판을 받은 자요(요 3:18), 죽을 때 이미 지옥에 간 자들이다(히 9:27). 그런데 왜 세상 끝날 마지막 때 이미 심판받은 자들을 다 살려내서 또다시 백보좌 심판을 받게 한단 말인가?

여기에는 하나님의 공의(公儀)의 속성이 작용한다. 인간들은 인류 역사와 함께 각 시대마다 각각 다른 정의(正義)의 개념들을 만들어 오고 있다.

미국 하버드 대학의 마이클 샌델은 《정의란 무엇인가?》라는 저서로 전 세계에 큰 각성을 주었다. 그 내용을 필자의 《시편 강해》 1권에서 설명했다.[24]

그에 의하면 아리스토텔레스(BC 384~322) 때의 '정의'는 국가 정치를 하게 해주는 정치적 도구의 의미로 정의를 말하고, 칸트(1724~1804)는 도덕을 위한 도구로 정의를 말했다고 한다.

현대는 공평성에 근거한 정의론이 대세인데 최소한의 피해를 치른다고 할지라도 다수에 의한 합의를 '정의'라고 생각한다. 그래서 현대는 다수가 집권하는 다수당을 정의라고 본다. 과연 다수에 의해 결정하는 것을 정의라고 할 수 있는가? 이것은 전혀 '정의'가 아니다. '세상의 정의'는 이처럼 불공평하고 불완전하고 모순투성이들이다. 그러나 장차 백보좌 심판은 인간들의 '정의'가 아닌 하나님의 '공의'로 공평무사한 심판이 이루어진다.

3) 심판의 결과

그 내용이 계시록 20장 14~15절의 내용이다. 그 결과는 생명책에 기록된 자는 백보좌 심판에서 제외되지만 생명책에 기록되지 못한 자들은 불못에 던져지게 된다는 것이다.

여기서 우리가 아담 이래 생명책에 기록되지 못하는 자들이 어떤 사람들인지 몇 가지로 상상해 볼 수 있다.

---

24) 정수영, 시편 강해 1권, 2018, pp.237~247.

(1) 이스라엘 민족 중에서

하나님은 노아의 세 아들 중 셈의 후손인 아브라함을 선택하여 히브리 민족의 조상으로 삼으셨다. 그 후 히브리 민족의 정통성은 야곱의 후손인 이스라엘로 계승된다.

이스라엘 민족은 하나님의 선택받은 특징으로서 모세를 통해 율법이 주어졌고, 반드시 그 율법을 지켜야만 했다. 그러나 그들은 율법의 정신을 잃어버리고 율법의 형식인 5대 제사만 실천하면 하나님의 백성이 되는 것으로 착각했다. 이때 하나님은 율법의 형식보다는 정신과 신앙을 회복해야 됨을 수많은 선지자들을 통해 깨우쳐 주셨다. 그러나 그들의 신앙은 율법의 전통 껍데기만 지켜가는 회칠한 무덤 같은 종교로 전락하고 말았다. 이에 대해 예수님께서 신랄하게 비판하셨다(마 23장). 오히려 정의와 긍휼과 믿음을 회복해야 한다고 하셨다(마 23:23). 이렇게 볼 때 이스라엘 민족이라고 해서 다 구원받은 것은 아닐 것으로 추정된다.

이스라엘 민족에게는 특권이 있다(롬 9:4~5). 그러나 그들은 믿음을 의지하지 않고 행위를 의지했다(롬 9:32). 따라서 이스라엘 민족 중에는 생명책에 기록된 자와 행위의 책에 기록된 자로 분류될 것이다. 그 결과가 백보좌 심판 때에 판정될 것이다.

(2) 이스라엘 민족이 아닌 전 세계 인류들

그들에게는 ① 창조물을 통한 깨달음(롬 1:19~20) ② 율법이 없는 이방인들에게는 양심(롬 2:14~15) ③ 인류의 역사 등이 심판의 기준이 된다고 했다.

그러나 바울 사도는 이방인들에 대한 인식이 매우 부정적이다(롬 1:26~32). 그렇기에 과연 이방인들 중에 구원받을 자가 많지는 않을 것으로 추측된다.

(3) 예수 그리스도 이후의 교회시대

예수 그리스도께서는 2천 년 전에 이 땅에 오셨다. 주님은 구약시대의 '5대 제사'를 중심한 율법의 형식들을 배제하고 율법의 정신을 완성하도록 복음을 주셨다. 복음의 핵심은 '죄인'이 예수님을 영접하여 성령으로 거듭난 새사람이 되는 것으로 지극히 단순하다. 옛날이나 지금이나 앞으로도 복음의 핵심은 '거듭나는 중생'뿐이다.

그런데 2000년 교회 역사를 보면 '복음'의 핵심을 간과해 버리고 있음을 목도하게 된다. 교회는 건물, 조직, 의식, 화려한 군중이 아니다. 거듭난 성도들의 마음속에 그리스도께서 살아 계시는 하나님의 다스림이 실현되어야 하는 곳이다.

그런데 교회 역사는 내면 중심의 성령님의 능력 있는 증거의 삶을 무시하고 말았다. 그래서 지금의 교회들은 과거 구약시대 '5대 제사' 대신 '칠성사'(七聖事)라는 껍데기 의식과 또 '세례'와 '성찬'이라는 종교의식만 지속하고 있다. 이 속에 '성령님'의 변화된 소수가 섞여 있을 수 있으나 그 성령님이 정말 내면 속에 활동하고 계시는 증거들을 드러내는 '성도'(聖徒)의 모습이 희귀한 것도 사실이다.

결 어

장차 인류 역사와 현 우주계는 종말을 당할 때가 온다. 그와 같은 종말 직전에 모든 인류는 '백보좌' 심판을 받게 된다. 백보좌 심판의 목적은 이 땅 위에서 불공정한 판정으로 억울하게 죽어 간 모든 불공정이 마지막 하나님의 공의에 의해 판단이 달라짐을 의미한다.

이때 구원받은 성도들은 '생명책'의 기록에 의해 심판에 해당되지 않는다. 우리는 세상에서 억울한 인생을 살아갈지라도 최후의 판정에서 가장 복된 삶을 살아갔음을 확인할 수 있게 될 것이다.

제3부

새 하늘과 새 땅

(계 21:1~22:5)

서론

우리는 지금 역사의 전환점에 도달했다.
요한계시록 21장 속에는 수많은 대전환점들을 계시해 주고 있다.

첫째, 하나님의 창조 질서의 변화
하나님께서는 최초로 하늘과 땅과 바다를 창조하셨다(창 1장). 그렇게 창조된 하늘과 땅과 바다가 현재까지 존속되어 오고 있다. 그러나 요한계시록 21장에서는 처음 창조하신 하늘과 땅과 바다를 모두 다 없애 버리신다. 그리고 완벽하게 새로운 '새 하늘과 새 땅'을 창조하신다. 그때는 바다는 만들지 않으신다.
이렇게 볼 때 요한계시록 21장의 내용은 새로운 제2의 창조 내용이다.

둘째, 인류 역사의 변화
하나님께서 최초로 창조하신 '처음 하늘'과 '처음 땅'과 '바다'는 주로 인간들이 살아온 삶의 터전으로 '하늘'과 '땅', '바다'가 주된 근거가 되었다. 이곳에서 살아가는 인간들은 인간 위주의 역사관 속에 살아간다. 이때 구원받은 자들과 구원받지 못한 자들이 함께 섞여서 살아가므로 완전히 인간 중심의 역사였다. 그러나 '새 하늘과 새 땅'에서는 구원받지 못한 자들은 존재하지 않는다. 그곳에는 오직 구원받은 자들만이 살아간다. 그렇기에 새 하늘과 새 땅에서는 성도들만의 역사가 있을 뿐 인류의 역사란 존재하지 않게 된다.

셋째, 그리스도인들의 소망 성취

하나님께서는 하늘, 땅, 바다를 창조하신 후에 인간들과 영적인 교제로 아름답게 공생(共生)하기를 바라셨다. 그러나 인간은 하나님의 뜻을 저버렸다. 그 후 하나님은 다시금 인간들과의 화해(和解)의 관계를 바라셨다. 그래서 구약 때는 '율법'으로 기준을 주셨고, 신약 때에는 '복음'으로 기준을 주셔서 '화해'를 바라셨다. 그렇게 화해의 기준에 부합되는 자들에게는 '구원'으로 선별하시고, 화해의 기준에 불응하는 자는 '심판'으로 정리하셨다.

그렇게 구별된 기준에 의해 선별된 그리스도인들에게는 '영생'을 약속하셨다. 그 약속이 교회시대에는 영적(靈的)이었으므로 육체적으로 제한을 받는 부분적 성취였다. 그러나 요한계시록 21장에서 불완전한 모든 요소가 완벽하게 완성되었다. 따라서 요한계시록 21장의 새 하늘과 새 땅은 그리스도인들의 소망이 완전하게 성취되는 내용이다.

넷째, 성경의 완성

성경은 최초로 천지 만물과 우주의 창조를 기록한 '창세기'로 시작되었다. 그리고 성경의 최후 기록인 '요한계시록'으로 완성된다. 참으로 오묘막측하다. 성경이 창세기로 시작되어서 미래의 세상인 계시록으로 완결되었음은 성경이야말로 모든 우주 만물과 인류의 시작과 끝이 어떻게 시작되어서 어떻게 끝날 것인지 계시해 주어 온 인류 구원의 진리를 확인시켜 준다.

다섯째, 요한계시록의 완성

요한은 계시록을 통해 미래가 어떻게 진행되어 나갈 것인가를 치밀하게 예언으로 기록해 놓았다. 계시록은 ① 교회시대 ② 대환난 시대를 지나간 다음에는 ③ 그리스도의 재림, 아마겟돈 전쟁, 백보좌 심판 등이 지나가고 ④ 새 하늘과 새 땅, 새 예루살렘에서 해와 달이 필요 없는 하나님의 장막에서 영원토록 영생할 것을 계시해 주고 있다. 따라서 요한계시록의 완성인 계시록 21~22장이 이뤄졌다고 할 수 있다.

이렇게 광대한, 인간들이 도무지 측량할 수 없는 내용이 대량으로 소개되는 것이 요한계시록 21, 22장의 내용이다. 이제 이 중요한 내용들을 차례대로 살펴보자.

01
새 하늘과 새 땅의 창조

(계 21:1)

1) 또 내가…보니(계 21:1a)

이 말은 '카이…에이돈'(καὶ εἶδον)으로 앞서 내용과 구별되는 다른 광경이 등장할 것을 예고해 주는 요한 특유의 언어적 표식이다.

앞서 계시록 20장 11~15절에서 '백보좌 심판'의 내용을 설명했었다. 그러나 이제부터는 이 땅에서의 일이 아닌 새 하늘과 새 땅의 내용을 소개하려고 한다. 이렇게 새로운 내용을 설명할 때마다 "또 내가…보니"라는 말이나 "또 내게 말씀하시되"라는 표현이 계시록 21장과 22장에 계속 반복된다.

여기 계시록 21장 1절의 "또 내가 보니"와 2절의 "또 내가 보매"와 3절의 "내가 들으니", 6절의 "또 내게 말씀하시되" 등등으로 앞서 내용과 다른 내용을 설명할 때마다 관용구처럼 즐겨 사용되고 있다.

2) 새 하늘과 새 땅을 보니(계 21:1b)

여기서 두 번이나 반복되는 '새'라는 말은 '옛것'이 아닌 '새것'이란 뜻이다. 그리고 이 말의 원문은 '카이논'(καινὸν)이다. 이 말은 '새로운', '신선한'이라는 뜻을 지닌 형용사 '카이노스'(καινός)의 목적격으로 쓰인 용어다. 헬라어에서 '새로운'이라는 뜻을 가진 형용사 두 가지가 있다.

그중 하나는 '네오스'(νέος)다. 사도행전 5장 4절의 '있을 때에는'이라는 말이 '에메넨'(ἔμενεν), 디모데전서 5장 1절의 '젊은이에게'라는 말이 '네오테루스'(νεωτέρους), 디도서 2장 4절의 '젊은 여자들'이라는 말이 '네아스'(νέας)로 쓰였다. 이렇게 '네오스'는 '시간적인 측면의 새로운'이라는 의미이다.

그와 다르게 또 다른 단어로 '카이노스'(καινός)가 있다. 마가복음 1장 27절의 '새 교훈'이라는 말의 '새'가 '카이네'(καινή)다. 사도행전 17장 19절의 '새로운'이라는 말이 '카이네'(καινή)다. 계시록 2장 17의 '새 이름'의 '새'가 '카이논'(καινὸν)이다. 이렇게 쓰이는 '카이네'(καινή)는 주로 질적인 면에서 이전 것과 비교할 수 없는 완전 새로운 면모를 가졌다는 의미의 '새것'을 뜻한다. 그러므로 계시록 21장 1절의 '새 하늘과 새 땅'이란 단순히 새로운 것이라는 뜻이 아니라 이전에 존재해 왔던 하늘과 땅으로 인지되어 왔던 것과는 질적으로 성격적으로 완전히 새로운 것으로 탈바꿈한 것을 의미한다.

사도 요한은 '새 하늘'과 '새 땅'이 현존하는 현재의 '하늘'과 '땅'이 아니고 완벽하게 차원이 다른 '새 하늘'과 '새 땅'임을 다른 말로 표현한다. 그것이 "처음 하늘과 처음 땅이 없어졌고"라는 표현이다. '처음 하늘'과 '처음 땅'이라는 말이 무슨 뜻인가? 이 말은 '처음'이라는 '프로토스'(πρῶτος)와 '하늘'이라는 '우라노스'(οὐρανὸς)가 합쳐진 것으로 '첫째 번 창조된 하늘'이라는 뜻이다. 또 '처음'이라는 '프로테'(πρώτη)와 '땅'이라는 '게'(γῆ)가 합쳐진 말이 '처음 땅'이라는 말이다.

이처럼 창세기 1장 7~8절에 기록된 하나님께서 둘째 날에 창조하신 것이 '처음 하늘'이다. 또 창세기 1장 9~12절에 기록된 셋째 날에 창조하신 것이 '처음 땅'과 '바다'였다.

이렇게 하나님께서 창조의 둘째 날 만드신 '하늘'과 셋째 날에 만드신 '땅'과 '바다'에 의해서 인류 역사가 지속해 가는 것이다. 이렇게 최초로 창조된 하늘과 땅과 바다가 수천 년이 되었는지 수억 년이 되었는지는 정확하게 알지 못한다.

그러나 세상의 과학자들은 하늘의 태양계의 수명을 측정하고 땅의 연대를 추정해서 과학이라고 가르치고 있다. 그런데 모든 인류가 절대 불변할 것으로 굳게 믿고 있는 저 하늘과 땅과 바다가 없어진다는 것이 성경의 진리이다.

3) 처음 하늘과 처음 땅이 없어졌고(계 21:1c)

여기 '없어졌고'는 '아펠단'(ἀπῆλθαν)이다. 이 단어는 '떠나가다', '도망가다', '사라지다'는 뜻을 지닌 '아페르코마이'(ἀπέρχομαι)의 부정과거 능동태로 처음 하늘과 처음 땅이 강력한 힘에 의해 사라져 버렸음을 뜻한다. 아울러 '바다'도 다시 있지 않더라고 했다. 그때에는 '하늘'과 '땅'만이 아니라 '바다'까지도 없어진다.

'하늘'과 '땅', '바다'가 없어진다. 이 말이 과연 사실일까? 아니면 하나의 영적, 상징적 의미일까?

계시록 전체를 상징으로 보는 무천년주의자들은 영적이며 상징적인 의미로 이해한다. 그래서 '하늘'은 사탄이 미가엘과 싸움에 패하고 추방당한 장소의 상징이고(계 12:7~9), '땅'은 둘째 짐승이 올라온 장소라고 한다(계 13:11). 그리고 '바다'는 첫째 짐승이 올라온 근원지다(계 13:1). 이렇게 영적, 상징적으로 해석해서 계시록 21장 1절의 '하늘', '땅', '바다'의 의미를 사탄적 삼위일체 세력이 하나님에 의해 완전히 끝난 것이라고 해석한다.

필자는 하늘과 땅과 바다가 장차 문자적으로 없어진다는 내용을 '특주' 형식으로 다시 설명해 보겠다. 이에 대한 설명은 먼저 성경적인 예언, 이어서 천체 물리학자가 보는 미래 우주에 대한 설명으로 정리해 보겠다.

(특주 42)
처음 하늘과 처음 땅의 미래

1) 성경의 예언

(1) 구약성경의 예언
　구약성경의 예언을 보면 처음 하늘과 처음 땅이 사라지고 새 하늘과 새 땅이 창조될 것이라고 했다.

　사 13:13 "그러므로 나 만군의 여호와가 분하여 맹렬히 노하는 날에 하늘을 진동시키며 땅을 흔들어 그 자리에서 떠나게 하리니"
　사 34:4 "하늘의 만상이 사라지고 하늘들이 두루마리같이 말리되 그 만상의 쇠잔함이 포도나무 잎이 마름 같고 무화과나무 잎이 마름 같으리라"
　사 65:17 "보라 내가 새 하늘과 새 땅을 창조하나니 이전 것은 기억되거나 마음에 생각나지 아니할 것이라"
　사 66:22 "내가 지을 새 하늘과 새 땅이 내 앞에 항상 있는 것같이 너희 자손과 너희 이름이 항상 있으리라 여호와의 말이니라"
　욜 2:10 "그 앞에서 땅이 진동하며 하늘이 떨며 해와 달이 캄캄하며 별들이 빛을 거두도다"(욜 3:15 참조)

이 같은 구약성경의 예언들이 신약성경에 또다시 반복되고 있다.

(2) 신약성경의 예언

마 24:29 "그날 환난 후에 즉시 해가 어두워지며 달이 빛을 내지 아니하며 별들이 하늘에서 떨어지며 하늘의 권능들이 흔들리리라"

베드로후서 3장 10~13절을 좀 더 세분해서 살펴보자.
① 그러나 주의 날이 도둑같이 오리니
'주의 날'은 그리스도께서 재림해 오시는 이후의 날로 이해된다. 이 내용이 마태복음 24장 42~44절에 이미 예언되어 있다.
② 그날에는 하늘이 큰 소리로 떠나가고
주님 재림 후에는 우주적 대격변이 일어날 것임을 말하고 있다. 그때 하늘이 큰 소리로 떠나간다고 했다. 여기서 말하는 '큰 소리'란 '로이제돈'(ῥοιζηδόν)이다. 이 단어는 신약성경에서 오직 이곳에만 쓰였다. 이 단어는 두려움과 공포를 동반하는 의성어(擬聲語)다.
예컨대 공중에 날아가는 화살소리나 천둥소리, 불꽃 튀기는 소리, 채찍을 내리치는 소리, 거센 폭포 물이 떨어지는 소리, 뱀이 지나가는 소리 등등의 소리를 흉내 내는 성유법(聲喩法)의 표현이다.
그리고 '떠나가다'는 '파렐류손타이'(παρελεύσονται)다. 이 말은 '~에게서부터'라는 전치사 '파라'(παρα)와 '가다', '오다'라는 뜻의 동사 '에르코마이'(ἔρχομαι)의 합성어다.
따라서 '파넬류손타이'는 '지나가다'(막 6:48), '없어지다'(마 5:18, 24:35)는 뜻이다.
주님 재림 후에는 하늘이 매우 역겨운 괴상한 소리를 내면서 없어지게 된다는 것이다.

③ 물질이 뜨거운 불에 풀어지고

'물질'은 '스토이케이아'(στοιχεῖα)다. 이 단어는 헬라철학에서 어떤 것을 이루는 기본 요소인 '원소' 또는 '첫째 원리'로 사용되었다. 그렇기에 본문에서는 우주를 형성하는 하늘, 땅, 물, 공기, 천체 등등 모든 존재하는 것들의 기본 요소라는 뜻이다.

또 '뜨거운 불'은 '카우수메나'(καυσούμενα)다. 이 단어는 '불태워 버리다'는 의미를 지닌 '카우소오'(καυσοω)의 현재 분사 수동태다. 그렇기 때문에 제3의 강력한 힘에 의해서 이 우주 만물들을 구성하고 있는 기본 원소들이 서로 상극을 이루며 불에 타 사라져 없어진다는 것이다.

그리고 '풀어지다'는 '뤼데세타이'(λυθήσεται)다. 이 단어는 '풀다', '느슨하게 놓아준다', '분해하다', '해체하다'는 의미를 지닌 '뤼오'(λύω)의 직설법 미래 수동태다. 그래서 우주 만물들이 현재까지는 잘 짜인 조직체처럼 단단하고 견고하지만, 미래에는 절대자의 힘에 의해서 모든 조직들이 와해되고 풀어져 버림으로 현재의 조직체들이 해체되어 버림으로 조직으로 견고했던 것들이 각각의 다른 원소들로 분해가 되어 버린다.

그렇게 분해된 각 원소들이 시간이 지나면 또다시 연합될 가능성이 있을 수 있다. 그것을 막기 위해서 뜨거운 불이 그 원소들을 불태워버림으로 각 원소들의 기능을 상실되게 한다는 것이다. 참으로 무서운 미래의 우주 운명이다.

④ 땅과 그중에 있는 모든 일이 드러나리로다

땅과 그 땅 위에 있는 모든 일이 드러나리라고 했다. 여기 '드러나리로다'로 번역된 한글개역개정 성경은 다른 성경들과 조금 모호한 뉘앙스를 풍긴다. 사실 '드러나리로다'라는 원문 '휴레데세타이'(εὑρεθήσεται)는 그 실체가 발견되지 않을 것이라는 뜻이다. 그런가 하면 알렉산드리아 사본에는 원문이 '카타카에세타이'(κατακαήσεται)라고 기록되었다. 이 말의 뜻은 '불살라버린다'는 뜻이다.

그래서 KJV는 "그날에는 하늘이 큰 소리와 함께 사라지고 원소들이 뜨거운 열에 녹으며 그 안에 있는 일들도 불태워지리라"(벧후 3:10)고 번역되었다. 공동번역도 뚜렷하게 설명되었다. "그날에 하늘은 요란한 소리를 내면서 사라지고 천체는 타서 녹아버리고 땅과 그 위에 있는 모든 것은 없어지고 말 것입니다."

두 번역 성경이 개역개정보다는 선명하게 뜻을 밝혀주고 있다. 요컨대 장차 그리스도의 재림 이후에는 현존하는 하늘과 땅 위의 모든 원소들이 뜨거운 불에 불태워 없어진다는 사실을 강력하게 설명하고 있다.

성경에는 구약에서 '새 하늘'과 '새 땅'이 예언되었고, 신약에서는 현재의 우주 만물을 구성하고 있는 원소들이 그리스도의 재림 후에 해체되고 불타 없어질 것이 예언되었다. 이처럼 성경은 현재의 우주 만물이 장차 없어질 것과 새 하늘과 새 땅이 완벽하게 새롭게 창조될 것을 예언하고 있다. 그렇다면 천체 물리학자들은 미래의 우주 만물을 어떻게 전망하는가? 과학자들의 견해를 들어보자.

2) 과학자들의 견해

(1) 단기적 예측

① 《2050 거주 불능 지구》

미국 〈뉴욕 매거진〉 부편집장이자 칼럼니스트인 데이비드 월러스 웰즈(David Wallace Wells)가 발표한 저서다.[25]

저자는 지질학자들이 주장하는 고생대(古生代) 최후의 시대라는 약 2억 9천만 년 전부터 2억 5천만 년까지의 페름기(Permian 紀) 때 지구 최악의 대멸종 사건이 있었다고 주장한다. 그때 어떤 일이 벌어졌는가?

저자는 아주 무서운 상상력으로 과거사를 마치 사실인 양 과장을 한다. 그때 소행성 간의 충돌은 없었으나 온도가 5도 정도 상승했을 것으로 추정한다. 그렇게 온도가 5도 이상 상승함으로 화산 폭발과 대화재가 반복되었을 것이라는 가설을 주장한다.

그 결과 수온이 치솟았고 바다에는 치명적인 독성 가스인 황화수소가 부글거렸을 것으로 상상한다. 그 결과 달아오른 바다에서 발생한 시속 80km 태풍은 지상의 모든 것을 파괴했을 것으로 공상적 소설을 주장한다. 그런데 이 같은 과거사에 대한 공상적 소설에 근거해 현대와 미래를 매우 비관적으로 전망한다.

그렇게 비관적으로 전망하는 주된 요인을 빠른 속도로 쏟아내는 이산화탄소의 배출 문제를 지적한다. 그의 상상에 의하면 현대인의 이산화탄소 배출 속도는 페름기 때보다 10배 이상이 될 것이라는 추정이다. 그래서 논픽션 작가인 저자는 앞으로 불과 30년 후에는 지

---

25) 데이비스 월러스 웰즈, 2050 거주 불능 지구, 김재경 역, 추수밭, 2020.

구가 인간이 살기에 부적합한 행성으로 바뀔 수 있다고 경고한다.

산업 혁명이 일어난 18세기 후반부터 약 100여 년간 유럽에서 발명된 기계 및 증기기관 등으로 인한 생산 기술의 변혁이 일어났다. 그런데 산업 혁명이 인간에게 편리한 점들을 가져왔으나 그와 동시에 이산화탄소의 급격한 상승을 가져왔다. 이 같은 추세로 본다면 2100년쯤에는 기온이 4도쯤 상승할 것으로 전망된다.

저자는 미래에 대해 매우 비관적이다. 2100년쯤의 세계가 어떻게 달라질 것인가? 아프리카, 호주, 미국, 시베리아 남부, 남아메리카 남부, 콜로라도강 이남 지역인 파타고니아(Patagonia) 북부는 사막화되거나 홍수로 살 수 없는 땅으로 바뀌게 될 것이라고 본다.

그래서 세계는 여름 최고 평균이 35도가 넘는 도시가 현재는 35개 정도 되는데, 2050년에는 970개 도시로 늘어날 것이라고 한다. 그렇게 될 경우 도시 거주자 16억 명이 살인적 더위에 시달리면서 열사병 사망자가 연간 25만 5천 명에 이를 것으로 전망한다.

2050년경에는 더위로 인한 탈수 때문에 만성 신장질환자들이 늘어나고, 열대 지방이 전 세계적으로 확대될 것이라고 한다. 모기 서식지가 북상하면서 황열병, 말라리아가 확산되고, 또한 북극 동토층이 녹아내리면서 한 번도 접해 보지 못한 박테리아와 바이러스로 전 세계가 전염병 천지가 될 것으로 예상한다.

사실 온난화로 인한 기후 변화로 미래의 지구를 염려하는 학자들이 많은 것은 주지의 사실이다. 그래서 탄소 배출량을 줄이자, 쓰레기를 줄이자, 플라스틱 사용을 자제하고 전기 자동차를 사용해야 한다는 등 갖가지 대책들이 화제가 되는 시대이다.

이런 때에 저자는 현대의 비극을 광대한 우주 차원으로 상상을 했다. 2050년 이후에 지구가 살아남으려면 당장에 탄소 제로 정책을 수립해야 된다고 주장한다. 이 책이 2050년을 염려하지만 우주 만물에 대한 미래에는 언급이 없다. 논픽션이 소설 같아서 대중들의 흥미를 일으키는 것 정도의 작품 같다.

② 기후 위기 시대
《기후위기 시대, 12가지 쟁점》[26]
정태용(연세대학교 국제대학원 교수) 외 11명의 각 분야의 전문가와 학생들 총 12명이 묻고 답변하는 내용의 저서이다. 그 해답이 다양하고 의견도 다양하다.

또 날씨와 기후 변화와 관련된 여러 주제들에 대해 글을 쓰는 에릭 홀트하우스가 《미래의 지구》를 썼다.[27] 그는 2050년에 인류가 '탄소 중립'을 이뤄내서 지구 생태계의 종말을 막아내는 데 성공했다고 가정하고 과거를 회상하는 역사소설 형식의 저술을 했다. 그러면서 2030년 이전에 인류가 무엇을 해야 하는지를 제시한다. 그는 그 이전까지 국제적으로 구속력 있는 대화 체계를 마련할 것을 제시한다. 《미래의 지구》 역시 기후 위기 대책을 모색하는 소설 형식의 제안이다.

③ 《앞으로 100년》
옥스퍼드대학 교수인 이언 골딘(Ian Goldin)과 세계적인 정치학자이자 도시학자인 로버트 머가(Robert Muggah)가 공동 집필한 《앞으로

---

26) 정태용 외 12인, 기후위기 시대, 12가지 쟁점, 박영스토리, 2021.
27) 에릭 홀트하우스, 미래의 지구, 신봉아 역, 고유서가, 2021.

100년》이라는 저서가 있다.[28]

세계 지도 위에 최신 데이터와 연구 성과를 보여주는 100개의 인포그래픽을 통해 세계화, 기후, 인구, 도시화, 테러 등등 14가지의 글로벌 위기들을 설명한다.

국제개발과 정치 안보 전문가인 두 저자는 국제적 위기를 타개하기 위해서는 글로벌 리더십의 협력이 필수적이라고 한다. 그런데도 국제적 지도자들에게서 이런 모습이 보이지 않는다고 비판하며 국제적 협력을 촉구하는 내용이다.

이 같은 저서들이 2050년, 또는 2100년 등의 단기적 미래를 예측하고 각종 현안들을 제안하지만 우주, 지구의 미래는 말하지 않는다.

(2) 장기적 예측

케이티 맥의 《우주는 계속되지 않는다》라는 저서가 있다.[29]

저자 케이티 맥(Katie Mack)은 현재 미국 노스캐롤라이나주립대학의 천체 물리학 교수이다. 케이터 맥 교수는 앞으로 50억 년 이후에는 이 지구의 종말이 돌아올 것이라는 가설 다섯 가지를 설명한다. 이 같은 가설들은 그의 개인적 견해가 아니라 전 세계의 천체 물리학자들이 공공연하게 제기하는 가설들을 정리해서 요약 설명하는 내용이다. 그렇기에 그의 가설은 전 세계 천체 물리학자들 사이에서 거론되는 가설들이라고 볼 수 있다. 그 내용을 요약해서 정리해 보겠다.

---

28) 이언 골딘·로버트 머가, 앞으로 100년, 추서연 외 역, 동아시아, 2021.
29) 케이티 맥, 우주는 계속되지 않는다, 하인해 역, 까치, 2021.

① 빅 크런치(Big Crunch)

최초의 우주가 빅뱅(Big Bang)에 의해 형성되었다고 믿는 가설이다. 그렇게 생겨난 모든 천체들(은하, 항성, 블랙홀)은 뉴턴(1642~1717)에 의해 만유인력을 가지고 유지해 오고 있다는 것이다. 그 후에 아인슈타인(1879~1955)의 중력 이론으로 우주가 정해진 궤도를 돌아가고 있다고 믿는 것이 현재의 천체 물리학의 상식이다. 그와 같은 중력은 팽창의 속도를 늦추며 모든 것을 안으로 당기려 한다. 우주는 광대한 기간 아주 먼 거리로 팽창 속도를 계속해 가고 있다.

그러나 인간이 발견하지 못하는 은하계의 암흑 에너지가 우주의 수축과 팽창을 시간을 예측할 수 없을 때 빅 크런치 현상을 일으키게 할 것이다. 빅뱅으로 팽창을 시작한 우주가 어느 순간 수축을 시작하면 어떻게 되는가?

그것은 마치 하늘로 던져 올린 공이 다시 내게 떨어지는 현상에 이르게 되는 것과 마찬가지의 현상이 돌아온다. 사방으로 뻗어 나가던 은하가 한 점으로 모여들며 우지끈하고 부딪친다. 그렇게 될 때 태양은 폭발하고 지구는 통째로 불타오를 것이다. 이것이 빅 크런치 가설이다.

이와 같은 빅 크런치 가설에 의해 연대를 알 수 없는 수백억 년 뒤에는 태양과 지구가 불타서 없어진다는 논리가 성립된다. 이 같은 가설은 성경의 예언처럼 모든 원소들이 뜨거운 불에 풀어진다는 말씀(벧후 3:10)을 전체 물리학자들이 과학이론으로 설명해 주는 내용이다.

② 열 죽음 가설

우주의 나이를 정밀하게 계산한 것에 의하면 우주는 100~120억 년 전에 시작되었다고 주장한다. 나이가 많은 항성들은 150억 년 전으로 보는 이도 있다. 항성의 나이를 말한다는 자체가 정확하지 않은, 단지 데이터로 추정하는 나이에 불과하다. 그런데 우주가 빅뱅 때에는 팽창으로 시작되었으나 우주 속 만물의 중력이 팽창 속도를 늦추고 있다는 것이 일반적인 상식이다.

우주가 팽창을 멈추지 않고 계속 확대되면 반대로 에너지(열) 밀도는 점차 낮아진다.

그와 같은 이론을 뒷받침하는 것이 '열역학 제2법칙' 이론이다. 이 같은 이론이 '엔트로피'(entropy) 이론이다. 이와 같은 에너지가 계속 낮아지면서 몇십억 년 후에는 우주에서 온기가 사라지고 절대 영도(영하 273.15도) 수준에서 팽창을 이루게 된다. 지구가 절대 영도로 온도가 하강하게 되면 지구의 모든 존재물은 다 죽고 만다. 이것을 '열 죽음 가설'이라고 한다.

③ 빅립가설

현재 전 세계 천체 물리학자들은 태양계 밖은 태양계와는 비교할 수 없을 만큼 거대해서 측량이 불가능한 은하단들이 있음을 알고 있다. 이들 은하단들에 대한 측정이 현재로서는 불가능하다. 그런데 측정이 불가능한 암흑의 은하단에서는 암흑 에너지가 계속 쏟아져 나오고 있다는 정도만 아는 정도다. 그런데 우주가 가속 팽창을 계속하면서 은하단도, 물질도 계속해서 파괴해 나갈 것으로 예측한다. 그래서 처음에는 지구가 폭발되고, 태양계가 해체되고, 은하계가 파괴되고, 20억 년 후에는 은하단이 소멸되고, 1880억 년 후에는 빅립이 남는다는 가설이다.

④ 진공 붕괴 가설

　천체 물리학자들은 태양이 지금으로부터 45억 년 전에 은하계의 한 구석에서 태어났다고 한다. 태양은 초기에 빅뱅의 폭발에 의해 우주 공간으로 떨어져 나왔다. 그 후 은하계를 돌면서 농담의 차가 진한 가스가 인력의 작용으로 점점 더 큰 가스 운으로 변한 것이 태양이다.

　이와 같은 태양은 은하계를 약 2억 년에 걸려서 1회전을 해왔다고 한다. 그래서 태양의 나이가 45억 년이니까 태양은 은하계를 22회 남짓 회전했다는 이론이 된다.

　태양의 수명은 약 100억 년으로 추정한다. 그래서 이미 45억 년이 지났으니까 앞으로 50억 년 후에는 태양의 중심인 수소의 감소로 수명이 끝날 것으로 예측한다. 그런데 태양이 불타 버리기 전에 모두가 진공 상태로 알고 있는 우주의 상태가 미묘하게 흔들리면 강력한 에너지 거품이 생긴다. 그렇게 되면 진공 거품이 모든 것을 빨아들이는 현상이 발생한다. 이 같은 우주의 변덕 현상을 '진공 붕괴 가설'이라고 한다. 이런 붕괴가 일어날 확률은 낮지만 우주의 변덕은 언제든지 가능하다는 것이 우주의 정체이다.

⑤ 바운스(bounce) 가설

　물리학자들은 수십 년 동안 수많은 연구와 복잡한 계산들을 계속해 왔다. 그러나 그 어떤 이론에도 합의를 이루지 못했다. 그 이유는 실험 자체가 가능하지도 않고 실험으로 입증할 수가 없기 때문이다. 그래서 서로 다른 이론들을 종합하고 절충한 가설이 바운스 가설이다.

　바운스 가설은 빅뱅으로 팽창한 우주가 빅 크런치로 합쳐지고, 다시 또 빅뱅을 일으켜 팽창한다는 이론이다. 마치 하늘로 던진 고무공이 땅에 떨어지는 불지옥이 되었다가 다시 또 튀어 오르는 얼음 지옥이 반복된다는 가설이다.

필자는 물리학에 대해서는 잘 알지 못하는 백지상태다. 책을 읽고 이해되는 부분만 요약했기에 잘못 옮긴 내용이 있을 수 있다. 정확한 이해를 위해서는 본인이 직접 책을 접해 보기 바란다.

결어

필자는 '구약'과 '신약'성경의 모든 내용을 문자적으로 역사적으로 명확한 진리로 믿는 성도이다. 성경의 구약성경에 '새 하늘'과 '새 땅'이 예언되었다. 그리고 신약성경의 최후 기록인 요한계시록에도 새 하늘과 새 땅의 예언과 함께 '처음 하늘'과 '처음 땅', '바다'까지 없어질 것이 예언되어 있다. 이와 같은 성경의 진리는 3000년 전부터 지금까지 진리의 기준으로 전승되어 오고 있다.

그런데 인간들은 200년 전부터 '과학'이라는 이름으로 성경의 진리를 부정하고 있다. 하지만 이런 각종 이론들은 아무것도 합의에 도달하지 않은 채 수많은 추상적 상상 이론들만이 난무하고 있다. 이제 우리는 두 이론 중 하나를 선택해야만 한다. 왜냐하면 우리의 인생이 무책임한 학자들의 가설을 믿고 낭비할 만큼의 여유가 있는 인생이 아니기 때문이다. 성경의 진리를 선택하느냐? 인간들이 과학이라는 이름으로 주장하는 증명되지도 않는 가설들을 믿고 따르느냐? 둘 중의 하나를 선택해야만 한다.

필자는 성경의 진리가 매우 과학적이고 또 증명이 가능한 진리라고 믿는다. 명확한 사실은 성경의 진리나 천체 물리학자들의 공통된 의견이 있다. 그것은 '처음 하늘'과 '처음 땅', '바다'가 장래 언젠가는 없어진다는 결론은 모두가 공통적으로 믿고 있다.

우리는 전도서 기자가 "해 아래에서 행하는 모든 일이 모두 다 헛되어 바람을 잡으려는 것이로다"(전 1:2~3, 14)라고 한 이 말씀이 참된 진리임을 깨닫게 된다. 그리고 이 세상과 저세상을 통해 영원히 존속되는 것은 '그리스도의 영'을 모신 영생자이고, 이러한 영생자가 되는 것만이 최고, 최상의 가치임을 깨닫게 된다.

4) 바다도 다시 있지 않더라(계 21:1d)

바다는 '달랏사'(θάλασσα)다. 바다의 최초 시작은 창조 사역의 셋째 날에 만드신 창조물이다(창 1:10). 그리고 그 바닷물을 향해 많은 어족들이 생육하여 번성하도록 축복해 주신 것이다(창 1:22). 이렇게 시작된 바다는 어족들의 번성뿐 아니라 모든 생명들의 산소 공급원이 되며, 생물들의 성장을 돕는 비의 생산지이기도 하다. 그렇게 고마운 바다가 지금은 인간들의 욕망으로 전쟁터가 되고 또한 오물의 유출로 썩어가고 있다.

그런데 하나님께서는 이 세상의 마지막에 그 바다를 없애버리신다.

영국의 해양학자 프라우케 바구쉐가 저술한 《바다 생물 콘서트》라는 저서가 있다.[30]

또 한국의 동해, 남해, 서해, 제주도 바다에서 서식하는 물고기와 사람들이 형성한 해양 문화적 계보를 설명한 《바다 인문학》도 있다.[31]

두 책을 보면 바다의 유익과 고마움을 절실하게 깨달을 수 있다. 지구상의 대부분의 생명이 바다의 플랑크톤에 의존한다. 또 바닷물 속의 산호도 바다의 병원 역할을 한다. 그런데 그 좋은 바다가 오염 물질로 생태계를 교란시키고 있다. 더 큰 문제는 지구 온난화로 지구의 해수면이 해마다 높아지고 있다는 사실이다. 《바다 생물 콘서트》에서 매우 실제적인 정보를 얻을 수 있었다. 그런가 하면 우리의 건강한 밥상과 지속 가능한 미식을 계승하려고 하면 다양한 이해 당

---

30) 프라우케 바구쉐, 바다 생물 콘서트, 배진아 역, 흐름출판, 2021.
31) 김 준, 바다 인문학, 인물과 사상사, 2022.

사자들이 서로 공존하고 공생하는 법을 실천해야만 한다는 깨우침도 준다.

　이렇게 인간에게 좋기만 한 바다가 세상의 종말 때에는 사라지고 만다. 바다가 없어지면 인류와 생물의 산소와 비의 생산은 어떻게 되는가? 바다가 없어지면 인류의 먹거리는 어떻게 해결될 것인가? 그 같은 인간 위주의 불안 의식을 계시록 21장에서 해와 달이 필요 없는 새 예루살렘의 설명으로 모두 다 해소시켜 준다.
　여기서는 바다가 없어질 미래의 이해로 넘어가자.

02
새 예루살렘의 도래

(계 21:2)

1) 또 내가 보매 거룩한 성 새 예루살렘이(계 21:2a)

사도 요한이 본 환상이 또 바뀌어진다. 앞서 1절에는 "처음 하늘과 처음 땅이 없어졌고 바다"가 없어진 환상과 또 전혀 다른 '새 하늘과 새 땅'을 보았다.

여기 계시록 21장 1절의 내용이 얼마나 중요한 진리인지 모른다. 그래서 과거의 믿음의 선배들은 '새 하늘과 새 땅'을 소망하면서 많은 찬송 가사들을 남겼다. 찬송가 479장(통 290)에서 "괴로운 인생길 가는 몸이 평안히 쉴 곳이 아주 없네 / 걱정과 고생이 어디든 없으리 돌아갈 내 고향 하늘나라"를 노래했다. 그리고 3절에는 "그리던 성도들 한자리 만나리 돌아갈 내 고향 하늘나라"로 부활의 소망을 노래했다.

그리고 찬송가 485장(통 534)의 후렴에 "저 요단강가에 섰는데 내 친구 건너가네 저 건너편에 빛난 곳 내 눈에 환하도다"라고 했다.

이 찬송가는 필자가 대학 생활을 하던 1960년대에 고 유관순 여사의 생애를 영화로 만든 내용을 볼 때 그의 시신을 운구하며 불린 찬송으로 기억된다. 그때 그 찬송가 가사에 얼마나 눈물을 흘렸는지 모른다. 미래 천국의 소망은 그 어떤 환경에 처한 사람이라도 겸손해지고, 낮아지며, 자신의 삶을 되돌아보게 해주어 영성을 회복시켜 준다.

안타까운 것은, 이토록 위대한 미래의 소망을 하나의 상징이라고 희석시킴으로 많은 사람들의 소망을 앗아간 잘못된 지도자들의 죄악상이 얼마나 심대한가를 깨달아야 한다. 그들이 회개해야 교회 미래에 소망이 회복될 것이다.

여기서 말하는 "거룩한 성 새 예루살렘"의 구체적 면모는 뒤의 계시록 21장 9절에서 22장 5절 사이에 좀 더 구체적으로 재설명되고 있다. 이와 같은 거룩한 성 새 예루살렘에 관한 내용이 신약성경의 여러 곳에 언급되어 있다.

- **갈 4:26** "위에 있는 예루살렘은 자유자니 곧 우리 어머니라"
- **빌 3:20** "우리의 시민권은 하늘에 있는지라"
- **히 11:10** "하나님이 계획하시고 지으실 터가 있는 성"
- **히 12:22** "하나님의 도성인 하늘의 예루살렘"

이 같은 새 예루살렘에 대한 언급이 성경의 정경(正經)에서 배제된 외경(外經)인 바룩서, 에스드라서 등에서도 언급되고 있다. 그래서 상징주의 해석을 선호하는 무천년주의자들 중에는 땅에 속한 교회들(계시록 2~3장의 일곱 교회)과 대비되는 천상적 교회의 상징이라고 이해한다.

그러나 필자는 미래의 새 예루살렘은 문자적으로 확실한 천국 모습이라고 확신한다. 필자의 그와 같은 문자적 확신 때문에 시중에 널려있는 요한계시록 관계 서적들과 전혀 다른 요한계시록 강해서를 출판하는 것이다.

2) 하나님께로부터 하늘에서 내려오니(계 21:2b)

미래에 존재하게 될 새 예루살렘의 근원을 두 가지로 설명한다. 하나는 "하나님께로부터"라는 것이고, 두 번째는 "하늘에서 내려오니"라고 했다. 여기 두 가지 새 예루살렘의 근원을 제대로 알아야 새 예루살렘이 상징이라는 말의 무의미성을 알 수가 있다.

먼저 "하나님께로부터"를 알아야 한다.
이 말은 "아포 투 데우"(ἀπὸ τοῦ θεοῦ)다. 여기서 '아포'(ἀπὸ)는 기원이나 출처를 나타내는 소유격 지배 전치사다. 그렇기에 새 예루살렘의 기원이나 출처가 하나님에게서 비롯되었음을 명확하게 확인시켜 준다. 다음으로 "하늘에서"는 "에크 투 우라누"(ἐκ τοῦ οὐρανοῦ)다. 여기도 기원이나 출처를 나타내는 소유격 지배 전치사 '에크'(ἐκ)가 사용되었다. 그렇기에 새 예루살렘의 기원이나 출처가 땅의 지상 교회들이 아닌 전혀 다른 차원의 '하늘'에서 비롯되었음을 밝히고 있다. 이렇게 '하나님께로부터'와 '하늘에서' 비롯된 '새 예루살렘'은 앞서 계시록 20장 4~6절의 지상의 천년왕국과는 근본적으로 다르다.

그리고 새 예루살렘이 지상의 교회들이나 지상의 천년왕국과는 근본적으로 다른 것임을 설명하기 위해 "하나님께로부터"와 "하늘에서" 기원된 것은 물론이고, 그것이 실제로 하늘에서 내려온다고 했다. "내려오니"는 '카타바이누산'(καταβαίνουσαν)이다. 이 말은 '내려오다', '내려가다'는 뜻을 지닌 '카타바이노'(καταβαίνω)의 현재 분사다. 그렇기에 사도 요한은 새 예루살렘이 하늘로부터 내려오는 장면들을 생생하게 목격한 것을 기록하고 있다. 이렇게 '새 예루살렘'은 하나님께서 마련해 주시는 미래의 천국으로 하나님께서 인간의 지혜를 뛰어넘는 창조자의 세상 내용이다. 이 같은 새 예루살렘을 상징이라고 믿는 자들의 신앙이 불쌍하게 느껴질 따름이다.

3) 그 준비한 것이 신부가 남편을 위하여 단장한 것 같더라(계 21:2c)

"새 예루살렘"은 구원받은 성도들이 살아갈 미래의 천국 모습이다. 그렇게 아름다운 모습을 사도 요한은 결혼하기 위해 단장한 신부의 모습으로 표현한다. 사도 요한이 살던 시대에는 미스 코리아(Miss Korea) 같은 제도가 없었던 시대였다.

사도 요한이 살던 때 인간으로 최고의 아름다운 수준은 결혼식을 앞두고 단장한 여인의 모습이었던 것 같다. 그래서 최상의 아름다움을 혼인 때의 신부로 표현한다. 앞서 계시록 19장 7절에서도 장차 구원받은 성도들이 주님을 만나게 될 때의 성도의 모습을 '어린양의 혼인' 때 아내 되는 성도들이 자신을 준비한 여인의 모습으로 표현한다. 그리고 여기 계시록 21장 2절에서는 구원받은 성도들이 살아갈 미래의 '예루살렘 성'을 혼인식을 위해 단장한 여인의 모습으로 표현한다.

여기 '준비한 것'이라는 말은 '헤토이마스메넨'(ἡτοιμασμένην)이다. 이 말은 '준비하다'는 뜻의 단어 '헤토이마조'(ἑτοιμάζω)의 완료 수동태 분사이다. 또 '단장한 것'이라는 말은 '케코스메메넨'(κεκοσμημένην)이다. 이 단어 역시 '화장하다', '꾸미다'의 뜻을 가진 단어의 완료 수동태 분사다. 그렇기에 미래의 천국인 새 예루살렘은 인간이 만든 어떤 인위적인 조직체가 아니다. 미래에 구원받은 성도들이 살아가게 될 천국인 새 예루살렘은 창조주 하나님께서 인위적 요소를 완전히 배격하고 창조주의 독자적 판단에 의해 만들어주시는 장소인 것이다.

그 미래의 '천국'은 관념적이거나 또는 '영적'이거나 또는 '환상'적인 곳이 아니다. 그곳은 명확한 거주 공간이다. 주님께서도 명확하게 말씀하셨다.

요 14:2~3 "내 아버지 집에 거할 곳이 많도다…내가 너희를 위하여 거처를 예비하러 가노니 가서 너희를 위하여 거처를 예비하면 내가 다시 와서 너희를 내게로 영접하여 나 있는 곳에 너희도 있게 하리라"

사도 요한은 "내 아버지 집에 거할 곳이 많다"라고 했다. 이때 말하는 '거할 곳'이 무엇인가? '거할 곳'이라는 원문은 '모나이'(μοναὶ)다. '모나이'에 대한 단어는 여기 요한복음 14장 2절과 23절에 두 번 쓰였다. 그런데 이 '모나이'에 대한 해석은 여러 가지로 갈라진다.

① 교부들 중 최고의 석학으로 알려진 알렉산드리아 출신의 성경학교 교장인 오리게네우스(Origen, 185~254)는 하나님께로 가는 도상의 '정류장'이라고 해석했다.
② 교부시대 역시 석학인 히에로니무스(Hieronymus, Jerome, 345~419)가 라틴어 성경(Vulgate, 404)을 번역하면서 이 단어를 '고관들의 거주지'라는 뜻의 'Mansiones'(맨션)으로 번역했다.
③ 종교개혁자 루터(Martin Luther, 1483~1546)는 '모나이'를 독일어의 '주택', '거처'라는 뜻의 'Wohnungen'으로 번역했다.

④ 킹 제임스 성경(1611)은 '모나이'를 'Many Mansions' 또는 '처소'(a place)로 번역했다.
⑤ 미국의 가톨릭과 개신교 학자들이 공동 번역한 NAB(1970)에는 '거할 처소'(dwelling places)로 번역했다.
⑥ 새 국제 성경(NIV 1978)은 단순히 '방'(rooms)으로 번역했다.

이렇게 번역 성경들은 그 시대적 배경과 번역자의 사상에 따라 차이가 있음을 알 수 있다. 그러나 전체적인 말씀의 맥락을 보면, 모든 성도가 영원히 살아갈 항구적인 거처라는 뜻이 명백하다.

여기 새 예루살렘은 인간들이 상상하는 잠시 휴식하는 휴식 공간이거나 상징적 의미로 이해하기에는 너무 모순점이 많다. 왜냐하면 새 예루살렘을 만드실 분이 창조주 하나님이시기 때문이다. 우주 만물을 말씀으로 만드신 창조주 하나님은 우리 인간들이 상상할 수 없는 새 예루살렘 창조도 충분히 가능한 분이시다.

우리가 믿어야 할 사실은 성경을 단순하게 문자적으로 믿고 확고한 신념을 갖고 살아갈 것인가? 아니면 성경을 인간들의 견해를 따라 이 의견, 저 의견에 따라 불확실한 가운데 모호하게 살아갈 것인가? 양단간에 한 입장을 선택해야만 할 것이다.

03
하나님께서 자기 백성과 장막에 함께하실 것의 선언

(계 21:3~4)

1) 내가 들으니 보좌에서 큰 음성이 나서 이르되(계 21:3a)

    요한계시록은 사도 요한이 밧모섬에서 환상을 통해 본 것과 들은 내용을 기록하고 있다.

    그런데 여기 계시록 20장 3절에서는 "보좌에서 큰 음성이" 나는 소리를 들었고, 또 5절에서는 "보좌에 앉으신 이"가 이르시는 음성을 들었다고 했다.

    보좌에서 나오는 음성은 다 똑같으나 보좌에서 말씀하시는 주체는 3절과 5절이 다른 분임을 알 수 있다. 그 근거는 5절의 "보좌에 앉으신 이"라는 말은 '호 카데메노스'(ὁ καθήμενος)라는 1인칭으로 쓰여 있고, 3절의 "보좌에서"는 '에크 투 드로누'(ἐκ τοῦ θρόνου)라는 3인칭으로 썼기 때문이다. 그래서 3절의 보좌의 큰 음성은 하나님의 보좌 주변에서 하나님을 보좌하는 천사로 추정할 수 있고, 5절의 말씀의 주인공은 하나님의 직접적인 말씀이라고 이해할 수 있다.

2) 보라 하나님의 장막이 사람들과 함께 있으매(계 21:3b)

이 내용은 구약성경 전체를 관통하고 있는 기본 주제이다.

레 26:11~12 "내가 내 성막을 너희 중에 세우리니 내 마음이 너희를 싫어하지 아니할 것이며 나는 너희 중에 행하여 너희의 하나님이 되고 내 백성이 될 것이니라"

이 말씀의 일차적 의미는 출애굽 후에 광야에서 지은 장막(tabernacle)을 가나안에 정착한 후에 가나안 땅의 이스라엘 백성 가운데 두시겠다는 뜻이다. 그러나 이 말씀의 이차적 의미는 하나님께 나오는 자들인 거룩한 자들은 하나님을 만날 수 있다는 의미를 담고 있다.

이와 같은 율법이 미래의 새 예루살렘에서 완전하게 완성될 것임을 분명하게 밝혀주고 있다.

렘 31:33 "그러나 그날 후에 내가 이스라엘 집과 맺을 언약은 이러하니 곧 내가 나의 법을 그들의 속에 두며 그들의 마음에 기록하여 나는 그들의 하나님이 되고 그들은 내 백성이 될 것이라 여호와의 말씀이니라"

이 말씀의 일차직 의미는 과거 출애굽 직후의 시내산의 율법이(출 19~20장) 더 이상 효력을 발휘할 수 없으므로 새 언약(눅 22:20)을 복음으로 완성하겠다는 의미이다. 그러나 이 말씀의 이차적 의미는 미래의 새 예루살렘에서 완성될 것임을 사도 요한이 계시록 21장 3절에서 예언하고 있다.

겔 37:27 "내 처소가 그들 가운데 있을 것이며 나는 그들의 하나님이 되고 그들은 내 백성이 되리라"

슥 8:7~8 "만군의 여호와가 이같이 말하노라 보라 내 백성을 해가 뜨는 땅과 해가 지는 땅에서부터 구원하여 내고 인도하여다가 예루살렘 가운데 거주하게 하리니 그들은 내 백성이 되고 나는 진리와 공의로 그들의 하나님이 되리라"

이 모든 구약성경을 보면 이스라엘 백성들의 최고의 이상적인 미래의 소망은 하나님의 장막에서 하나님과 함께 살아간다는 소망이었다. 그런데 그와 같은 이스라엘 민족이 구약시대 줄기차게 소망해 온 그 하나님의 장막의 소망이 여기 미래의 새 예루살렘에서 완성될 것임을 3절에 선언하고 있다.

거룩한 새 예루살렘 성은 이스라엘 백성뿐만 아니라 신약시대 이후에 구원받은 자들이 살아갈 영원한 천국의 소망의 완성이기도 하다.

3) 하나님이 그들과 함께 계시리니 그들은 하나님의 백성이 되고 하나님은 친히 그들과 함께 계셔서(계 21:3c)

이 내용은 앞서 구약성경의 예언의 성취 말씀임을 확인시켜 주는 내용이다.

4) 모든 눈물을 그 눈에서 닦아 주시니(계 21:4a)

앞서 3절에서는 구약에서 '하나님께서' 자기 백성들과 함께 거하실 것을 예언하신 말씀이 여기에서 성취될 것을 예언했고, 4절 전체는 그렇게 예언이 성취되었을 때의 결과를 설명해 준다.

그 첫째 내용이 모든 눈물을 그 눈에서 닦아주시는 것이다.

여기 눈물을 "닦아 주시니"라는 말을 크게 기억해야 하겠다. '닦아 주시니'라는 말은 '엑살레입세이'(ἐξαλείψει)다. 이 말은 '지워버리다', '삭제하다'라는 뜻을 지닌 '엑살레이포'(ἐξαλείφω)의 미래형이다. 그리고 우리가 반드시 기억할 내용은 '모든 눈물'이라는 '판 다크뤼온'(πᾶν δάκρυον)이라는 말이다. 인간이 세상에서 살아가면서 흘리는 눈물의 경우는 매우 다양하다. 슬퍼서 흘리는 눈물이 있는가 하면 너무 기쁠 때도 눈물이 난다. 또 아파서 흘리는 고통의 눈물이 있는가 하면 너무 잘못한 것에 대한 후회의 눈물도 있고 별의별 눈물들이 많다. 그런데 미래의 천국에는 '모든 눈물들'을 삭제시켜 버려 주신다는 것이다.

생각해 보라. 천국에 갔는데도 부모 형제에게 잘못한 일이 떠올라서 생각날 때마다 눈물이 계속 쏟아진다든가, 인생을 살면서 남들은 잘 모르지만 자기만이 알고 있는 죄악들이 뉘우쳐져서 또 눈물이 쏟아진다든가, 인생을 살아가면서 고의였든지 실수였든지 간에 잘못한 일들이 계속 떠올라서 눈물이 난다고 가정해 보라. 그곳을 천국이라고 말할 수 없을 것이다.

천국의 특징이 무엇인가? 우주 만물을 창조하신 하나님과 함께 살아간다. '모든 눈물들'이 다 제거되는 곳이다. 그곳에는 후회도, 미련도, 아쉬움도, 처절한 회상도, 지긋지긋한 고통의 추억도 다 사라지는 곳이다. 왜 우리가 천국을 사모하는가? 그곳은 인간 세계의 질서와 환경이 하나님 세계의 질서와 환경으로 완벽하게 전환되기 때문이다. 이 같은 사실을 문자적으로 믿어야만 실감이 나지만 상징적 해석으로는 실감할 수 없는 내용이다.

5) 다시는 사망이 없고(계 21:4b)

여기서 말하는 사망은 '호 다나토스'(ὁ θάνατος)다. 최초의 인간은 죽지 않고 영생할 수 있도록 창조되었다(창 2:22). 그러나 아담과 하와의 범죄로 죄가 세상에 들어왔고 그 죄로 인하여 모든 인류에게 사망이 왔다(롬 5:12). 그래서 죄의 삯은 사망이고, 하나님의 은사는 그리스도 예수 우리 주 안에 있는 영생이 되었다(롬 6:23).

우리가 예수 그리스도를 영접함으로 하나님의 자녀가 되는 권세를 가졌으므로(요 1:12) 그리스도 예수 안에 있는 자에게는 결코 정죄가 없다(롬 8:1~2). 그러나 그리스도의 영을 모신 육신은 죽을 수밖에 없는 한계성을 가진 육체다. 그래서 육신은 한번 죽는 것이 정해져 있다(히 9:27). 이렇게 육체가 죽는 죽음을 첫째 사망이라 하고, 육체와 영혼이 영원히 죽게 되는 죽음을 '둘째 사망'(계 2:11, 20:6, 14)이라고 한다.

바울 사도는 장차 부활의 영광을 누리게 될 때 더 이상 '첫째 사망' 같은 사망이 두 번 다시 일어나지 않을 것을 강력하게 주장한다.

고전 15:54~55 "이 썩을 것이 썩지 아니함을 입고 이 죽을 것이 죽지 아니함을 입을 때에는(그때가 부활 때다) 사망을 삼키고 이기리라고 기록된 말씀이 이루어지리라 사망아 너의 승리가 어디 있느냐 사망아 네가 쏘는 것이 어디 있느냐"

이렇게 육체적 사망의 '첫째 사망'은 부활 때 완전히 사라지는 것이다. 그렇기에 천국에서 '다시는 사망이 없는 것'은 당연한 결론이다.

6) 애통하는 것이나 곡하는 것이나 아픈 것이 다시 있지 아니하리니(계 21:4c)

애통하는 것은 '펜도스'(πένθος), 곡하는 것은 '크라우게'(κραυγὴ), 아픈 것은 '포노스'(πόνος)다. 천국은 사망만 없는 곳이 아니다. 천국에서도 애통하는 일이 계속 일어나고 눈물 흘릴 일이 계속 일어나고 병들고 아픈 일이 계속 일어난다면, 그곳을 천국이라고 말할 수 없을 것이다. 천국은 이 세상에서 인간을 슬프게 하는 부정적 요소들이 다 제거된다.

7) 처음 것들이 다 지나갔음이니라(계 21:4d)

"처음 것들"이라는 말은 '타 프로타'(τὰ πρῶτα)다. 처음 것들이 고작 '사망', '애통', '곡하는 것', '아픈 것' 정도로 국한되는 것을 의미하지 않는다. '처음 것들'이라는 말 속에는 '인간들이 지녀오고 있는 모든 기준들'이라는 의미가 포함되는 말이다.

죽는 것이나 아픈 것, 애통하는 것을 싫어하는 것은 모든 인류의 보편적 상식이다. 그뿐만이 아니다. 사람들은 늙는 것을 싫어하고, 항상 젊었을 때 같기를 바란다. 또 사람들은 아름다움에 대한 편견이나 인종에 대한 편견, 남녀에 대한 편견들을 갖고 살아간다.

그래서 어떤 성경 해석자는 장차 부활 때에는 부활하게 될 부활의 몸이 30대 초반의 예수님처럼 모든 인류가 모두 다 30대 남녀로 부활할 것이라고 상상적 해석을 하는 이도 있다.

그러나 여기 "처음 것들이 다 지나갔음이니라"는 말 속에는 이 세상의 인간들이 만든 편견과 상식이 다 철폐된다는 의미가 포함되는 뜻이다.

아프리카에서는 '흑인'이라는 개념이 없다. '흑인'이라는 개념은 유럽인들이 차별화로 만든 개념이다. 성경에는 남녀 간의 차별 개념이 없다. 그러나 남녀를 차별하여 인식하게 만든 것은 이슬람 종교다. 또 성경에는 민주주의, 공산주의, 사회주의, 독재주의라는 개념이 없다. 이 모든 것들은 인간이 만들어 놓은 부산물들에 불과하다.

천국에는 '처음 것들'에 해당하는 인간적, 세상적, 사회적, 종교적, 사상적 등 모든 편견이 '다 지나간' 곳이다. 여기 '지나갔음'은 '아펠단'(ἀπῆλθαν)이다. 이 말은 '떠나가다', '도망가다', '사라지다'는 뜻의 부정과거 능동태다.

이 말씀 속에는 첫 사람이 지은 죄로 인한 사망과 고통과 비극이 완전하게 사라지고, 완벽하게 새로운 '새 하늘'과 '새 땅'에서 수준과 격조가 완벽하게 새로운 삶을 살아갈 것을 의미하는 선언이다.

04
하나님께서 만물의 갱신과 악인의 영원한 분리를 선언

(계 21:5~8)

1) 보좌에 앉으신 이가 이르시되(계 21:5a)

요한계시록 안에는 '보좌'에 대한 언급이 대단히 많이 발견된다. 요한계시록 안에 '보좌'라는 말이 무려 35회 이상 기록되어 있다. 물론 마태복음에 4회, 누가복음과 사도행전에 각 1회씩, 골로새서에 1회 그리고 히브리서에 4회가 쓰였다. 이렇게 요한계시록에서 '보좌'라는 용어를 많이 사용하는 이유가 무엇일까?

'보좌'라는 말 '드로노스'(θρόνος)는 '하나님께서 좌정하셔서 통치하는 사리'라는 뜻이다. 하나님께서 우주의 왕으로서 왕적인 권세와 위엄을 갖고 우주를 다스리시는 권세와 위엄을 '보좌에 앉으신 이'로 표현하고 있다.

그런데 요한계시록 안의 수많은 '보좌'를 언급하는 표현 중에서 하나님을 명확하게 명시적으로 직접적으로 말씀하는 것으로 표현한 것은 두 차례다. 첫 번째는 계시록 1장 8절에 "주 하나님이 이르시되 나는 알파와 오메가라"는 표현과 두 번째는 바로 계시록 20장 5절에 "보좌에 앉으신 이가 이르시되"라는 이곳의 표현이다.

이렇게 하나님께서 직접 말씀하시는 것으로 표현한 것에는 이 말씀이 얼마나 중요한 말씀인가를 환기시켜 주는 의도가 있다고 이해된다. 그렇기에 여기 5절부터 8절 내용을 주목해서 살펴볼 필요를 느낀다. 그 다음 내용들을 하나씩 살펴보자.

2) 보라 내가 만물을 새롭게 하노라 하시고(계 21:5b)

"만물을 새롭게 하노라"는 "카이나 포이오 판타"(καινὰ ποιῶ πάντα)다. '만물'은 '판타'(πάντα)이다. 바울 사도는 "만물이 주에게서 나오고 주로 말미암고 주에게로 돌아감이라"(롬 11:36)고 했고, 또 "만물이 그에게서 창조되되 하늘과 땅에서 보이는 것들과 보이지 않는 것들과 혹은 왕권들이나 주권들이나 통치자들이나 권세들이나 만물이 다 그로 말미암고 그를 위하여 창조되었고 또한 그가 만물보다 먼저 계시고 만물이 그 안에 함께 섰느니라"(골 1:16~17)고 했다.

그런데 말세가 되면 조롱하는 자들이 자기의 정욕을 따라 행하며 조롱하기를 만물은 처음 창조될 때부터 그냥 계속 진행될 것이라고 주장한다는 것이다(벧후 3:3~4). 이것은 만물이 하나님께로부터 된 것을 잊으려는 술책일 뿐이다. 그러나 하늘과 땅은 경건하지 않은 사람들의 심판을 위해서 멸망의 날까지 보존하여 두신 것에 불과하다는 것이다(벧후 3:7).

베드로 사도는 말세에 하늘과 땅이 없어질 것을 예언했다(벧후 3:9~13).

여기서 우리가 깨달을 사실이 있다. 미래의 '새 하늘'과 '새 땅'은 지금까지 존재해 가고 있는 이 우주 세계를 약간 수정하거나 또는 개량하는 작업이 아니다. '처음 하늘'과 '처음 땅'을 완전히 없애버리고 새로운 하늘과 새로운 땅을 만드는 '신천(新天) 신지(新地)'를 만드는 새로운 창조 사역이다.

이와 같은 '새 하늘'과 '새 땅'의 새 창조는 구약 때 하나님께서 이미 약속하신 미래 세상의 예언의 성취인 것이다.

사 65:17~18 "보라 내가 새 하늘과 새 땅을 창조하나니 이전 것은 기억되거나 마음에 생각나지 아니할 것이라 너희는 내가 창조하는 것으로 말미암아 영원히 기뻐하며 즐거워할지니라"

이와 같은 주전 740~680년의 사역자 이사야 선지자의 예언을 그 후에 주전 280~150년경의 중간시대(구약과 신약의 중간)에 만들어진 외경(外經)들이 재활용한다.

그 외경들이라는 에녹1서, 바룩2서, 에스드라서 등등은 구약에 알려진 인물들의 이름을 도용해서 만든 위장 문서다. 이 같은 위장 문서를 가톨릭은 정경으로 성경책으로 믿고 있고 개신교들은 참고용 정도로 취급한다.

현대의 개신교 신학자 중에는 요한계시록이 바로 외경 문서들에 근거한 장로 요한의 편찬본이라고 주장하는 학자들이 있다. 필자는, 그렇게 믿는 신학자들은 가톨릭으로 돌아가 거기서 활동하는 것이 훨씬 더 환영받는 신학자가 될 것으로 본다.

3) 또 이르시되 이 말은 신실하고 참되니 기록하라 하시고(계 21:5c)

여기 이 말은 하나님의 말씀이라고 하기보다는 하나님 옆에서 하나님을 보좌하는 한 천사의 말로 이해된다.

천사는 사도 요한에게 하나님 말씀의 신실성과 진실성을 강조하기 위해서 반드시 기록하라고 지시를 한다. 우리나라의 개역개정이나 표준 새번역이나 공동번역 성경들은 "이 말"이라고 단수형으로 번역되었다. 그러나 원문 '호이 로고이'(οἱ λόγοι)는 복수 지시 대명사로 '말들'이라고 번역해야 올바르다.

KJV 성경이 유일하게 '말들'(words)이라고 번역되었다. 하나님의 말씀들은 '거짓이 없이 참되다'는 말은 '알레디노이'(ἀληθινοί), '신실하다'는 말은 '피스토이'(πιστοί)를 썼다. 그렇게 천사가 요한에게 전해주는 말은 참되고 신실하므로 기록해야 된다는 것이다.

똑같은 천사의 지시가 계시록 19장 9절에 주어졌고, 계시록 22장 18~19절에도 반복되고 있다. 우리는 왜 사도 요한이 이 요한계시록을 기록했는지 그 의도를 헤아릴 줄 알아야 한다.

4) 또 내게 말씀하시되 이루었도다 나는 알파와 오메가요 처음과 마지막이라(계 21:6a)

사도 요한은 요한계시록의 서두에서 "나는 알파요 오메가"라는 표현을 사용했다(계 1:8).

그런데 사도 요한은 계시록의 끝부분에 또다시 "나는 알파와 오메가"라는 표현을 다시 사용한다.

이렇게 해서 하나님은 만물을 창조하신 역사의 시작인 '알파'가 되시는 분이고, 또 만물을 없애버리시는 역사의 마지막인 '오메가'가 되시는 분이다. 그래서 '이루었도다'는 말 '게고난'(γέγοναν)을 사용한다. 하나님은 역사의 시작과 끝을 맺는 분이시기 때문에 그분만이 '이루었도다'라는 말씀을 하실 수 있으시다. 이렇게 역사의 시작과 끝을 맺을 수 있는 능력자라야만 또 다른 세계를 다시 창조하실 수 있는 능력을 가지신 자로 공인될 수가 있다. 이 말씀 속에 담겨있는 엄청난 진리를 바로 깨달아야 계시록을 이해할 수 있다.

5) 또 내가 생명수 샘물을 목마른 자에게 값없이 주리니(계 21:6b)

과거 에덴동산에는 생명나무가 있었다(창 2:9). 그 생명나무 열매가 계시록 2장 8절에 또다시 약속되고 있다. 그와 같은 생명나무 열매는 미래의 천국에서 생명수 강가에서 먹을 수 있는 과거 에덴동산의 회복처럼 느껴진다.

그러나 생명수 샘물은 요한복음 4장 10~14절에서 예수님께서 사마리아 여인에게 깨우쳐 주신 진리이다. 그 '생명수'를 '투 휘다토스 테스 조에스'(τοῦ ὕδατος τῆς ζωῆς)라고 한다.

생명나무 열매가 구원받은 자들의 양식의 상징적 표현이라고 한다면, 생명수는 하나님을 향한 갈급한 영혼들에게 주어지는 갈증의 해결을 의미한다.

이 같은 생명수의 공급이 교회시대에는 갈급한 영혼들에게나 주어지지만 생명수에 대한 갈증이 없는 자에게는 주어지지 않으므로 교회시대의 성도들은 각양각색 양상으로 나타난다.

그러나 미래의 천국인 새 예루살렘에서는 그곳에서 살아가는 구원받은 자들 모두에게 값없이 주어진다.

여기 '값없이'란 '도레안'(δωρεάν)이다. 이 말은 아무 대가를 치르지 않아도 하나님께서 거저 주시는 하나님의 자비로우신 은총이다. 생각해 보라. 이 땅에서 구원받은 성도들의 생애도 영혼의 감격과 말씀에 대한 갈증이 수시로 변덕을 부린다. 그래서 어떤 때에는 하나님의 은혜를 깨닫고 감격하여 찬송과 감사 생활을 한다. 그러나 어떤 때는 저 사람이 과연 구원받은 성도인지 의심이 될 정도로 믿음이 가지 않을 때가 있다.

이 세상에서는 이처럼 영혼의 감격이 들쑥날쑥 굴곡이 심하다. 그런데 천국에서의 생활은 완전히 달라진다. 하나님께서 천국 시민 모두에게 생명수 샘물을 무제한으로 누구에게나 값을 치르지 않고도 누리게 하신다. 그래서 천국의 생활은 항상 찬양과 경배가 가능한 것이다.

이 사실을 제대로 깨닫는 것이 계시록 4장 8~11절의 네 생물과 이십사 장로들의 찬양과 경배 생활인 것이다.

6) 이기는 자는 이것들을 상속으로 받으리라(계 21:7a)

미래에 있을 '새 하늘'과 '새 땅'에 대한 설명이 2절부터 7절까지에 다양한 모습으로 설명된다.

2절에서는 새 하늘과 새 땅이 신부가 남편을 위해 단장한 것 같다. 3절에서는 하나님의 장막에 공생하는 하나님 백성으로, 4절에서는 처음 세상에서 비극이었던 모든 요소가 다 배제된 것으로, 5절에서는 만물을 새롭게 하신 것으로, 6절에서는 생명수 샘물이 무한대로 지속될 것으로 설명을 했다. 그런데 여기 7절에서는 이 모든 축복이 전쟁이나 세상의 생존 경쟁에서 이기고 살아남는 자에게 주어지는 축복임을 설명한다.

사실 요한계시록에서 '교회시대'에 해당되는 2~3장에서도 '이기는 자'에 대한 축복이 이미 주어졌다. 계시록 2장 7절의 에베소교회의 이기는 자에게는 생명나무의 열매를 약속했고, 2장 11절에 이기는 자는 둘째 사망의 해를 받지 않는다고 했다. 또 계시록 2장 26절에 두아디라교회의 이기는 자에게는 만국을 다스리는 권세를 주겠다고 약속했고, 3:5에 사데교회의 이기는 자에게는 흰옷을 입고 생명책에 이름이 기록될 것을 약속해 주셨다. 또 계시록 3장 12절의 빌라델비아교회의 이기는 자에게는 하나님 성전의 기둥이 되고 새 예루살렘의 새 이름을 기록하리라고 했다. 또 계시록 3장 21절에는 라오디게아교회의 이기는 자에게는 보좌에 함께 앉게 해주는 약속을 했다.

교회시대뿐만이 아니다. 앞으로 있을 대환난 시대에도 이기는 자에게 주어지는 축복들이 있다(계 6:2, 11:7, 12:11, 13:7, 15:2, 17:14). 그리고 장차 '새 하늘'과 '새 땅'에 들어가 살 수 있는 자도 사탄의 유혹과 세상의 혼돈들 속에서도 세상에 휩쓸려가지 않고 그리스도인의 정체성을 줄기차게 지켜나가는 '이기는 자'라야만 한다.
여기 "이기는 자는"이라는 말이 '호 니콘'(ὁ νικῶν)이다. 이 말은 '승리하다'라는 뜻을 가진 '니카오'(νικάω)의 현재분사다. 그렇기에 과거 젊었을 때, 또는 잘살있을 내 이겼던 과거 내용이 아니다. 주님께서 재림해 오시는 그 순간까지 줄기차게 '이기는 삶'을 살아야 함을 의미한다.
그렇게 마지막 순간까지 '이기는 삶'을 계속 이어가는 자에게는 어떤 보상이 주어지는가? 그 보상을 상속으로 받으리라고 했다. '상속으로 받으리라'는 말은 '클레로노메세이'(κληρονομήσει)다. 이 말은 '물려받다', '차지하다', '상속받다'라는 뜻의 단어의 미래형이다. 그렇게 상속으로 물려받아 차지하게 되는 것이 다음에 이어진다.

7) 나는 그의 하나님이 되고 그는 내 아들이 되리라(계 21:7b)

이 내용은 앞서 3절 내용과 또 다른 표현이다. '나는 그의 하나님이 된다. 그는 내 아들이 된다.' 이 말의 의미를 우리는 구약과 신약에서 발견하고 깨달을 수 있다. 먼저 구약성경에서 이 말이 무슨 뜻인가를 보자. 창세기 17장 5~8절을 보면 하나님께서 아브람을 아브라함이라고 개명해 주시면서 "내가 너를 여러 민족의 아버지가 되게 해주겠고 나는 너와 네 후손들의 하나님이 되겠다"는 약속을 해주신다.

또 사무엘하 7장 6~17절을 보면 하나님께서 나단 선지자를 통해 다윗과 그의 후손들에게 언약을 해주신다. 그 내용 역시 "나는 그에게 아버지가 되고 그는 내게 아들이 되리니"(14절)라는 약속이었다. 이와 같은 구약의 언약들은 구약 때 이스라엘 민족들에게 국한되었다. 이때 구약의 언약은 구약시대 때에만 적용되었고, 구약의 종식과 함께 더 이상 이스라엘 민족의 특권은 상실되었다(롬 9:25~33).

구약의 이스라엘 민족에게 주신 언약은 구약으로 종지부를 찍었다. 신약에서는 더 이상 언약의 기능이 없어지고 유대인이나 헬라인이나 누구든지 주의 이름을 부르는 자는 구원을 받게 되어 있다(롬 10:12~13). 따라서 칼빈주의자들이 '언약 신학'으로 신약시대까지 언약을 적용시키는 것은 성서 해석의 심각한 오류를 뜻한다.

신약시대에는 하나님께서 자기 백성을 버리신 것이 아니다(롬 11:1~2). 오히려 이스라엘 백성이 넘어짐으로 구원이 이방인에게 이르게 되었다(롬 11:1).

하나님의 언약이 이방인에게 넘어간 것은 이스라엘로 하여금 시기가 나게 해서(롬 11:11, 14) 그들 중 일부를 구원하시려 하신 것이다. 그래서 신약시대의 이스라엘은 이방인의 충만한 수가 들어오기까지 (롬 11:25) 우둔하게 된 상태가 되었다. 그러나 신약시대에는 이스라엘은 꺾이고 이방인들이 믿음에 섰다(롬 11:20). 이는 구약시대의 언약은 더 이상 효력이 끝났음을 의미한다.

신약시대에는 '언약'이 없다. 신약시대에는 '믿음'만 있다. 신약시대에는 영접하는 자 곧 그 이름을 믿는 자들에게는 하나님의 자녀가 되는 권세를 주셨다(요 1:12).

신약시대에는 아들을 믿는 자에게는 영생이 있고 아들에게 순종하지 아니하는 자는 영생은커녕 도리어 하나님의 진노가 그 위에 머물러 있다(요 3:36).

신약시대의 하나님의 자녀란 영생을 소유한 것을 의미한다. 따라서 신약시대에 주님을 영접함으로 영생을 얻은 자들이 이 세상을 살아가는 동안에는, 영적으로는 영생이나 육적으로는 제한 속에 살아간다. 그러나 그리스도의 공중 강림 때 휴거에 의해 들림 받은 이후의 성도들은 영광된 부활의 몸으로 그리스도와 더불어 영생이 실현된다.

여기 요한계시록 21장 7절에 '이기는 자'라는 말은 주님이 재림해 오시는 그날까지 이기는 삶을 살아가는 성도들을 의미한다.

그들에게 "나는 그의 하나님이 되고 그는 내 아들이 되리라"는 주님의 약속이(요 1:12) 실제적으로 실현되는 것이다. 여기서 우리는 구약에서 아브라함과 다윗에게 주셨던 언약은 구약시대로 끝이 났기에 더 이상 '언약 신학'이라는 개념이 용납되지 않는 것이다. 그리고 하나님께서 해주신 언약의 완성은 언약 신학자들이 해석하는 것처럼 상징적 모호한 개념이 아니다. 그것은 장차 천국에서 완성되는 사실적, 실제적 개념이다.

8) 그러나 두려워하는 자들과 믿지 아니하는 자들과(계 21:8a)

하나님께서 수십억의 인류 중에서 하나님의 자녀로 불러주시고 구원시켜 주신 것은, 사탄이 지배하는 세상 속에서도 하나님의 자녀다운 삶을 분명하게 드러내면서 세상의 모든 유혹과 시련에도 이겨나가도록 불러 주신 것이다. 그런데 그와 같은 하나님의 특권적, 사명적, 목적의식을 망각하고 하나님의 부르심을 거절하거나 또는 중도에서 탈락하는 비겁한 자들의 생길 수 있다.

여기 "믿지 아니하는 자들"과 "두려워하는 자들"의 의미를 제대로 알아야 한다. "믿지 아니하는 자들"이라는 말은 '아피스토이스'(ἀπίστοις)다.
요한복음 3장 16절의 '믿는 자'는 '피스튜온'(πιστεύων)이다. '믿지 않는 자'라는 말은 피스튜온에 부정 접두어 '아'(α)가 합성되어 '아피스토이스'가 되었다. 결국 하나님의 사랑에 의한 독생자의 희생으로 모든 인류에게 죄와 사망을 해결시켜 주신 하나님의 사랑의 사역을 믿지 않는 자들은 다 불과 유황으로 타는 못에 갈 수밖에 없는 것이다.

또 "두려워하는 자들"의 의미도 바로 깨달아야 한다. '두려워한다'

는 말은 '데일로이스'(δειλοῖς)다. 이 말은 '두려워하다', '비겁하다'는 뜻을 가진 '데이도'(δειδω)에서 파생된 명사이다. 그렇기에 이 말은 인간이 본능적으로 무서워한다든가, 천성적으로 소심하고 소극적이라는 의미가 아니다. 이 말은 한번 믿기로 작정을 한 후에 핍박이나 각종 어려움들이 닥치자 비겁하게 신앙을 포기한다든가, 또는 공산주의의 압박이나 대환난 시대에 짐승들(계 13장)의 배교의 압력 등에 굴복하여 개인의 안위를 선택하는 자들을 의미한다.

하나님의 자녀가 되는 궁극적 축복은 이 땅에서는 부분적으로 불완전하게 이뤄지고 장차 천국에서 완전하게 완성된다. 그러나 이 땅에서 믿지 않는 자들이나 중도에 포기하는 자들은 하나님의 자녀가 되는 축복을 얻을 수가 없다. 우리가 나아갈 길은 생명조차 조금도 귀한 것으로 여기지 않고 주 예수께 받은 사명을 완수할 때까지(행 20:24) 달려가야만 되는 것이다.

9) 흉악한 자들, 살인자들, 음행하는 자들, 우상 숭배자들, 거짓 말하는 자들은 불과 유황으로 타는 못에 던져지리니 이것이 둘째 사망이라(계 21:8b)

여기 보면 불과 유황 불못에 던져질 자들이 폭넓게 밝혀지고 있다. 장차 하나님 나라의 하나님의 자녀로 영생을 받지 못할 자들이 단순히 불신자나 배교자로 국한되지 않는다. 장차 불과 유황 불못에 던져질 자들의 영역이 구체적으로 명시되었다. 이제 그들 하나하나를 살펴보자.

① 흉악한 자들

이 말은 '엡델뤼그메노이스'(ἐβδελυγμένοις)다. 이 말은 '혐오하다', '가증이 여기다', '싫어하다'라는 뜻을 가진 '브델륏소'(βδελυσσω)의 완료 수동태 분사이다. 이 단어가 로마서 2장 22절에는 '가증이 여기는'이라는 말로 번역된 '브델륏소메노스'(βδελυσσόμενος)로 쓰였다. 또 디도서 1장 16절에 '가증한 자'라는 말이 '브델뤽토이'(βδελυκτοί))로 쓰였다.

계시록에도 17장 4~5절에 '가증한 것'으로, 21장 27절에 '가증한 일'로 쓰였다.

'가증하다'는 말이 무슨 뜻인가? 우리나라 말에는 '얄밉다', '괘씸하다'는 뜻이라고 했다. 그렇기에 '흉악하다'는 우리말의 뜻은 '거칠고 사납다', '험상궂다'는 뜻과는 다른 의미이다. 여기 '흉악한 자'라는 원문은 거칠고 사납다는 뜻이 아니라 '가증하다'라는 의미로 괘씸하다는 뜻에 가깝다.

하나님의 은혜를 받은 자가 하나님의 은혜를 망각한다든가, 반드시 죽어야 할 상태에서 살려줬는데도 그 은혜를 모르고 살아간다든가, 평생토록 수많은 은혜로 살아갔는데도 하나님의 은혜에 대해 일생 동안 감사할 줄 모르고 살아간다든가…, 그런 자들을 가증한 자, 또는 흉악한 자라고 한다.

② 살인자들

"살인자들"은 '포뉴신'(φονεῦσιν)이다. 이 단어는 신약성경에 많이 쓰였다. 마태복음 5장 21절에 "살인하지 말라", 15장 19절에 "마음에 나오는 것은 악한 생각과 살인과 간음과 음란과 도둑질과 거짓 증언과 비방"이라 했고, 요한복음 8장 44절에 마귀는 처음부터 살인한 자라고 했다. 또 요한1서 3장 15절에는 형제를 미워하는 것이 곧 살인이라고도 했다.

계시록 9장 21절에는 여섯째 나팔 재앙으로 사람의 삼분의 일이 죽임을 당하는데도 살아남는 자들이 우상에게 절하고 살인 행위를 회개하지 않는다. 결국 신약성경의 살인은 형제를 미워하는 마음의 살인에서부터 특정인을 해하려고 구상하는 생각과 실제적 살인 등이 모두 다 살인에 해당된다.

대부분의 사람들은 인생을 살아가면서 실제적으로 살인을 하지 않고 살아간다. 그러나 인류 역사에는 군왕들에 의해서나, 교황들에 의해서, 전범들에 의해서 헤아릴 수 없이 많은 이들이 살인을 당했다. 지금은 거짓된 제품과 약물로 간접 살인을 당해 죽어 가는 이들도 있다. 그렇게 살인에 직간접으로 관련된 모든 자들은 불과 유황 못에 던져지는 운명이 되고 말 것이다.

③ 음행하는 자들

"음행하는 자들"이라는 말은 '포르노이스'(πόρνοις)다. 음행은 합법적인 부부 이외의 다른 이성과 관계를 맺는 성행위를 뜻한다. 음행은 자기 몸에 죄를 범하는 죄이다(고전 6:18). 또 남자가 남자와의 동성애나(딤전 1:10) 여자가 여자와의 동성애 등은 모두가 음행에 속한다. 또 성을 즐기는 호색도 음행에 속한다(갈 5:19). 사람이 짓는 모든 죄들이 몸 밖에서 이뤄지지만 음행만은 자기 몸으로 죄를 짓는 것이다. 그렇기에 음행하는 자들 역시 불과 유황 못에 던져지게 된다.

④ 점술가들

"점술가들"이라는 말은 '파르마코이스'(φαρμάκοις)다. 이 단어의 문자적인 뜻은 '독을 섞은 사람들'이라는 뜻이다.

고대의 점술가 또는 마술사(행 8:9, 19:13)들은 독을 사용하여 사람들을 살리기도 하고 죽이기도 했다. 그래서 '점술가'라는 말의 뜻이 '독을 섞은 사람들'이라는 뜻이었다.

현대에 점술가라고 하면 '점을 치는 사람'을 뜻한다. 그렇기에 여기 계시록 21장 8절의 점술가라는 의미가 성경 원문의 뜻과는 모호하게 느껴질 수도 있다. 그러나 '마술사'였든지 '점술가'였든지 모두가 거짓으로 사람들을 현혹시키는 데는 다 똑같은 공통점이 있다. 그렇게 마술로 사람을 기만하면서 치부한 자들이나 점술로 사람들을 현혹시킨 자들은 모두가 불과 유황 못에 던져진다. 더 놀라운 사실을 깨닫자.

예수 믿는다고 하면서 사주(四柱) 팔자(八字)를 보는 이나 또 남녀 간의 궁합(宮合)을 본다든가, 인간의 운명이 신에 의해서 결정되었다는 숙명론(宿命論)을 성경의 진리인 양 가르치는 자들은 모두가 점술가에 해당되는 죄악이다. 따라서 그들 모두는 불과 유황 못에 던져진다.

⑤ 거짓말하는 모든 자들

'거짓말'이라는 말은 '프슈데신'(ψευδέσιν)이다. 이 말의 뜻은 자신의 양심을 속여서 말하고 행동하는 자를 뜻한다. 하나님은 거짓말을 하실 수 없다(히 6:18). 그런데 사탄은 말할 때마다 거짓으로 말한다(요 8:44).

구원받은 성도가 어둠에 행하면 그것은 거짓말하는 것이고, 진리가 그에게 없는 것이다(요일 1:6). 참된 사랑은 거짓이 없다(롬 12:9). 진리이신 예수 그리스도를 영접한(요 1:14) 성도가 거짓말을 할 수가 없다. 그렇기에 구원받았다고 말하면서 거짓말을 하는 자는 구원받은 것이 아니다.

이렇게 볼 때 우리를 그리스도인으로 불러주신 것은 영적 전쟁에서 싸우며 살아가도록 불러주신 것이다. 여기에 열거된 다섯 가지 죄목은 구원받지 못한 자들의 특징들이고, 그들은 당연히 천국에 못 갈 뿐 아니라 불과 유황으로 타는 못에 던져지게 된다. 이렇게 불과 유황 못에 던져지는 영원한 죽음은 둘째 사망이다. 첫째 사망은 아담 이래 모든 인간이 다 똑같이 죽는 육신의 사망이다. 그리고 둘째 사망은 백보좌의 심판 후에 꺼지지 않고 불타는 유황 못에 던져지는 영혼과 육체가 영원히 죽는 영원한 사망이다.

그 같은 사망은 육체적 죽음처럼 끝남이 있는 죽음이 아니다. 영원한 죽음은 끝남이 없이 영원히 계속되는 고통과 괴로움이 계속 진행되는 영원한 형벌이다. 이 같은 둘째 사망의 의미를 제대로 알아야만 계시록의 내용을 제대로 알게 되는 것이다.

(특주 43)

세 종교의 내세관과 기독교의 종말론

세상에 존재하는 불교, 유교, 이슬람교의 세 종교에는 각각 다른 내세관이 있다.

이들 세 종교와 완전하게 다른 기독교에는 '내세관'이 아닌 '종말론'이 있다. 그렇다면 '내세관'과 '종말론'은 어떻게 다른가? 그 차이를 살펴보겠다.

1) 불교

불교에는 창시자인 석가모니의 교설을 '원시 불교'라 하고 석가모니 입멸 후의 그 제자들에 의한 교설들을 '부파 불교'라 한다.

기독교 용어로 비교한다면 '원시 불교'는 성경책에 해당되고, '부파 불교'는 교부들과 중세기, 종교개혁기의 신학자들이 만든 교리, 신학들에 해당된다.

불교의 주장이 다양하므로 여러 종파들이 생겨났다. 그들의 주장은 기독교 교파들의 주장만큼 각각 다르다.

여기서는 불교가 공통으로 믿는 내세관을 요약해 보겠다.

불교에서는 모든 생물의 육도(六道) 윤회(輪廻)를 말한다.

① 천상(天上) ② 인간 ③ 아수라(阿修羅) ④ 축생(畜生) ⑤ 아귀(餓鬼) ⑥ 지옥(地獄)을 끝없이 반복, 되풀이한다고 한다.

그리고 지옥에는 8대 지옥이 있다.
① 등활(等活) = 살생의 죄를 지은 자
② 흑승(黑繩) = 살생과 절도죄를 지은 자
③ 중합(衆合) = 음란죄를 지은 자
④ 규환(叫喚) = 살생, 절도, 사음(邪淫, 마음이 사악하고 음탕함), 음주의 죄를 지은 자
⑤ 대규환 = 앞의 네 가지 죄에 망언(妄言)이 추가됨
⑥ 초열(焦熱) = 앞의 다섯 가지 죄에서 사견(邪見, 요란스럽고 바르지 못한 의견)이 추가됨
⑦ 대초열 = 앞의 여섯 가지 죄에서 여승을 범한 죄가 추가됨
⑧ 아비(阿鼻 또는 無間) = 부모를 죽이거나 부처를 파손한 죄, 불법(佛法)을 비방한 죄

이렇게 불교에서는 8대 지옥을 말한다. 그런데 8대 지옥 아래에 또 16개의 지옥이 또 있다. 이렇게 해서 불교에서의 지옥은 대, 소 모두 합쳐서 136개가 있다.

우리가 흔히 사용하는 '아비규환'(阿鼻叫喚)이라는 말은 '여러 사람이 참담한 지경에서 울부짖는 소리'라는 뜻으로 사용한다. 그러나 이 말의 본뜻은 불교의 8대 지옥 중에서 말하는 내용이다. 불교의 세계관을 보자. 불교에서 최고 최상으로 좋은 곳에 가는 것이 천상(天上)이고, 나머지는 인간이나 짐승이나 귀신으로 환생하는 것이고, 그리고 지옥에는 8대 지옥들 모두가 인간들 사이에서 잘못된 죄들을

말한다. 여승을 범한 자도 대초열 지옥에 간다는 주장은 참 가소롭게 느껴진다.

2) 유교(儒敎)

유교가 종교인가? 유교에 내세관이 있는가? 이 두 가지 질문에 아무도 답을 주는 이가 없다. 유교의 경전인 4서(四書)인 논어, 맹자, 중용, 대학이나 3경(三經)이라는 시경, 서경, 주역의 내용을 보아도 내세관이라고 내세울 만한 내용을 발견할 수가 없다.

유교를 제대로 표현한다면 수기치인(修己治人), 즉 자기를 완성하여 군자(君子)가 되어 남에게 덕행을 미쳐야 한다는 교육적 학문이다. 유교 자체는 종교적 요소가 없다. 굳이 유교에서 종교적 요소를 찾는다면, 후세에 추가된 도덕에 관한 학문인 도학(道學) 또는 주자학(朱子學), 또는 성리학(性理學)에서 어느 정도 종교 요소를 발견한다.

유교에는 신(神)도 없고 내세관도 없다. 유교는 위정자를 위한 일종의 정치사상이며, 유교를 철학이나 종교라고 말할 수는 없다. 그런데 송(宋)나라 때 맹자와 공자를 존경하고 신봉하면서 유교가 곧 '공자, 맹자의 종교'(?)라는 사고가 시작되었다.

필자가 정확하게 파악한 것은 아니다. 그러나 유교를 종교로 믿는 이들에게 내세관은 무엇일까? 쉽게 이해를 한다면 '혼비백산'(魂飛魄散)이 아닌가 싶다. 즉 사람이 죽으면 '혼'은 하늘로 날아가고, '혼백'은 흙으로 흩어져 사라져 버린다. 그리고 죽은 '혼'은 매년 자기가 남긴 후손들을 찾아온다. 그 같은 상상이 '제사'(祭祀) 제도의 기원이라고 본다.

유교의 경전인 서경(書經), 사기(史記) 등에 보면 조상 숭배에 관한 의식으로 죽은 신(神)과 죽은 영인 사령(死靈)에게 위안과 감사를 표현하는 제사를 지낸다. 제사제도가 완성된 것은 주(周)나라 때(BC 11세기~BC 249)였고, 중국 영향을 받은 부여, 고구려, 백제, 신라, 고려 때까지 계속 발전을 거듭하는데, 고려시대 때 고관들은 증조부까지 제사를 시행했고 평민(平民)들은 부모에게만 제사를 지내게 했다.

그 후 조선왕조 때 신분 구별 없이 고조(4대)까지 제사를 시행하도록 확대된다. 조선왕조 때 완성된 제사 규례는 제수(祭需)를 설치하고 신위를 설치하고 지방(紙榜)을 서식대로 써 놓고 12단계의 절차를 지낸다. 지방 서식이 아버지는 현고 모관 부군 신위, 할아버지는 현 고조 모관 부군 신위, 증조할아버지는 현중 고조 모관 부군 신위라고 쓴다.

절차가 12단계인데, 이것을 성균관에서만 시행한다. ① 참신 ② 강신 ③ 진찬 ④ 초헌 ⑤ 아헌 ⑥ 종헌 ⑦ 첨작 ⑧ 합문 ⑨ 계문 ⑩ 헌다 ⑪ 사신 ⑫ 음복 등이다.

이 순서는 안동이나 기타 지방에 따라 약간씩 축약형이 시행되거나 개인 가정에서는 각각 전통에 따라 다르게 시행된다.

그리고 더 한탄스러운 사실이 있다. 그것은 죽은 조상들에게 자주 성대한 제사 시행이 곧 효도의 기준이 되고 제사에 대한 무관심, 무성의는 불효로 간주된다는 사실이다. 과연 죽은 조상으로 이미 끝이 난 시령들에게 뒤늦게 제사 잘 드리는 것이 효도일까? 효도는 살아 있을 때 해야 효도가 아닌가? 뭔가 잘못된 전통이 생긴 것 같다.

유교에서는 사람이 죽으면 '혼'이 하늘로 날아갔다가 자기가 죽은 날 다시 찾아온다는 상상이 '제사'로 위안을 삼으려는 인위적인 관습으로 오랜 세월 속에 종교화된 것 같다. 따라서 유교는 내세관이 없고, 종교라고 할 만한 조건을 갖추지 못했다. 내세관이 없는 종교에 형식적인 의식만 난무하는 것은 종교의 기능이 없다는 것을 의미한다.

3) 이슬람교

이슬람교에 대한 내용은 필자가 첫 번째 저술한 《새 교회사I》에서 이미 밝혔다.[32]
여기서는 그 내용을 다시 정리해 보겠다.
이슬람교를 7신(七信) 5행(五行)으로 정리를 할 수 있다.

(1) 7신(七信)
① 유일신 ② 천사 ③ 경전들 ④ 예언자들 ⑤ 숙명론(정명관) ⑥ 최후심판 ⑦ 부활

(2) 5행(五行)
① 신앙고백 ② 예배 ③ 의무금 ④ 단식 ⑤ 순례

(3) 내세관
〈7층 천국〉
① 1개월 동안 걸어다녀야 다닐 수 있는 큰 강물이 넘치는 곳
② 이슬람 신자들만 노는 곳
③ 이슬람 신자를 수종하는 8만의 종들과 예언자들이 함께 사는 곳
④ 제한이 없는 아내, 음식, 음악이 풍부한 곳

---

32) 정수영, 새 교회사I, 규장문화사, 1991, pp.204~208.

⑤ 매 1천년이 지나면 향락이 더 향상되는 곳
⑥ 매 100년마다 22만 4천의 예언자로 늘어나는 곳
⑦ 최종적으로 313명의 사도가 최후 주인이 되는 곳

〈7층 지옥〉
① 이슬람교도들에게 나쁜 짓을 한 사람들이 가는 곳
② 유대인들이 가는 곳
③ 기독교인들이 가는 곳
④ 고대 아랍족의 하나인 사비안(Sabians)족이 가는 곳
⑤ 고대 페르시아의 한 족속인 마기(Magi)족이 가는 곳
⑥ 위선자들이 가는 곳
⑦ 타락자(이슬람교에서)들이 가는 곳

이슬람교가 믿는 7층 천국은 전부가 육적인 향락만 있는 곳이고, 또 그들이 믿는 7층 지옥은 과거 이슬람 출생 시 협조하지 않은 세력들이 가는 곳이라는 것이다. 이 같은 편협한 내세관을 가진 이슬람이 종교로 계승된다는 사실 자체가 참으로 불가사의한 일이다.

4) 기독교의 종말론

현재 우리가 살고 있는 이 세상 다음에는 현재의 이 세상과 전혀 다른 또 다른 세상에서 다시 태어나 살아간다는 것이 세 종교가 말하는 내세이다. 즉 다음 세상을 의미하는 것이 내세(來世)이다.

불교에서는 과거, 현재, 미래의 삼세(三世)가 계속 반복된다는 불교적 교리에 따라 내세(來世)라고 말한다. 따라서 '내세'라는 용어를 사용하는 것은 성경적 내용이 아니다.

기독교는 ① 창조 ② 종말 ③ 천국만 있을 뿐이다. 기독교의 '종말론'의 집약이 요한계시록이다. 요한계시록의 종말론은 구약의 예언서들의 예언과 신약의 복음서 내용들과 서신서들의 진리가 집약 정리되었다. 그 종말론을 요한계시록을 통해 확인하는 것이 요한계시록의 강해서들이다.

요한계시록에 기록된 기독교의 종말론 순서는 다음과 같다.
① 천지창조(처음 하늘과 처음 땅)
② 구약시대(율법 종교)
③ 신약 교회시대(복음종교)
④ 그리스도의 공중 강림과 교회의 휴거
⑤ 지상의 7년 대환난
⑥ 그리스도의 재림과 천년왕국
⑦ 새 하늘과 새 땅의 천국

이렇게 구별되는 7단계 중 우리는 현재 ③ 단계에 살아가고 있다. 나머지 단계들은 계속 진행될 미래의 세계다. 그렇기에 현세와 다른 미래 세상이기에 '내세'라고 말할 수는 있으나, '내세'라는 용어는 불교가 말하는 '계속 바뀌는 세상'이라는 뜻으로 비성경적 용어다. 성경에 계시된 종말론은 미래가 다른 세상이 아니라 다른 창조의 세계다. 따라서 세상과 격이 다른 종말론을 세상과 비교하는 표현 자체가 부적절하다.

결어

인생을 살아가는 데는 피할 수 없고 예외가 있을 수 없는 공통적인 것이 '죽음'이다. 죽음이 무엇인가? 죽음 이후에는 어떻게 되는가?

이에 대한 견해 차이가 세 종교 형태로 나타났다. 기독교는 '죄' 문제를 해결하면 죽음의 문제도 해결된다고 믿는다. 그와 같은 성경의 주장은 실제로 죄 문제를 해결하면 인생이 변화됨을 체험한다.

그것이 이 세상에서는 죄악을 이기는 것, 영적으로 담대해지면서 점진적 성화를 이루는 거룩함과 구별된 생애를 살아가는 특징을 드러낸다. 그렇게 세상에서 구별된 생애를 살아가는 성도들은 죽음 후 부활의 영광을 얻게 된다. 모든 세상 사람들이 다 구원받기를 바라시는 것이 하나님의 뜻이지만(벧후 3:9) 현실에서 구원받은 자로 살아가는 이들은 매우 희소하다.

이에 우리는 다시금 요한계시록에서 설명되는 구원받지 못한 자의 참혹한 미래와 구원받은 자의 영광스런 '부활의 영광'에 의한 영생을 깨닫고, 현재 우리는 명확하게 구원받은 자인지 확인 또 확인해야 하겠다.

05
새 예루살렘 성의 아름다운 정경

(계 21:9~21)

1) 새 예루살렘 성의 모습(계 21:9~10)

(1) 일곱 천사 중 하나가 어린양의 아내를 보이리라(계 21:9)

사도 요한에게 새 예루살렘 성을 보여주는 천사를 설명해 주는 내용이 나온다. 그 천사는 일곱 대접 재앙을 시행한 일곱 천사 중의 하나였다. 그 일곱 대접 재앙을 시행한 일곱 천사 중 하나는 앞서 계시록 17장 1절에 소개되었다.

그 천사는 앞서 7년 대환난의 마지막 재앙인 일곱 대접 재앙 중에 음녀 바벨론을 멸망케 한 천사였다. 그런데 그 천사가 이번에는 새 예루살렘의 아름다움을 소개해 주는, 사역의 내용이 완벽하게 다른 사역을 한다. 어떻게 한 천사가 전혀 다른 사역을 수행할 수 있는가? 이것은 고차원의 신학적 이해력을 갖지 않으면 이해하기 힘든 내용이다. 사람들은 한 사람이 일생 동안 한 가지 직업에만 종사하는 것이라는 상식으로 이해를 한다. 그렇기에 목사는 일평생 목사직 하나로 살아간다. 그런데 목사가 초기 생애의 사역과 후반기의 생애 사역이 완벽하게 다르다면 그를 정상적 목사로 보지 않는다.

필자는 인생을 80여 년을 살았다. 이중에서 절반인 40여 년은 장로교 환경에서 자라서 교육받고 사역을 했다. 그리고 나머지 절반의 40여 년을 침례교 목사로 사역해 오고 있다. 이 같은 필자의 인생을 정상이라고 이해하기 힘들 것이다. 그러나 이 같은 비정상을 이해하려면, 필자의 운명은 만세 전에 하나님께서 이렇게 변칙적으로 살아가도록 예정해 주신 섭리라는 신학적 해석이 따를 수 있다. 여기 일곱째 천사의 초반 사역이 바벨론 멸망이었는데, 후반 사역은 새 예루살렘 성을 소개하는, 아주 상극적인 사역에도 신학적 해석이 따를 수 있다.

그리고 더 놀라운 내용이 있다. 이 천사가 보여주는 것이 "새 예루살렘 성"(10절)이다.

그런데 그 예루살렘 성을 "어린양의 아내를 네게 보이리라"고 한다. 우리의 상식으로 예루살렘 성(城)은 물질적 공간적 개념이고 어린양의 아내는 인격적 개념으로 인식된다. 어떻게 새 예루살렘이라는 물질적, 공간적 개념과 신부 어린양과 조화가 될 수 있는가? 어린양 신부와 새 예루살렘이 동일시되는 것도 새 예루살렘이 공간적 개념인 동시에 그 새 예루살렘은 반드시 어린양 예수 그리스도와 함께 거룩한 백성들의 거룩함이라는 신학이 성립되는 것이다.

(2) 성령으로 나를 데리고 크고 높은 산으로 올라가(계 21:10a)

여기 보면 사도 요한은 실제적으로 육신을 입고 크고 높은 산으로 올라간 것이 아니다. 그는 성령의 압도적 환상 속에 천사의 인도로 크고 높은 산으로 올라갔다. 여기 "성령으로"는 '프뉴마티 에피'($πνεύματι ἐπὶ$)다.

요한은 요한계시록 맨 처음에 "그의 천사를 그 종 요한에게 보내어 알게 하신 것"(계 1:1)을 말한다. 그뿐만이 아니다. 요한계시록 전체에는 그가 성령에 의해 보고 듣고 체험했다는 사실을 거듭거듭 강조한다.

1:10 "내가 성령에 감동되어"
4:2 "내가 곧 성령에 감동되었더니"
14:13 "또 내가 들으니…성령이 이르시되"
17:3 "곧 성령으로 나를 데리고"
22:17 "성령과 신부가 말씀하시기를"

이렇게 요한계시록 전체는 사도 요한이 성령의 인도를 받아서 보고 듣고 깨달았음을 강조한다. 이렇게 요한계시록 전체는 사도 요한이 성령에 의해 기록되었음을 증언하고 있다.

이 같은 성령에 의해 기록된 책이므로 요한계시록을 하나님의 말씀으로 믿는 것이다. 그런데 자유주의자들은, 요한계시록은 사도 요한이 아닌 장로 요한이 구약성경 내용을 많이 알고 많은 외경(外經)들을 참고해서 편찬했다고 주장한다. 그렇게 성령의 작품을 모독할 것을 안 요한은 그렇게 왜곡하는 자들에게 임할 재앙을 계시록 22장 18~19절에 기록해 놓았다.

천사는 왜 요한을 "크고 높은 산"으로 데리고 갔을까? 그것은 11절부터 21절에 기록된 새 예루살렘의 아름다운 정경을 제대로 똑바로 볼 수 있도록 배려한 행동으로 보인다.

2) 새 예루살렘 성의 열두 문과 열두 기초석(계 21:11~14)

(1) 하나님의 영광이 있어 그 성의 빛이(계 21:11a)

"하나님의 영광이 있어"는 '에쿠산 텐 독산 투 데우'(ἔχουσαν τὴν δόξαν τοῦ θεοῦ)다. 그리고 "그 성의 빛"이라는 말은 '포스테르'(φωστὴρ)다. 여기서 우리는 또 중요한 사실을 발견해야 한다. 신약성경을 보면 '빛'이라는 단어가 두 가지로 쓰였다.

하나는 빛 자체를 뜻하는 단어인 '포스'(φως)라는 단어로 약 73회가량 쓰였다. 마태복음서에 6회가량 쓰인 '빛'이라는 단어는 "너희는 세상의 빛이니"라는 말씀에 사용된 단어로 이때의 빛 역시 '포스'(φως)다. 또 에베소서의 "빛의 자녀들처럼 행하라"(엡 5:8)는 말씀에서 사용된 빛도 '포스'(φως)다. 이렇게 신약성경에는 '빛' 자체를 뜻하는 단어로 '포스'가 쓰였다.

그런데 신약성경 중에서 '빛' 자체가 아닌 '빛'을 투영(投影)하는 것으로 표현하는 단어로 '포스테르'(φωστὴρ)라는 단어가 쓰인 곳이 있는데, 단 두 번이다.

한 곳은 빌립보서 2장 15절에 "너희는 하나님의 흠 없는 자녀로 세상 사람들에게 빛들로 나타내리라"라는 곳과, 여기 계시록 2장 11절에 새 예루살렘 성이 하나님의 영광으로 인해서 빛이 난다고 표현한 곳이나. 이 두 곳에 쓰인 '빛'이라는 '포스테르'는 빛 자체이신 하나님으로 인해서 그 빛을 반영하는 하나님의 영광을 받아 빛을 반사하는 빛이다.

여기서 우리가 깨달을 진리가 있다. 주님은 "너희는 세상의 빛이라"(마 5:14)고 하셨다. 그때 말하는 빛은 하나님의 자녀가 되는 순간

빛의 정도가 각각 차이가 있을 수 있겠으나 미세하고 열악해도 이미 빛이 된 것이다. 그런데 그 빛은 일생 동안 주님을 향해 성화(聖火)를 거듭해 가는 과정들 속에서 점진적인 하나님의 빛을 드러내 가는 것이다. 그리고 마지막 새 예루살렘에서는 그곳에서 살아갈 성도들로 인해서 온 성이 찬란한 빛의 도성이 되는 것이다.

이렇게 생각할 때 구원받은 성도라면 이 세상에서의 삶을 결코 헛되게 살아갈 수가 없는 것이다. 우리는 구원받은 것이 사실이라면 일생 동안 빛을 드러내며 살아가야만 하는 것이다.

(2) 지극히 귀한 보석 같고 벽옥과 수정같이 맑더라(계 21:11b)

사도 요한은 거룩한 성 새 예루살렘 성이 지극히 귀한 보석이나 수정처럼 빛이 나는 '벽옥'과 같이 맑더라고 했다.

한글개역개정성경은 '새 예루살렘 성'이 귀한 보석 같고, 또 벽옥 같고, 또 수정 같은 것처럼 느끼도록 세 가지로 비유되어 표현되었다. 그러나 원문은 귀한 보석 같고 또 수정처럼 빛나는 벽옥 같더라는 뜻이다.

'벽옥'은 '리도 이아스피디'(λίθῳ ἰάσπιδι)다. 벽옥은 제사장의 흉패 속에 넣는 보석 중의 하나이다(출 28:20, 39:13). 계시록에는 4장 3절, 21장 11절, 18절, 19절에 소개되었다. 벽옥이 무엇인가? 영어로는 'Jasper'라고 하고 한글로는 '푸른빛의 고운 옥'이라고 했다. 광물 중에서 석영(石英) 중 한 변종으로 홍색, 녹색 등의 빛을 내므로 가락지나 도장 재료에 쓰인다고 한다.

여기서는 새 예루살렘 성이 귀한 보석처럼 값비싼 성이며, 또 그 성에는 '벽옥' 같은 홍색과 녹색이 어우러진 기묘한 빛을 낸다고 했다.

(3) 크고 높은 성곽이 있고 열두 문이 있는데(12a)

하나님께로부터 하늘에서 내려온 새 예루살렘에는 찬란한 빛이 드러날 뿐 아니라 높은 성곽과 열두 문이 있다.

여기 "크고 높은 성곽"은 본문 뒤의 13절부터 20절에 보다 자세하게 설명되고 있다. 여기 '크고 높다'는 말은 '메가 카이 휩셀론'(μέγα καὶ ὑψηλόν)이다. 이 말은 완전하고(complete) 안전하고(secure) 웅장하다(magnitude)는 뜻을 함축한다. 이 말을 인간적인 상식으로 난공불락의 요새라든가 모든 위험요소를 방어하는 성채(fortress) 개념으로 이해하는 것은 적절치 않다.

앞서 계시록 20장 4절에 "처음 것들"이 다 지나간 천국을 인간적 개념으로 이해하는 것은 합당치 않다. '높은 성곽'과 '열두 문'으로 하나님께서 약속해 주신 이스라엘의 열두 지파와 신약의 열두 사도로 상징되는 구약과 신약의 완전한 성취와 완벽한 성취라는 의미를 풍겨주고 있다.

(4) 열두 문에 열두 천사가 있고(계 21:12b)

모든 그리스도인들이 평생을 동경하고 사모하는 것이 미래의 천국이다. 그런데 그 미래의 천국이 '새 예루살렘 성'(城)으로 소개되고 있다. 우리가 알고 있는 성(castle)이라는 개념은 외적을 막기 위해 높이 쌓은 큰 담으로 둘러싼 지역과 큰 건물을 연상한다. 그런데 미래의 천국도 그와 같은 성채 선불이 있고 또 성문이 열두 개나 있다는 것이다. 그리고 또 그 열두 문에는 열두 천사가 수문장(守門將)처럼 지켜 서 있다는 것이다.

이와 같은 비슷한 내용이 에스겔 48장 30~35절에도 기록되어 있다. 그렇기에 구약과 신약의 두 곳에 기록된 '새 예루살렘 성'을 놓고 신학자들 간에 해석이 다양하다. 전통적인 보수적 신학자들은 '새 예루살렘 성'을 문자 그대로 믿고 문자대로 해석하기에 간단하게 이해되고 또 단순하게 문자대로 믿는다.

반면에 보수적이라고 하면서도 과거 유명한 아우구스티누스나 루터나 칼빈의 해석을 신뢰하는 교파주의 신학자들은 유명한 사람들의 해석만을 최상의 해석으로 믿고 교조주의(敎條主義) 편견을 따른다. 그래서 '새 예루살렘 성'에 대한 해석을 상징적으로 함으로 해석자마다 각각 다른 해석들로 온갖 혼란을 이어가고 있다.

여기 새 예루살렘 성에 열두 문이 있다. 그것을 문자대로 단순하게 그대로 믿으면 간단하다.

새 예루살렘 성이 문자 그대로 '성곽'(城郭)임을 알 수 있는 것은 10절에서 '성'으로 쓰인 단어가 '테이코스'(τεῖχος)다.

그리고 새 예루살렘은 문자 그대로 '열두 문'이라는 뜻으로 쓰인 원문이 '퓔로나스 도데카'(πυλῶνας δώδεκα)다. 그리고 그 열두 문을 13절에서 동쪽에 세 문, 북쪽에 세 문, 남쪽에 세 문, 서쪽에 세 문으로 설명한다.

그렇다면 열두 문에 왜 열두 천사가 있는가? 새 예루살렘도 사탄이나 외적의 공격이 가능한 곳인가? 열두 천사가 열두 문에 있다는 것은 고대의 '수문장'을 연상하는 것인가? 이들 열두 천사가 왜 성문에 있는가?

이들 열두 천사는 악한 사탄이나 외적을 지키기 위한 천사들이 아니다. 악한 사탄의 세력은 천년왕국 후에 불과 유황 못에 던져졌고(계 20:7~10), 또 죄짓는 악인들도 불과 유황 못에 던져졌다(계 21:8). 그렇기에 열두 천사가 열두 문에 있는 것은 그 거룩한 성에 들어간 성도들을 보호하고 지키는 보호자 역할을 하는 천사인 것이다.

참으로 감격스럽지 않은가? 우리는 이 세상을 마음 놓고 살아간다. 그것은 국경선과 공중과 바다를 지키는 군대들의 희생이 있기 때문이다. 또 국내 치안은 경찰이 돌보고 있기 때문이다. 그러나 새 예루살렘에는 '군인'도 '경찰'도 없다. 그 기능을 열두 천사가 다 수행해 주는 것이다. 이 얼마나 감격스러운 일인가.

(5) 그 문들 위에…이스라엘…열두 지파의 이름을 썼으니(계 21:12c)

새 예루살렘 성에 열두 문이 있다는 말은 쉽게 이해된다. 그런데 그 새 예루살렘 성의 열두 문에 이스라엘 열두 지파의 이름이 써졌다는 내용은 쉽게 이해하기 힘들다. 이와 함께 앞서 계시록 7장에 기록된 이스라엘 자손의 열두 지파의 십사만 사천이라는 내용도 이해하기 어렵다. 왜냐하면 이스라엘의 열두 지파는 주전 931년에 북왕국이 열 지파로 분리되었다가 주전 721년에 앗수르에게 멸망되면서 열 지파는 사라졌다. 그리고 남왕국 유다가 두 지파로 주전 931~586년까지 존속하다가 그들도 사라졌다.

그렇기에 역사적 사실로 이해한다면 이스라엘 열두 지파는 이미 사라진 개념이다. 그런데 미래의 새 예루살렘 성의 열두 성문에 이스라엘 자손의 열두 지파의 이름들이 써졌다고 했다.

이렇게 과거 역사와 미래의 예언이 조화가 되지 않는 내용을 우리는 어떻게 이해해야 하는가?

이것을 이해하려면 에스겔의 예언을 참고해야 이해가 가능하다.

에스겔은 48장에서 미래의 거룩한 땅에는 이스라엘 각 지파가 차지하게 될 지파들의 몫을 예언하고 있다. 이와 같은 에스겔의 예언에는 이스라엘 각 지파들이 장차 각 지파들대로 소유할 몫의 예언을 하고 있는데, 이를 사도 요한이 새 예루살렘 열두 문으로 다시 예언하는 것으로 이해할 때 이 내용이 이해가 된다.

이스라엘 백성의 역사를 돌아보면 그들은 온갖 반역과 반항 속에 살아간 패역한 민족이었다. 그러나 '이스라엘'이라는 이름 자체는 하나님의 백성을 뜻하고 하나님의 임재를 의미한다. 그렇기에 역사적 이스라엘 민족의 반항 역사와 달리 이스라엘 자체는 영원히 보호받고 간직할 유산인 것이다.

여기서는 이스라엘 민족사와 이스라엘의 이름을 구별시키는 의미로 이해된다. 그래서 이스라엘 열두 지파를 역사적인 이스라엘 열두 지파라고 이해하기보다는 하나님과 이스라엘과의 관계로 이해하는 것이 좋을 듯하다.

(6) 그 성의 성곽에는 열두 기초석이 있고…어린양의 열두 사도의 (계 21:13~14)

앞서 12~13절에는 새 예루살렘 성의 열두 문으로 이스라엘 열두 지파의 이름들을 설명했다. 그리고 14절에는 새 예루살렘 성의 열두 기초석으로 열두 사도의 이름을 말하고 있다. 새 예루살렘 성의 가시적(可視的)인 열두 문이 이스라엘 열두 지파로 의미가 있다면, 새 예루살렘의 눈에 잘 보이지 않는 기초석으로는 예수님의 열두 사도 이름을 밝히고 있다.

눈에 잘 보이는 '성문'은 이스라엘 민족의 역사인 '열두 지파'로 전 세계에 잘 알려진 내용이다. 그러나 예수님의 '열두 사도' 이름은 열두 사도라는 말만 알 뿐 열두 사도의 이름을 제대로 기억하는 이는 매우 희소하다.

필자도 예수님의 열두 사도들의 이름들을 확실하게 외우지 못한다. 예수님의 열두 사도 이름을 정확하게 모르지만 그들이 최초의 예루살렘교회와 또 초대교회의 기초가 된 것만은 확실한 사실이다. 그래서 바울 사도는 "너희는 사도들과 선지자들의 터 위에 세우심을 입은 자라 그리스도 예수께서 친히 모퉁잇돌이 되셨느니라"(엡 2:20)고 했다.

이렇게 구약의 열두 지파 이름들과 신약교회의 기초가 되는 열두 사도의 이름들이 새 예루살렘 성의 열두 문과 열두 기초석이 되고 있다.

이것은 구약 율법과 신약의 복음이 하나님의 섭리 안에서 하나로 조화가 되는 미래의 새 예루살렘 성의 성격을 의미한다고 이해할 수 있다. 장차 새 예루살렘 성에서는 구약의 노아, 아브라함, 야곱, 요셉, 모세, 여호수아, 사무엘, 다윗, 이사야, 예레미야, 에스겔, 다니엘, 호세아, 아모스 등등과 신약 이후 예수님, 열두 사도, 그리고 2천년 교회 역사 속에 구원받은 모든 성도들이 모두 다 한 곳에서 만나 살아갈 것이다. 그때에는 모두가 다 '형제', '자매'로만 불릴 것이다(마 23:8~10). 그렇기에 '열두 지파', '열두 사도'는 하나님의 자녀로 구원받은 구약과 신약의 총체적인 모든 백성을 의미한다고 본다.

3) 새 예루살렘 성의 크기(계 21:15~17)

여기 요한계시록 21장 15~17절에는 새 예루살렘 성의 크기가 기록되었다. 이 내용에는 '성'(城)의 너비와 높이가 소개되고 또 '성곽'(城郭)의 길이도 소개되고 있다. 이렇게 '성과 성곽'을 측량한 측량 도구는 '금 갈대'다. 여기서는 측량 도구와 성과 성곽의 측량 내용을 살펴보겠다.

(1) 그 성과 그 문들과 성곽을 측량하려고 금 갈대를 가졌더라(계 21:15)

원문에 '금 갈대'는 '메트론 칼라몬 크뤼순'(μέτρον κάλαμον χρυσοῦν)이다.

'메트론'(μέτρον)은 '어머니', '형성자', '관리자'라는 뜻을 가진 '메테르'(μήτηρ)에서 파생된 단어로 여기서는 측량 도구라는 뜻이다.

그 다음에 '칼라몬'(κάλαμον)은 '갈대', '지팡이', '막대', '붓'을 뜻하는 '칼라모스'(κάλαμος)의 목적격으로 쓰인다. '크뤼순'(χρυσοῦν)은 금 면류관(계 4:4), 금 향대접(계 5:8), 금단(계 9:13)과 신적 속성을 지닌 의미의 단어이다. 따라서 한글개역개정성경이 '금 갈대'로 번역한 것이나 KJV가 단순히 '갈대'라고 번역한 것은 불완전한 의미이다.

이것을 좀 더 원문의 뜻에 가깝도록 다시 옮긴다면 '금으로 된 척량 막대'라고 옮기는 것이 적절하다. 이것은 요한계시록 여러 곳에 기록된 금으로 된 도구들의 설명이 나오는 것과 연결해서 이해하는 것이 적절할 것 같다.

계시록 1장 12절에 "금 촛대", 5장 8절의 "금 대접", 8장 3절의 "금 제단"(9장 13), 15장 7절의 "금 대접" 등처럼 여기 21장 15절의 "금 갈대" 역시 하나님을 섬기는 도구라고 이해하는 것이 적절할 것 같다.

(2) 그 성은 네모가 반듯하여 길이와 너비가 같은지라(계 21:16a)

KJV는 "그 도시는 네모반듯하게 놓여 있으며 길이가 너비만큼 길더라"고 번역되어서 길이가 더 긴 것 같은 뉘앙스를 느끼게 해준다.

여기 '네모'라는 말 '테트라고노스'(τετράγωνος)는 '넷'을 뜻하는 '텟사레스'(τέσσαρες)에 해당하는 '에올릭'(aeolic)의 방언이다. 여기에다 또 '모퉁이', '구석', '사방'이라는 뜻의 '고니아'(γωνία)가 합성되었다. 이 단어는 구약성경의 에스겔 48:20에 '네모'로, 그리고 신약성경에는 계시록 21장 1절6에 '네모'로 두 곳에만 쓰였다. 여기 '네모'를 옛날 개역 성경에는 '장'(丈), '광'(廣), '고'(高)로 번역했다.

그것은 KJV가 길이(length), 넓이(breadth), 높이(height)로 번역했던 것을 따른 고어 투의 번역이었다.

(3) 그 성을 측량하니 만 이천 스타디온이요(계 21:16b)

결국 새 예루살렘 성은 길이, 넓이, 높이가 1만 2천 스타디온이다. 스타디온(στάδιον)은 계시록 14장 20절에도 기록된 거리의 척도다. 1 스타디온은 215.5 yd(약 197m)에 해당된다.

새 예루살렘 성이 1만 2천 스타디온이라고 했는데, 이것을 현대 기준으로 풀이하면 약 24,000km²인 입방체 도시라는 계산이 나온다.

입방체(立方體, Cubic)라는 말은 수학에서 정육면체를 뜻하는 수학적 용어이다. 그렇다면 2만 4,000km²의 입방체 규모는 어느 정도의 크기를 의미하는 것인가? 어떤 성경학자는 이 숫자를 현 지구상의 국토와 비교해서 설명을 하는 학자가 있다. 그 학자의 논리대로 현 지구상의 국가별 면적 크기를 알아보자.[33]

1위: 러시아 1709만km²   2위: 캐나다 998만km²

3위: 미국 962만km²   4위: 중국 959만km²

5위: 브라질 851만km²

일본: 337,915km²

힌 고 넘북한: 2만 2,200km²

스위스: 4만 1,293km²

새 예루살렘 성이 2만 4천km²라면 스위스의 절반 정도 되고 이스

---

33) 이형기, 세상의 지식, 지성과 감성, 2018, p.26.

라엘이 2만 1,946km²로 현 이스라엘 국토 정도가 된다. 그렇다면 장차 미래의 천국인 새 예루살렘 성이 현 이스라엘 국토 정도가 된다는 말인가? 쉽게 수긍하기 어려운 문제이다.

　이러한 성경 해석이 인간들의 이해를 위해 다소 합리적인 것 같기는 하지만, 무리한 해석을 하려는 시도는 성경 이해에 도움이 될 것 같지 않다. 그렇다고 이것을 억지로 상징적 의미로 아무데나 결부시키는 것도 온당치 않다.

　그럼에도 불구하고 천국에 대한 호기심이 많은 이들은 계시록에 기록된 면적을 세상적 영토 개념으로 이해해 보려고 시도하는 이들이 있다.

　1만 2천 스타디온은 2만 4천km²의 입방체 면적이다. 2만 4천km² 입방체 면적을 전 세계의 특정 국가나 지역의 개념으로 비교해 보려 한다면 충분하게 해답이 나올 수는 있다. 그러나 그 같은 시도는 새 하늘과 새 땅의 개념을 무시하고 여전히 이 세상의 하늘과 땅의 개념으로 추정하려는 잘못된 방법이다. 그렇기에 미래의 새 예루살렘의 크기를 현재의 세상적 개념으로 이해하려는 시도는 근본적으로 잘못된 해답을 시도하는 것이다.

　우리는 새 예루살렘 성은 '하나님께서 준비하신 완벽한 장소'로 이해하는 것이 바른 태도라고 본다.

(4) 그 성곽을 측량하매 백사십사 규빗이니…(계 21:17)

　앞서 16절에는 새 예루살렘 성의 크기가 2만 4천km² 입방체였다고 했다. 그리고 이어서 17절에는 성곽의 높이가 144규빗이라고 한다. 144규빗은 약 70m 정도가 된다. 그렇기에 성곽의 크기에 비하면 다소 초라한 높이로 느낄 수 있다. 그러나 새 예루살렘의 크기를 2만 4천km²나 성곽의 높이를 약 70m로 보려는 해석 등은 모두가 현 세상적 기준의 사고이다.

앞서 설명한 것처럼, 새 예루살렘 성은 현재의 처음 하늘과 처음 땅이 사라진 이후의 새로운 천국의 개념이다. 이것을 현대인들의 기준으로 평가한다든가, 또는 영적 의미라는 기이한 해석 등은 모두가 새 예루살렘 성에 대한 문제점을 안은 이해로 부질없는 해석이 될 위험이 많다.

그러므로 미래의 새 예루살렘 성의 천국에 대한 이해를 문자적으로 해석해서 현 세상과 비교해 보려는 발상은 자제되어야 하고, 또 성곽의 크기가 2만 4천km² 입방체라는 2만 4천의 숫자를 12×10×10×10=12,000의 상징 수로 해석하려는 시도나, 144규빗을 12×12의 구약과 신약 백성을 포함한다는 상징적 해석 역시도 무리하고 주관적 해석이 될 따름이다.

전능하신 하나님께서 제2의 창조 사역으로 만들어주실 미래의 새 예루살렘 천국은 성도들이 상상하는 것 이상의 완벽한 천국일 것이다. 그렇게 믿는 것이 은혜로운 자세일 것이다. 그렇다면 이들 숫자를 어떻게 이해해야 할까?

만 이천 스타디온(2만 4천km²)

백사십사 규빗(70m)

이 같은 숫자를 문자 그대로 믿되 그 문자 속에 담긴 내용은 그 누구도 다 파악할 수 없는 창조주 하나님의 숨겨진 무한대의 내용이 포함되어 있을 것이다. 그렇게 하나님의 능력을 믿고 인간의 한계를 인식하고 내려놓는 것이 은혜로운 태도라는 생각이 든다.

4) 새 예루살렘 성의 건축 재료들(계 21:18~21)

앞서 16절에는 새 예루살렘 성의 크기를 설명했고, 17절에는 성곽의 높이를 설명했으며, 18~21절에는 성과 성곽의 기초석의 재료들을 밝힌다.

성과 성곽의 기초석 재료들의 이름이 너무 희귀한 보석들로 가득 채워져 있어서 서민들에게는 매우 생소한 느낌이 든다. 그러나 이 같은 고가의 재료들로 이 세상에서 부귀영화를 누리는 자들에게 그들의 오만한 자부심이 지극히 초라한 찌꺼기에 불과하다는 깨우침도 주는 것이 사실이다. 희귀한 보석들의 내용을 알아보자. 여기 18~21절 내용은 모두 보석들이다. 이 보석들에 대해서는 잘 모르기 때문에 성경에 기록된 내용 소개로 그치겠다.

(1) 그 성곽은 벽옥으로 쌓였고(계 21:18a)

성곽은 '테이쿠스'(τείχους)다. 또 '벽옥'은 '이아스피스'(ἴασπις)다. 벽옥은 앞서 11절에 설명한대로 "수정처럼 밝더라"고 밝힌 수정처럼 광채가 나는 빛나는 돌을 의미한다. 그렇기에 새 예루살렘 성은 그것을 보호하려는 상징적 의미의 성벽들이 모두 벽옥 보석으로 둘러싸여 있는 것이다.

여기서 우리는 새 예루살렘 성이 벽옥이라는 값비싼 보석으로 둘러싸여 있다는 의미로 이해한다면 참으로 곤란하다. 이 같은 표현은 하나님의 충만하신 은총이 성 전체 안에 충만하게 채워져 있다고 은혜롭게 이해하는 것이 새 예루살렘의 바른 이해가 되는 것이다.

(2) 그 성은 정금인데 맑은 유리 같더라(계 21:18b)

여기 새 예루살렘 성의 재료는 정금이라고 했다. '정금'은 '크뤼시온 카다론'(χρυσίον καθαρὸν)이다. 여기서 '카다론'(καθαρὸν)은 '순수한', '맑은'이라는 뜻이다. 그렇기에 새 예루살렘 성은 불순물이 전혀 섞이지 않은 정금(正金)으로 만들어졌다는 것이다. 현대에는 금의 순도를 나타내는 표현으로 캐럿(Ct)이라는 말을 쓴다. 순금(純金)은 24Ct이다.

이 말은 금 1,000g 중에 금 성분이 1,000이라는 뜻이고, 18Ct이라는 말은 금 1,000g 중에 금 성분이 750이라는 뜻이고, 12Ct이라는 말은 금 1,000g 중에 금 성분이 500이라는 뜻이다. 이것을 옛날에는 순금, 정금, 또는 합금이라고 표현했다.

여기 새 예루살렘 성의 재료는 순도가 100% 금인 정금이라는 것이다. 이와 같은 정금(正金)에서는 빛이 나는데, 그것을 맑은 유리 같다고 표현하였다.

(3) 그 성의 성곽의 기초석은…첫째 기초석은 벽옥이요…(계 21:19~20)

19~20절에는 성곽의 기초석들을 설명한다.

여기서는 기초석을 이룬 각종 보석들을 살펴보자.

첫째 기초석은, '벽옥' 즉 '이아스피스'(ἴασπις)이다.

벽옥은 앞서 11절에서와 18절에서 소개되었다. 그리고 여기서 또다시 성곽의 기초석 중 첫 번째로 소개된다.

둘째는, 남보석, 즉 '삽피로스'(σάπφιρος)다.

이것은 맑은 하늘색을 띤 보석으로 흔히 '사파이어'(sapphire)라고도 불린다.

욥기 28장 16절에도 '남보석'이라고 쓰였다.

셋째는, 옥수, 즉 '칼케돈'(χαλκηδών)이다.

이것은 소아시아 북서부에 있던 고대 도시 칼케돈(Chaldon)이 그 원산지이므로 '칼케돈'으로 이름이 지어진 보석류다. 흔히 구리로 된 규산염으로 설명되는데 이 보석은 녹색이다.

그러나 보는 이의 방향에 따라서 색이 변해 보이는 것으로 유명하다.

넷째는, 녹보석, 즉 '스마라그도스'(σμάραγδος))다.

이 보석이 계시록 4장 3에도 소개되었다. 일반적으로 녹보석은 '에메랄드'(emerald)로 불린다.

다섯째는, 홍마노, 즉 '사르도늑스'(σαρδόνυξ)다.

이 보석은 '붉은색'이라는 뜻의 '사르디온'(σάρδιον)과 흰색이라는 뜻의 '오늑스'(ὄνυξ)의 줄무늬로 나타나는 붉은 층의 흰 보석이다.

여섯째는, 홍보석, 즉 '사르디온'(σάρδιον)이다.

이 보석은 일반적으로 '루비'(ruby)로 불린다. 홍보석은 앞서 계시록 4장 3절에도 소개되었다.

일곱째는, 황옥, 즉 '크뤼솔리도스'(χρυσόλιθος)다.

이것은 '황금'이라는 뜻의 '크뤼소스'(χρυσός)와 '돌'이라는 뜻의 '리도스'(λίθος)의 합성어다.

황금빛을 발하는 돌이기에 '황옥'이라고 명명된다.

여덟째는, 녹옥, 즉 '베륄로스'(βήρυλλος)다.

녹보석의 변종으로 바다색보다 더 강한 푸른색을 발한다. 출애굽기 28장 20절을 보면 대제사장의 흉배에 들어가는 보석으로 나온다.

아홉째는, 담황옥, 즉 '토파지온'(τοπάζιον)이다.

이 보석의 원산지가 홍해의 '토파즈'(Topaz) 섬이다. 그래서 '토파지온'이라는 이름이 생겼다. 이 보석은 초록색을 띤 금색 돌로 '귀감람석'이라고도 불린다.

열째는, 비취옥, 즉 '크뤼소프라소스'(χρυσόπρασος)다.

이 보석은 '황금'이라는 뜻의 '크뤼소스'(χρυσός)와 '나무'라는 뜻의 '프라숀'(πρασον)의 합성어다. 이 보석은 나뭇잎처럼 황녹색을 띠고 있다.

열한째는, 청옥, 즉 '휘아킨도스'(ὑάκινθος)다.

이 보석은 히야신스(hyacinth) 색을 지닌 보랏빛 보석이다.

열두째는, 자수정, 즉 '아메뒤스토스'(ἀμέθυστος)다.

이 보석은 '술 취하다'는 뜻을 지닌 '메뒤오'(μεθύω)에다 부정을 뜻하는 '아'(α)가 합성된 단어로 '술 취하지 않는 돌'이란 뜻이다. 고대인들은 자수정을 몸에 지니고 있으면 술을 깨게 하는 효능이 있는 것으로 활용을 했다.

여기 소개된 12가지 보석들은 출애굽기 28장 17~20절에 기록된 대제사장의 가슴에 장식하는 흉배 보석들과 유사성이 있다.

이 같은 12개의 보석들의 각각의 의미를 계시의 상징적 의미로 다양하게 설명하는 이들이 있다. 그리고 또 요한계시록의 갖가지 의미를 결부시키기도 한다. 그러나 상징적 해석들은 너무 주관적이고 개인적이다. 따라서 이 모든 보석들은 구약과 신약의 총체적 완성에 하나님께서 그곳에 임재해 계심을 뜻한다는 완벽한 완성의 의미로 이해하는 것이 무난할 것 같다.

(4) 그 열두 문은 열두 진주니 각 문마다 한 개의 진주로 되어 있고 (계 21:21a)

사도 요한은 계시록 21장 9~21절 사이에 새 예루살렘 성의 구성 내용들을 설명했다.

맨 먼저 새 예루살렘 성의 성곽들을 소개했다(12~14절). 그다음에는 새 예루살렘 성의 크기를 소개했고(15~17절), 그다음에는 새 예루살렘 성의 건축 재료들을 소개했다(18~21절). 그다음에는 새 예루살렘 성의 열두 문의 재료를 소개한다(21a). 그리고 마지막으로 새 예루살렘 성의 길을 소개한다(21b).

여기 열두 문의 재료가 '진주'라고 했다.

'진주'는 '마르가리테스'(μαργαρίτης)다. 예수님께서 제자들에게 진주의 고귀함으로 천국을 설명하셨다(마 13:45~46). 바울 사도는 진주가 사치품이므로 절제해서 사용될 것을 가르쳤다(딤전 2:9)

그런데 고귀한 진주가 새 예루살렘 성의 열두 문의 재료로 소개된다. 고대에 진주는 정말 고가의 보석이었다. 그러나 현대에는 인조 진주들이 흔해서 진주의 가치가 희석되었다.

필자는 동남아 여행 중에 인조 진주를 만들고 남은 부스러기 가루를 만병통치라는 여행사 장사꾼들의 말을 믿고 거금으로 구입해 왔었다. 그러나 장사꾼들의 선전이 완전 거짓이었음을 체험했다. 이렇게 인간들에게 속은 사람들에게는 진주의 가치가 크게 격감된 것이 사실이다. 그러나 천국에는 결코 가짜가 아닌 제대로 된 정품만의 진주가 있을 것이다.

(5) 성의 길은 맑은 유리 같은 정금이더라(계 21:21b)

새 예루살렘 성의 길이 맑은 유리 같은 정금이라고 했다.

우리가 살아가는 모든 길은 아스팔트나 시멘트 보도블록(步道, block)이다.

우리들은 시멘트 길바닥 위에서 세상을 살아간다. 그런데 새 예루살렘 성의 길에는 순수하고 깨끗한 황금으로 길이 만들어져 있다.

우리가 밟고 살아가는 시멘트 길바닥에서는 많은 독소가 뿜어져 나온다. 그러나 새 예루살렘 성의 길에는 해로운 독이 전혀 없는 밝게 빛나는 유리 같은 정금으로 만들어진 길이다.

이렇게 미래의 천국에서 '황금길'을 다니게 될 것을 그대로 믿은 크로스비(F. J. Crosby, 1820~1913) 여사는 찬송가 240장(통 231장)에서 "영화로운 시온성에 들어가서 다닐 때 흰옷 입고 황금길을 다니며 금 거문고 맞추어서 새 노래를 부를 때 세상 고생 모두 잊어버리리"라고 찬송했다.

이렇게 천국에 대한 확고한 신앙을 가진 자들만이 천국에 대한 확신을 다른 사람들에게 전파해 줄 수 있는 것이다.

06
새 예루살렘 성의 어린양 성전과 성을 비추는 두 광채

(계 21:22~27)

1) 새 예루살렘 성의 어린양 성전(계 21:22)

(1) 성 안에서 내가 성전을 보지 못하였으니(계 21:22a)

사도 요한은 요한계시록 전체에서 그의 독특한 관용어를 사용하고 있다. 그것은 앞서 문장과 전혀 다른 내용을 설명할 때마다 "또 내가 보니"라는 용어로 '카이 에이돈'(καὶ εἶδον)을 사용한다.

계시록 4장 1절에 "이 일 후에 내가 보니"로 시작하여, 5장 1절의 "내가 보매", 6절의 "내가 또 보니", 11절의 "내가 또 보고 들으매", 6장 1절의 "내가 보매", "내가 들으니" 등 수없이 계속해서 "또 내가 보니"가 계시록 전체에 반복 사용되고 있다.

그런데 여기 계시록 21장 22절에는 "내가 보니"라는 말과 전혀 상반되는 "성 안에서 내가 성전을 보지 못하였으니"라는 부정어로 시작한다.

사도 요한이 이 부분에서 '부정어'로 시작하는 것에 우리는 큰 관심을 가지고 살펴봐야 할 중대한 이유가 있다. 그 중대한 이유를 세 가지로 볼 수 있다.

첫째, 과거 유대교들이 구약성경 전체에 관통되고 있는 성전 중심의 신앙과 에스겔 선지자의 성전 회복의 예언(겔 40~46장)에 대한 단정적 부정의 의미가 있다.

둘째, 사도 요한 시대의 시대적 열망

잘 아는 바와 같이 유대교 신앙의 본산지로 믿는 예루살렘 성전은 주후 70년에 로마 장군 티투스(Titus)에 의해 완전 붕괴되었다. 그 후 유대인들은 파괴된 예루살렘 성전 재건의 열망을 불태우고 있었다. 그 같은 유대인들의 열망을 잘 알고 있는 사도 요한은 새 예루살렘의 천국에는 성전이 없다고 파격적인 선언을 하고 있다.

셋째, 개신교 일부 신학자들의 잘못된 종말관

개신교 일부 신학자들 중에는 에스겔 40~46장에 예언된 에스겔의 성전 회복의 예언을 근거로 미래의 새 예루살렘에 성전이 회복되고 다시 제사 제도가 회복될 것이라고 주장한다.

이것은 명백히 잘못된 종말론이다. 에스겔 40~46장의 성전 회복 내용은 새 예루살렘에서의 내용이 아닌 포로민들에게 주는 희망적 위로의 내용에 해당되는 내용이다. 구약의 이사야 선지자의 이상적인 세상(사 60~66장)의 예언은 천년왕국시대에 대한 예언이다.

필자는 [특주 44]에서 "에덴동산, 천년왕국, 천국의 차이"를 살펴보도록 하겠다.

여기서는 사도 요한이 "성 안에서 내가 성전을 보지 못하였다"라고 했다.

이와 같은 선언은 유대교도들에게 치명적인 선언이라고 할 수 있다. 그뿐만이 아니다. 그 뒤에 이어지는 "이는 주 하나님 곧 전능하신 이와 및 어린양이 그 성전이심이라"는 후속 설명이 천국에는 성전이 없다는 사실을 더 명확하게 설명해 주고 있다.

(2) 이는 주 하나님 곧 전능하신 이와 어린양이 그 성전이심이라(계 21:22b)

필자는 영어성경들과 한글성경들이 성경 원문의 뜻을 심각하게 오도한 용어가 '성전'이라는 용어임을 여러 번 강조했다.

그래서 최초의 헬라어 신약성경에는 '성소(聖所)라는 뜻의 '나오스'(ναὸς)와 '성전'(聖殿)이라는 뜻의 '히에론'(ἱερόν)이 구별되어 있다. 그런데 영어성경들 모두는 이 둘을 구별시키지 않고 모두 다 '성전'으로 통일시켜 놓았다. 그와 같은 영어성경들의 오류를 한글성경들도 그대로 따르고 있다. 따라서 영어성경이든 한글성경이든 '성전'으로 통일시켜 놓은 상태로는 성경의 진리를 이해하는 데 오해가 계속되고 있을 뿐임을 설파해 왔다.

계시록 21장 22절도 마찬가지다. 여기 22절에 쓰인 원문은 '나오스'(ναὸς)다. 그렇기에 '성소(聖所)라고 번역되어야 한다. 고린도전서 3장 16절의 "너희는 너희가 하나님의 성소인 것과 하나님의 성령이 너희 안에 계시는 것을 알지 못하느냐?"라는 말씀에서도 '성소'이지 '성전'이 아니다. 성소와 성전이 어떻게 다른가? 구약 때 '성소'는 '미크다쉬'(מקדש)로 '성전'이라는 '헤칼'(היכל)과 명백하게 구별되며, 신약시대에도 '성소'는 '나오스'(ναὸς)이고 성전은 '히에론'(ἱερόν)으로 완벽하게 구별되어 쓰였다.

'성소'는 지성소, 속죄소로 언약궤, 법궤가 안치되어 있는 곳이고, 그에 반해 '성전'에는 현관, 성소가 있어서 제사장들이 제사 드리고 바깥뜰에서는 일반 백성들이 제사에 참여하는 성전 건물을 뜻했다. '성소'를 지성소, 속죄소로 따로 구별했고, 지성소와 성전 사이에는 성소의 휘장이 쳐져 있었다(마 27:51).

여기 사도 요한의 설명을 보자. "주 하나님 곧 전능하신 이와 및 어린양이 그 성소이심이라"고 하였다. 이 표현이 가장 정확한 설명이다. 구약 때 '성소'는 지성소, 속죄소라는 구별된 공간이었다. 그렇게 구별되고 거룩한 곳으로 상징되었던 '성소'는 구약 때의 개념이었고, 사실은 '하나님', '어린양' 그분들이 곧 성소 자체였다는 것이다.

우리가 이 땅에서 성령으로 거듭난 성도가 될 때 하나님의 영이 우리 속에 임재하심으로 불완전한 '성소'(고전 3:16; 고후 6:16)로 살아간다. 그러나 장차 새 예루살렘인 천국에는 '성소'의 본체이신 하나님과 어린양이 '성소' 본체이시고, 성도들도 '성소'로 변화되어 살아가는 것이다.

우리가 계시록을 통해 깨달을 진리가 있다. 그것은 구약시대 이스라엘 민족이 수천 년을 이어온 민족 신앙이나 지금도 믿고 있는 유대교의 신앙 중심은 건물인 '성전'(聖殿)이다.

그러나 구약 때 신앙의 중심은 '성소'(聖所)였고, 신약 때의 신앙 중심은 하나님의 임재의 상징인 '성소'(聖所)이다.

이와 같은 구약과 신약에 관통하고 있는 성서신학을 사도 요한이 계시록에서 확인시켜 주고 있다. 그것이 계시록 7장 15절에 하나님의 보좌 앞이 그의 '성소'(싱전이 아님)에서 밤낮 하나님을 섬기는 것으로 표현되었다. 그리고 장차 있을 새 예루살렘 성에는 성소가 없는 하나님과 어린양 자체가 성소라고 했다. 사도 요한은 이렇게 구약의 성전

개념을 신약의 성소 개념으로 정정시켜 주고 있다. 그럼에도 불구하고 잘못된 성경 번역자들에 의해서 영어성경이든 한글성경이든 구약의 성전 개념으로 왜곡시켜 놓았다.

'성소'와 '성전'을 구별할 줄 알고 성경의 '성소' 개념을 회복하는 것으로도 계시록 강해의 큰 의미가 있다고 하겠다.

2) 성을 비추는 하나님과 어린양의 광채(계 21:23~25)

(1) 그 성은 해나 달의 비침이 쓸데없으니(계 21:23a)

이 내용은 창세기 1장부터 요한계시록 20장까지의 천지창조 역사를 완전히 부정하는 폭탄적인 선언의 내용이다.

창세기 1장으로 눈을 돌려 보자.

창세기 1장 3~5절의 첫째 날에 하나님께서는 '빛'을 만드셨다. 이때 창조하는 '빛'이라는 단어는 '오르'(אוֹר)이다. 똑같은 '오르'를 사무엘하 23장 4절에는 '광선'으로, 이사야 31장 9절에는 '불'로 번역되었다.

이렇게 첫째 날 창조한 '빛'이 그 뒤로 어떻게 되었는가? 첫째 날 창조하신 '빛'은 넷째 날의 두 큰 광명체로 '빛'의 기능이 이관된다. 이때 말하는 '광명체'를 '메오로트'(מְאֹרֹת)라고 한다.

앞서 첫째 날의 '빛'이 '오르'(אוֹר)였는데, 넷째 날의 '광명체'라는 말은 '빛'이라는 '오르'(אוֹר)와 '도구'라는 뜻의 '마오르'가 합쳐져서 '빛을 내는 도구'라는 뜻의 '메오로트'가 되었다.

사람들은 태양을 발광체로 인식하고 있다. 그러나 태양은 빛을 비추는 도구로 한시적으로 쓰임 받는 존재다. 저 태양이 장차 사라진다는 것이 천체물리학자들의 상식이다.

그와 같은 천체물리학자들의 상식을 여기 사도 요한도 예언하고 있다.

"그 성(새 예루살렘 성)은 해나 달의 비침이 쓸데없으니."

해와 달은 빛을 내고 어둠을 밝히고 열을 내며 사계절을 구별시켜 주는 것이 주된 존재 의미다. 그런데 새 예루살렘 성에는 해와 달의 비침이 쓸데가 없어진다. '비침'이라는 말은 '히나 파이노신'(ἵνα φαίνωσιν)이다.

여기 '히나'(ἵνα)라는 말은 목적절이나 절과 절을 이끄는 접속사이다. 그리고 '파이노신'(φαίνωσιν)은 '나타내다', '보이다', '비취다', '번쩍이다' 등의 뜻을 지닌 동사 '파이노'(φαίνω)의 가정법 현재형이다. 그리고 '쓸데없으니'라는 말은 '우 크레이안 에케이'(οὐ χρείαν ἔχει)다. 여기서 '우'(οὐ)는 동사를 부정하는 부정어이고, '크레이안'(χρείαν)은 '필요', '요구', '빈궁', '부족'이라는 뜻이고, '에케이'(ἔχει)는 현재형이다.

따라서 이 모든 말을 종합하면 거룩한 성 새 예루살렘에는 현재 당장에 빛을 발하는 해나 달이 더 이상 필요치 않다는 것이다. 이 얼마나 충격적인 변화인가?

인류는 최초부터 지금까지 해와 달이 없는 세상을 상상하지도 않고, 저 태양과 달은 영원 전부터 영원무궁토록 영원히 존재할 것으로 철석같이 믿고 살아간다. 그런데 성경은 2천 년 전에 해와 달이 없어질 것을 예언했고, 믿지 않는 천체물리학자들은 45억 년 후에 해가 소멸될 것을 예측하고 있다.

(2) 이는 하나님의 영광이 비치고 어린양이 그 등불이 되심이라(계 21:23b)

새 예루살렘 성에는 해나 달의 비침이 쓸데없는 곳이다.

해와 달이 없으면 암흑천지가 될 것이 아닌가? 그런데 해와 달이 비치지 않아도 전혀 문제가 되지 않는다. 왜냐하면 빛과 태양과 달을 만드신 창조주 '하나님의 영광' 때문에 해와 달이 없어도 전혀 아무 문제가 생기지 않는다.

여기서 말하는 '하나님의 영광'이 무엇인가? 하나님의 영광을 앞서 11절에서 새 예루살렘 성을 빛나게 하는 것으로 설명했다. '하나님의 영광'은 '독사 투 데우'(δόξα τοῦ θεοῦ)다.

'영광'이라는 단어는 구약에서 '카봇'(כבוד)이고, 신약에서 '독사'(δόξα)로, 영어로는 glory다. 단어적인 의미는 '빛나는 영예', '빛나는 가치', '빛나는 명성' 등을 가리킨다.

이 단어가 성경에 어떻게 쓰였는가?

시편에서는 "하나님의 권능과 영광"(시 63:2), "여호와 이름의 영광"(시 29:2)을 노래하고, 요한복음 1장 14절에는 "말씀이 육신이 되어… 영광으로" 보게 됨을 말했으며, 베드로전서 1장 21절에는 하나님께서 그리스도를 죽음에서 일으킨 후 영광을 주셨다고 했다. 하나님의 영광은 그 뒤에 무엇을 설명하느냐에 따라서 그 의미가 다양하게 사용되고 있음을 알 수 있다.

그런데 사람들은 "하나님의 영광"이라는 말을 자기 편리한 대로 남용하는 경우들이 많다.

계시록 21장 23절에도 '하나님의 영광'을 말한다. 그런데 그 하나님의 영광이 '비치고'라는 빛과 연관되어 설명하고 있다. 여기 '비치고'는 '에포티센'(ἐφώτισεν)이다. 이 단어는 '빛'을 뜻하는 명사 '포스'(φῶς)에서 파생한 '포티조'(φωτίζω)의 부정과거 능동태이다.

이 단어는 결국 하나님의 영광으로 인해서 계속하여 찬란하게 빛이 발산된다는 뜻이다. 하나님은 빛 자체이시다. 그런데 그 빛을 첫째 날에 분리시켰다가 넷째 날에는 해와 달에 이관을 시키신다. 그러나 미래의 천국에서는 해와 달의 이관된 빛을 다시금 회수하심으로 하나님 자신의 본질적 빛으로 회복하신다.

그와 같은 본질적인 하나님의 빛으로 인해 해와 달이 없어지는데도 밤이 없는, 빛이 계속 작용한다. 또 어린양이 그 등불이 되신다고 했다.

어린양이신 예수 그리스도는 이 세상에 빛으로 오셨다(요 1:4, 9). 그 어린양이신 예수 그리스도는 참 빛이심을 요한복음에서 여러 번 강조하였다(요 3:19, 8:12, 12:35~36). 참 빛이신 어린양은 미래의 새 예루살렘 성에서 하나님과 동등하고 동일한 빛의 역할을 하신다. 그것이 성부와 성자의 동일 본질의 진리이다. 그래서 새 예루살렘 성에는 해와 달의 비침이 없는데도 하나님의 영광의 빛과 어린양의 등불이 해와 달보다 더 완벽하게 빛의 기능을 하게 된다.

(3) 만국이 그 빛 가운데로 다니고(계 21:24a)

여기서 우리가 크게 깨닫고 관심을 두어야 할 초점은 '만국'이라는 말이 아니라 "빛 가운데로"라는 말이다.

미래의 거룩한 성 새 예루살렘의 특징을 앞서 11절부터 21절 사이에 여러 가지 외형적 모습들로 설명했다. 새 예루살렘 성은 크기와 높이와 건축 재료들과 도시 구성들이 모두가 세상에서 가장 값비싸다고 만인이 흠모하는 보석들로 구성되어 있다. 이렇게 새 예루살렘 성의 차별화는 외형적 차별화의 의미가 크다.

그와 같은 외형적 차별화보다도 더 현저한 내용적 차별화가 또 있다. 그것은 해와 달이 없는데도 하나님의 영광의 빛으로 새 예루살렘 성이 찬란하게 빛난다는 사실이다. 그래서 여기 24절에는 그 빛 가운데로 만국이 다니게 되는 영광스러운 사실을 다시 설명하고 있다.

그렇다면 여기서 말하는 '만국'은 무엇을 뜻하는가?

우리는 '만국'(萬國)이라고 하면 전 세계의 모든 국가들을 연상한다. 그런데 만국이라는 말은 '에드네'(ἔθνη)다. 이 단어가 신약성경에서 쓰인 용례를 보면 마가복음 13장 10절에 "또 복음이 먼저 만국에 전파되어야 할 것이니라"고 했고, 디모데전서 3장 16절에 "만국에서 전파되시고"라고 하였다. 그 외에는 요한계시록에 10번이 쓰였다(계 2:26, 12:5, 15:4, 16:19, 18:3,23, 19:15, 20:3, 21:24, 22:2).

여기서 우리는 똑같은 단어라도 요한계시록 21장 이전의 만국 개념과 요한계시록 21장 이후의 만국 개념은 다르게 이해해야 하는 신학적 이해가 필요함을 숙지해야 한다.

요한계시록 21장 이전의 '만국'은 문자 그대로 전 세계 모든 나라들을 의미한다. 그와 같은 현 세계적 개념은 만국은 요한계시록 20장의 천년왕국 시작 전에 다 사라져 없어지고 만다(계 19:17~20). 그리고 요한계시록 21장의 새 하늘과 새 땅에서는 전 세계에서 오직 구원받은 자들만이 살아간다. 그렇기에 여기 계시록 21장 24절의 '만국'은 현 세상의 만국이 아니다. 이것은 전 세계 만국의 만민 중 구원받은 하나님의 백성들만을 의미하는 말이다. 따라서 '만국'이라고 기록됐으나 그 의미는 '만민'도 아니고 하나님 나라에 부름받아 구원받은 자들을 전 세계 여러 나라나 지역 등에 제한받지 않음을 강조하기 위해서 '만국'이라는 용어를 사용한 것이다. 이러한 신학적 이해가 있어야 본문을 바르게 이해할 수가 있다.

(4) 땅의 왕들이 자기 영광을 가지고 그리로 들어가리라(계 21:24b)

여기 "땅의 왕들"이라는 말은 '바실레이스 테스 게스'(βασιλεῖς τῆς γῆς)다. 이 말의 문자적인 뜻은 이 땅에서 군주 노릇 하는 지배자들을 뜻한다. 그러나 땅의 왕들은 앞서 계시록 19장 19~21절의 아마겟돈 전쟁 때 이미 다 청산된 세력들이다.

아마겟돈 전쟁 후의 '땅의 왕들'은 계시록 20장 4~6절에서 천년왕국 때의 주인인 그리스도와 더불어 왕 노릇 한 성도들을 의미한다. 따라서 여기서 말하는 땅의 왕들은 문자적인 '땅의 군주들'이 아니라 천년왕국 이후에 거룩한 성 새 예루살렘에 들어갈 성도들을 '새 땅의 왕들' 같은 영광스러움을 강조하는 의미라고 이해된다.

이렇게 '만국'이나 '땅의 왕들'이라는 말의 바른 이해는 성경 전체를 관통하고 있는 성서신학의 바른 이해가 갖춰져야만 하는 진리인 것이다.

(5) 낮에 성문들을 도무지 닫지 아니하리니(계 21:25a)

이 구절은 고대 성문(城門)들이 있던 시대를 반영해 주는 내용이다. 우리나라 조선왕조 시대 때 서울 장안에는 4대 성문이 있었다. 왜 서울을 장안(長安)이라고 했는가? 이것 자체가 중국을 대국(大國)이라 하고 조선을 소국(小國)이라고 비하한 사대주의(事大主義)의 한 유산이다.

중국은 주(周)나라, 진(秦)나라, 한(漢)나라, 수(隋)나라, 당(唐)나라 등 11왕조가 도읍한 수도가 장안(長安)이었다. 그 같은 중국 수도 장안처럼 서울도 장구한 수도가 되라는 열망으로 서울을 장안이라고 불렀다.

그리고 서울 장안은 4대문(四大門)으로 구성되었다.
동쪽의 흥인지문을 동대문, 서쪽의 돈의문, 남쪽의 숭례문을 남대문, 북쪽의 숙정문을 경계로 4대문 안을 장안이라고 했다. 그리고

4대문 밖을 장외(場外)라고 했다.

이와 같은 4대문 중 북쪽의 숙정문은 북악산 성곽 작업으로 재건되었으나, 서쪽의 돈의문은 1915년 일제의 도시 계획으로 철거되어 현재 상태로 유지되고 있다.

이들 4대문이 이 태조에 의해 만들어진 후 후대에 보수되고 이전되는 등 우여곡절이 많았다. 이들 4대문의 기능이 제대로 작동할 때는 낮에는 문을 열어 놓고 문지기가 왕래자들을 감시했다. 그리고 밤이 되면 성문을 닫아서 출입이 통제되었다. 이렇게 성문들을 낮에는 열어놓고 밤에는 닫아서 출입이 통제되었다. 이 성문들을 낮에는 열어놓고 밤에는 닫을 때의 세상을 상상해 보라. 세상 사람들은 성문을 닫은 후에는 통행이 불가능하다는 체념의 세상을 살아갔다.

이와 같은 성문 제도는 이스라엘 민족이나 서양 나라들이나 동양 나라들 모두가 다 똑같은 고대 생활의 관행이었다.

이러한 사실은 특히 느헤미야서 전체에서 많이 소개되고 있다. 예루살렘에도 성문이 있었고 사마리아에도 성문이 있었다. 그리고 그 성문들은 인간의 통치자들에 의해 운영되었다. 그러나 요한계시록 21장의 '새 하늘과 새 땅' 이후에는 이 세상의 통속적이고 전통적이고 관습적 개념들이 완전히 뒤바뀐다.

새 하늘과 새 땅에 새 예루살렘 성(城)이 하늘로부터 내려온다. 새 예루살렘 성에도 과거 세상처럼 성(城)이 구성되고 성곽(城郭)이 만들어진다. 그런데 새 예루살렘 성은 과거의 성과 현격하게 달라진다. 우선 새 예루살렘 성의 재료와 크기가 달라지고, 또 성곽의 이름들이 달라진다. 그렇기에 새 예루살렘 성의 겉으로 알 수 있는 형태들이 달라진다. 그뿐만이 아니다. 새 예루살렘 성의 기능이 달라진다. 여기 "낮에 성문들을 도무지 닫지 아니하리니"라는 말은 낮이든 밤이든 성문은 항상 열려 있다는 의미이다.

참으로 이상하지 않은가? 인류는 과거에 '성문'을 만들고 살아갔다. 그러나 지금 세상의 전 세계 그 어느 나라도 성문을 만드는 나라는 없다. 지금 세상에는 과거의 성문들이 문화의 유적지이거나 만리장성 같은 것은 과거 역사의 조롱거리가 되고 있다. 그런데 왜 미래의 천국에는 새 예루살렘 성을 온갖 보석들로 꾸민단 말인가? 그렇게 꾸며 놓고는 또 성문의 기능은 없게 하는가? 참으로 이해하기 어려운 하나님의 사역이라고 생각할 수도 있다.

그러나 우리는 하나님의 사역에 새로운 감격을 깨달아야 한다.
성과 성문이 온갖 금은보석으로 만들어진다. 그런데 그곳 성민들은 이 세상 인간들처럼 금은보석에 환장한 사람들이 아니다. 그곳은 세상의 금은보석을 배설물(빌 3:8)처럼 여기는 성도들만이 살아가는 세상이다. 그곳은 이 세상의 공포, 불안, 염려가 계속되는 곳이 아니다. 그곳은 낮에 성문을 닫을 필요가 없는 도적이나 불한당이나 악마들이 불의의 습격을 할 만한 일체의 악의 근원들이 사라진 곳이다. 그렇기에 우리는 이 내용을 최상의 안전이 보장된 곳으로 이해할 때 제대로 이 본문을 이해할 수 있는 것이다.

(6) 거기에는 밤이 없음이라(계 21:25b)
밤은 '늒스'(νὺξ)다. 인간은 밤(night)에 대한 개념이 다양하다. 밤에 대한 부정적 인식의 말이 있다. 낮은 정직한 사람의 것이요, 밤은 도둑의 것이라는 말이 있고, 밤은 천(天)의 눈을 가지고 있다는 말도 있다. 밤에는 흠이 감춰지고 모든 결점이 가려지기에 밤에 선(여자 선택)을 보지 말라는 말도 있다. 한편 밤에 대한 긍정적 인식도 있다. 밤은 몸과 마음을 쉬게 하는 인류의 안식일이다. 한밤은 잠과 정숙에 가장 다정스러운 어두운 시간을 가져온다. 이렇게 인간들의 밤과 낮은 양면성이 있다.

그런데 미래의 새 예루살렘 성에는 밤이 없다. 이 말은 인간들이 이해하고 살아가는 밤의 부정적 의미가 사라지고 오직 긍정적 의미만 계속된다는 뜻이다. 사람들은 밤에 대한 부정적 의미가 가득하다. 밤거리, 밤놀이, 밤도둑, 밤무대, 밤손님, 밤 없소, 밤일, '역사는 밤에 이뤄진다' 등등. 인간이 살아가면서 밤의 고마움보다는 밤의 불편함을 느끼고 불평하는 것이 이 땅의 세상 인간들의 의식구조다. 그러나 새 예루살렘에는 하나님의 영광이 비치고 어린양이 등불이 되심으로 실제적으로 밤이 없다. 그뿐만 아니라 밤이 주는 온갖 부정적 의미들마저 사라진다.

그런데 왜 지금은 밤이 있는가? 하나님은 매일 반복되는 밤을 통해 육체의 피곤을 회복시켜 주는 재창조의 기회를 계속 허용하시는 은혜의 선물이 일차적인 의미이다. 그리고 보다 근본적이고 원천적인 의미는 매일의 잠을 통해 죽음과 부활은 모든 생명들이 매일 깨달아야 하는 실제적 교훈임을 인식하라는 것이다.

그런데 장차 새 예루살렘 성은 세상에서의 밤이 주는 부정적 의미가 모두 다 일소되도록, 밤이 없는 곳이다.

3) 생명책에 기록된 자들의 새 예루살렘 성의 입성(계 21:26~27)

(1) 사람들이 만국의 영광과 존귀를 가지고 그리로 들어가겠고(계 21:26)
새 예루살렘 성의 성문은 항상 열려 있다(25절).

그렇게 항상 열려 있는 성문을 왕래하는 사람들은 영광과 존귀를 가지고 들어간다.

여기 "만국의 영광과 존귀"라는 표현을 기억할 필요가 있다. 이 말은 지상의 만국이 소유하고 있던 영광과 존귀를 초월한다는 뜻이다. 지상의 각 나라들이 소유하고 있는 영광과 존귀는 각 나라마다 제각각 다르다. 어떤 나라는 수백 년 동안 수많은 시행착오와 투쟁을 통해 의회 정치(議會情致)를 수립한 나라가 있다. 그런가 하면 어떤 나라는 수백 년 동안 독특한 문화를 계승시킨 나라가 있다. 또 어떤 나라는 철학 사상을 발전시킨 나라가 있는가 하면 어떤 나라는 경제적 모범을 보인 나라도 있다. 그런데 그렇게 고귀한 만국의 영광과 존귀가 새 예루살렘 성의 입성에는 아무런 도움이 되지 못하는 초월된 영광으로 입성한다는 뜻이다.

"영광과 존귀"라는 말은 "텐 독산 카이 텐 티멘"(τὴν δόξαν καὶ τὴν τιμὴν)이다.

'영광'과 '존귀'는 하나님의 속성을 뜻한다. 계시록 4장 9절에 "살아 계시는 이에게 영광과 존귀와 감사를", 5장 12절에 "존귀와 영광과 찬송을", 5장 13절에 "존귀와 영광과 권능을", 7장 12절에 "존귀와 권능과 힘이 우리 하나님께"라고 하였다.

이 모든 표현은 '존귀'와 '영광'이 하나님의 속성이라는 뜻이다. 그렇기에 새 예루살렘 성에 들어가려면 만국의 영광과 존귀를 버리고 하나님의 속성에 맞는 것으로 준비된 자만이 새 예루살렘 성에 들어갈 수 있다는 진리의 선언이다. 그와 같은 후속 설명이 27절에 재설명된다.

(2) 무엇이든지 속된 것이나 가증한 일 또는 거짓말하는 자는 결코 그리로 들어가지 못하되(계 21:27a)

거룩한 성 새 예루살렘 성에 들어가지 못할 자를 세 가지로 요약해서 결론짓는다.

① '속된 것'은 '판 코이논'(πᾶν κοινὸν)이다.

이 말은 '더럽히다', '불결하게 만들다'라는 뜻을 지닌 '코이노'(κοινόω)에서 파생된 형용사 '코이노스'(κοινός)의 명사적 용법이다. 속된 것의 내용을 앞서 계시록 21장 8절에서 여러 가지로 설명했다. 따라서 '속된 것'이란 앞서 8절에 설명한 모든 것들을 총체적으로 묶어서 말하고 있다.

② '가증한 일'은 '브델뤼그마'(βδέλυγμα)다.

이 말은 앞서 8절에 "흉악한 자들"이라는 말 '엡델뤼그메노이스'(ἐβδελυγμένοις)와 비슷한 뜻이다.

③ '거짓말하는 자'는 '프슈도스'(ψεῦδος)로 8절의 '거짓말하는 모든 자들'과 같은 말이다.

이들은 앞서 8절에서 설명된 대로 생명책에 기록되지 못한 자들이다. 이들은 생명책에 기록되지 못했기에 백보좌 심판 후에 영원한 불못에 던져질 자들이다.

[특주 44]

에덴동산, 천년왕국, 천국의 차이

여기서 우리는 세 가지 내용이 어떻게 다른지 그 차이를 살펴봄으로 종말론의 핵심을 알아보자.

1. 에덴동산

1) 에덴동산의 근거

에덴(ערן)이라는 단어는 '즐거움'이라는 뜻이다. 에덴은 하나님께서 첫 사람인 아담과 함께 하와에게 만들어주신 낙원(paradise)이었다.

하나님께서는 첫 사람 아담과 하와에게 '에덴' 낙원에 살면서 창조하신 모든 만물을 다스리는 권세를 주셨다. 그러나 단 한 가지 '선악과'만은 금하셨다.

그러나 저들은 사탄의 유혹을 받고 선악과를 따먹었다. 그로 인해 자신들이 본래 가졌던 좋은 요소들이 상실되고 서로를 불신하고 하나님과의 관계가 깨졌다. 그때부터 인간은 하나님을 피하고, 인간을 의심하며, 세상 살아가는 데 고통이 따르게 되었다. 하나님은 불순종한 아담과 하와를 에덴동산에서 추방시키셨다. 그리고 생명나무는 두루 도는 불칼로 인간이 접근하지 못하도록 격리시켜 놓으셨다.

2) 에덴동산에 대한 활용

성경 기록자들 중 예언자들이 에덴동산을 비유로 설명한다.

사 51:3 "그 사막을 에덴 같게, 그 광야를 여호와의 동산 같게"
겔 28:13 "네가 옛적에 하나님의 동산 에덴에 있어서"
겔 31:9 "하나님의 동산 에덴에 있는 모든 나무가"
겔 31:16 "물을 마시는 에덴의 모든 나무"
겔 31:18 "에덴의 나무들 중에서 어떤 것과 같은고"
겔 36:35 "이제는 에덴동산같이 되었고"
욜 2:3 "그들의 예전의 땅은 에덴동산 같았으나"

이 정도가 에덴동산을 언급한 내용이다. 그 이외에는 그 어느 누구도 '에덴'을 언급하지 않는다.

3) 에덴동산에 대한 관심 촉구

에덴동산이 대중들의 관심을 끌게 한 것은 영국의 청교도 문학가 밀턴(John Milton, 1608~1674)의 실낙원(Paradise Lost, 1667)과 복락원(Paradise Regained, 1671)에서였다.

밀턴의 서사시가 대중들에게 많이 알려지면서 에덴동산에 대한 관심도가 크게 향상되었다.

그 후 현대에는 브룩 윌렌스키 랜포드(Brook Wilensky Lanford) 여사

가 《에덴의 추적자들》을 발표했다.[34]

요세푸스(Josephus, AD 37~100)는 에덴동산의 4대 강에 근거한 해석을 했다(창 2:10~14).

첫째 비손강을 갠지스강으로, 둘째 기혼강을 나일강으로, 셋째 힛데겔강을 티그리스강으로, 넷째 유프라데를 유프라테스강으로 해석했다.

또 아우구스티누스(Augustine, 353~430)는 네 강을 상징이 아니라 진짜 강으로 요세푸스 이론을 주장했다.

그 후 피렌체의 한 수도사는(1358년) 에덴동산이 스리랑카(실론) 섬의 높은 산이라고 하였다. 콜럼버스(Columbus, 1451~1506)는 남아메리카 내륙의 끝부분인 2,700km가 넘는 오리노코(Orinoco)강에 있다고 하였고, 장로교 창시자 칼빈(John Calvin, 1509~1564)의 《창세기 주석》에서는 에덴동산이 메소포타미아 남부의 유프라테스강과 티그리스강이 만나는 Y자 형태의 이라크 지방이라고 했다. 그 후 영국의 Bishop Bible(1568년)이 칼빈의 가설을 그대로 채택함으로 칼빈의 가설이 대중화되었다.

그 후로도 아프리카 선교사 리빙스턴(D. Livingstone)이 1871년에 나일강 수원이 에덴이었다고 하였고, 찰스 고든(C. Gorden)이 1886년에 아프리카 동부 해안의 세이셸의 프레슬린(Praslin)섬이 에덴이라고 주장했다. 이렇게 해서 에덴동산에 대한 추적은 현재까지도 이어

---

34) 브룩 윌렌스키 랜포드, 에덴의 추적자들, 김소정 역, 푸른 지식, 2013.

져 오고 있다. 그러나 이 모든 추측성 주장들은 노아 홍수(창 6~9장)의 역사적 사실을 제대로 정확하게 모르는 무지에서 비롯된 단견들이다.

하나님께서 최초에 만드신 지구는 '땅과 바다' 둘로 분류된 지구였다(창 1:9~13). 이때의 지구 위에 에덴동산이 건설되었다. 그러나 창세기 7장, 8장에 기록된 노아의 홍수 후에 현대와 같은 5대양 6대주로 지구가 변형되었다. 그렇기에 최초 지구에 만들어진 에덴동산을 변형된 현대 지구에서 찾으려는 시도 자체가 무지에 의한 발상이다. 에덴동산을 현대식으로 해석하려는 발상 자체가 무지의 소산이다.

4) 에덴동산과 천국의 비교

현재 신학자 중 칼빈의 영향을 받은 이들은, 과거의 에덴동산이 '실낙원'으로 상실되었으나 미래에 '복락원'으로 회복되는 것이 천국이라고 상상한다. 그러나 이 같은 추측은 완전히 잘못된 상상이다. 과거의 에덴과 미래의 천국이 어떻게 다른가?

① 과거의 에덴은 온갖 생활환경이 고르게 다 갖춰진 곳이다.
그러나 그곳은 사탄 마귀의 유혹이 가능한 곳이었다. 미래의 천국은 사탄 마귀가 불과 유황 못에 던져져(계 20:7~10) 더 이상 사탄이 존재하지 않는 곳이다.

② 과거의 에덴은 인간이 자유의지로 죄를 선택할 수 있는 곳이었다.
미래의 천국은 죄 문제가 온전히 해결되었고, 자유의지가 작동한다고 할지라도 하나님께 충성과 경배만 드릴 수 있는 곳이다.

③ 과거의 에덴은 벌거벗고 살아도 부끄럼을 모르는 순수한 곳이었다.

미래의 천국은 죄를 해결한 성도들이 절도 있게 흰옷을 입고(계 19:8) 품위가 유지되는 곳이다.

④ 과거의 에덴에는 에덴동산을 경작하며 지키는(창 2:15) 최소한의 기본적인 노동력이 필요한 곳이었다.

미래의 천국은 노동력이 전혀 없어도 생활이 다 해결되는(계 22:2) 완전한 안식처이다.

⑤ 과거의 에덴동산은 들짐승과 공중의 각종 새들이 있는 곳이었다(창 2:19).

미래의 천국은 하나님과 주님과 구원받은 성도들만이 사는 곳이다.

⑥ 과거의 에덴은 선악을 알게 하는 나무의 열매는 먹지 말라는(창 2:17) 금지 명령이 주어져 있는 부분적인 곳이었다. 미래의 천국은 금지 명령이 전혀 없는 자유만 있는 곳이다.

⑦ 과거 에덴은 여호와 앞을 피할 수 있는 공간이었다(창 3:8).

미래의 천국은 여호와 하나님을 피할 필요가 없는 곳이며 하나님과 그리스도와 더불어 영원토록 함께 살아가는 곳이다(계 22:3).

이렇게 에덴동산과 천국은 비교가 안 되는 것을 확실하게 알아야만 천국에 대하여 바른 소망을 가지게 될 것이다.

2. 천년왕국

1) 천년왕국의 근거

천년왕국의 근거는 요한계시록 20장 1절에서 7절 사이에 기록된 여섯 번의 단어 '천년'이라는 말과 두 번의 '왕 노릇'이라는 말에서 비롯되었다.

여기서 말하는 '천년'이란 '킬리아 에테'($\chi\iota\lambda\iota\alpha\ \check{\epsilon}\tau\eta$)이고, '왕 노릇'이라는 말은 '에바실류산'($\dot{\epsilon}\beta\alpha\sigma\iota\lambda\epsilon\upsilon\sigma\alpha\nu$)이다.

천년왕국이라는 개념은 이처럼 명백한 성경적인 근거에서 비롯된 성경적인 개념이다.

최초에 기록된 요한계시록의 '천년'이라는 여섯 번의 반복 기록과 '왕 노릇' 한다는 사도들의 기록은 명백한 성경적인 개념이다.

주님께서는 누가복음 19장 11~27절에서 은 열 므나의 비유 중에서 충성된 종에게는 열 고을이나 다섯 고을을 차지할 것을 말씀하셨고, 바울 사도도 왕 노릇 할 것을 가르쳤다(고전 15:25; 딤후 2:12).

성경에는 이처럼 '왕 노릇' 할 것을 기록했고, 그 기간이 '천년'간 계속될 것이고, 그 후에는 끝이 나는 한시적인 천년왕국 개념이 명백하게 기록되어 있다.

그런데 사도들 이후의 교회 지도자들은 성경적 개념을 자기 개인적인 사견(私見)으로 해석했던 것들로 인해 현재는 성경의 천년왕국 개념이 네 가지 견해로 나뉘어져 있다.

2) 천년왕국에 대한 네 가지 견해

(1) 무천년주의(Amillennialism)

'천년왕국'이 '킬리아 에테'(χίλια ἔτη)인데, 최초로 천년왕국이 없다는 주장을 한 사람이 아우구스티누스(354~403)다.

그는 성경 원문들을 전혀 모르고 라틴어로만 수많은 작품을 남겼다. 그가 '천년'이라는 라틴어 '밀레니엄'(millenium)에다 '없다'는 부정어 'A'를 덧붙여 천년왕국이 없다는 '아 밀레니얼리즘'이라는 용어를 만들어냈다. 그와 같은 무천년주의 사상을 중세기 가톨릭교회가 그대로 계승했고, 종교개혁자인 루터와 칼빈이 아우구스티누스의 무천년을 그대로 계승 발전시킴으로 개신교에 무천년주의가 그대로 답습되고 있다. 그렇다면 무천년주의자들의 주장이 무엇인가?

저들은 계시록의 천년왕국을 문자적, 가시적 왕국으로 믿지 않는다. 천년왕국이란 영적인 왕국이고 그것이 바로 가시적인 '교회'라는 것이다.

무천년주의자들의 핵심은 성경을 문자적으로 해석하는 것을 거부하고 영적, 비유적으로 해석해야 한다는 것이 저들의 주된 핵심이다. 물론 성경 중에는 영적인 해석을 해야만 되는 내용들이 많다. 예컨대 요한복음 3장 3절의 거듭나야만 한다는 말씀이나, 요한복음 2장 19절의 "성전을 헐라"는 진리가 문자적인 해석을 할 수 있는 것이 아니다. 성경의 진리가 영적인 것이라는 사실과 영적으로만 해석되어야 한다는 주장과는 아무 상관이 없다.

성경 중에는 영적으로 해석해야 하는 내용이 있는가 하면 문자적으로 해석해야 되는 내용들도 무수하다. 특히 구약성경의 예언서들 경우에는 비확정적이고(indefinite) 수수께끼 같은 것이고(enigmatical)

오해를 살 수 있는(deceptive) 상징으로 가득 차 있다.

그렇기에 여러 가지 해석이 가능하지만, 그 예언서는 예언이 성취된 뒤에라야 그 예언의 진위를 알 수 있다. 또 신약성경의 경우를 보자.

마 12:28 "내가 하나님의 성령을 힘입어 귀신을 쫓아내는 것이면 하나님의 나라가 이미 너희에게 임하였느니라"

눅 17:20~21 "하나님의 나라는 볼 수 있게 임하는 것이 아니요 또 여기 있다 저기 있다고도 못하리니 하나님의 나라는 너희 안에 있느니라"

롬 14:7 "우리 중에 누구든지 자기를 위하여 사는 자가 없고 자기를 위하여 죽는 자도 없도다"

이 같은 말씀들은 현재적 의미와 미래적 의미가 함께 있는 것이다. 성경 자체가 문자적으로 해석할 부분과 영적으로 상징적으로 해석할 부분들과 현재적 의미와 미래적 의미가 있다.

그런데 무천년주의자들 모두가 그렇고, 특히 칼빈의 성경 주석 중 이스라엘에 내한 약속들은 전부 다 신약교회에서 성취되는 것으로 영적, 상징적으로 해석했다. 그래서 '대환난은 없다, 환난은 늘 있는 것이다, 휴거는 없다, 휴거는 현재 일어나고 있는 일이고, 휴거란 천국 가는 것'이라고 하였다. 이처럼 성경 해석들을 모조리 영적으로 상징적으로 해석해 놓았다. 아울러 성경의 천년왕국도 따로 있는 것이 아니며 교회시대가 곧 천년왕국 시대라는 것이다.

이 같은 단편적, 개인적, 편견적 성경해석으로 무천년주의를 만들어 놓았다. 우리가 믿는바 성경은 문자적으로 해석할 부분과 영적으로 해석할 부분들이 함께 존재한다.

오늘날의 무천년주의의 결과는, 성경해석 중 문자적 해석들과 영적으로 해석할 부분들을 무시해 버리고 오로지 자기 개인적 편견만 만들어 놓은 후유증을 남긴 것이다. 참으로 개탄스러운 유산이다.

(2) 후천년주의(Postmillennialism)

후천년주의를 따르는 이들 가운데에는 보수적 성향의 사람들과 자유주의적 성향의 사람들이 섞여 있다. 이들의 공통점은 이 세상을 매우 낙관적으로 믿는다. 교회가 시작된 후 복음 전파의 가속도와 성령의 역사로 세계는 점점 기독교화되어 간다. 그래서 세상이 살기 좋은 이상적 세계의 완성이 천년왕국이다. 이들은 현 교회를 통해 사회 제도와 법률의 개선을 통해 교회가 천년왕국을 완성한다고 믿는다.

이 같은 주장의 첫 시작이 아우구스티누스(350~403)다. 그리고 이 주장을 체계적으로 정립한 것이 영국 성공회 출신의 박식한 성직자 휘트비(Daniel Whitby, 1638~1726)이다.

그는 영국 국교를 옹호하기 위해 로마 가톨릭 측과 논쟁을 계속했고, 또 칼빈주의자들과도 5~6차례 논쟁했다. 그의 박식한 지식으로 39권의 저서들을 출판했고, 그중에 유명한 책이 《신약성경 의역 및 주석》(Paraphrase and Commentary on the New Testament, 1703)이다.

이 책을 통해 후천년설 이론을 대중화시켰다. 휘트비는 이 책에서 세계인들이 그리스도에게로 돌아올 것이고, 유대인들이 성지(聖地)를 회복할 것이며, 교황과 투르크족(Turkman)이 패배를 당하며, 그 후에 세계가 보편적인 평화와 정의의 시대를 천년 동안 누릴 것이라고 했다.

이 세상이 2000년이 끝날 때 그리스도께서 친히 다시 오실 것이고 최후의 심판이 이루어질 것이라고 했다. 이러한 휘트비의 사상에 대해 18세기 지도적인 목사들 대부분이 이 견해를 채택했다. 그중에서 유별나게 다른 주장을 보자.
① 계시록 20장 5절의 첫째 부활이 곧 중생이다(무천년의 칼빈 주석과 동일)
② 전 세계 모두가 회개하고 그리스도께로 돌아온다
③ 유대인들이 자기가 소망하는 성지를 회복할 것이다
④ 교황이 적그리스도다
⑤ 교황과 투르크족(터키를 중심한 중앙아시아와 중국 북서부)이 패배한다

그 후에 땅 위에 평화와 안정이 오고, 이어서 그리스도께서 재림한다.

이 같은 후천년설이 18세기 미국에 퍼졌고, 제1차, 제2차 세계 대전 후 낙관적인 세계관이 불신당함으로 그의 주장은 후퇴되고 말았다.

이들 '후천년설'의 특징은 '무천년설'과 비슷하게 휴거를 믿지 않고, 대환난을 믿지 않으며, 아마겟돈 전쟁을 곡과 마곡 전쟁으로 표현한다.

매우 지나친 인본주의적 사고와 낙관주의 세계관으로 성경에서 세상을 비판적으로 가르치는 중심 사상과 전혀 배치되는 이론이다.

(3) 세대주의적 전천년설(Dispensational Premillennialism)

먼저 세대주의(世代主義, Dispensationalism)라는 말부터 알아보자.

'세대'라는 말의 근거가 무엇인가?

누가복음 16장 1~13절에는 옳지 않은 청지기 비유가 교훈이 되고 있다. 이 비유에는 청지기에게 특정한 의무가 주어져 있고, 훗날에 반드시 회계에 의해 계산할 날이 있음을 가르친다. 또 하나님께서 우주 만물을 다스리시는 청지기의 방법이 각각 다르다. 그 방법이 각각 다

른 사례를 보자. 구약성경의 예를 보자.

창세기 9장 3절은 노아 홍수 직후에 "모든 산 동물은 너희의 먹을 것이 될지라"고 기록되었다.

하지만 출애굽한 후 광야 시대에 주어진 레위기 11장을 보면 짐승들 중 정한 짐승은 먹을 수 있으나 부정한 짐승은 먹지 못하도록 금지된다.

그 후 신약시대에 바울 사도는 고린도전서 8장에서 음식물이 사람을 부정하게 하는 것이 아니므로 음식물 규정은 습관일 뿐임을 말한다. 음식물은 신앙 양심이 결정할 문제이고, 덕을 세우는 데 주력하라고 한다(고전 10:23~33). 이처럼 음식물 한 가지의 규정이 노아시대에 다르고, 광야시대에 다르고, 교회시대에 또 다르다.

그뿐만이 아니다. 창세기 17장 10절에 아브라함에게는 남자는 할례를 받으라고 했다. 그런데 신약시대에 바울 사도는 갈라디아서 5장 2~12절에 할례가 십자가에 걸림돌이 되므로 아무 유익이 없다고 한다. 또 요한복음 1장 17절에 "율법은 모세로 말미암아 주어진 것"이고 "은혜와 진리는 예수 그리스도로 말미암아 온 것이라"고 해서 율법의 한계성을 말한다.

또 동일한 복음서에서도 누가복음 9장 3절의 초기 제자들에게는 하나님 나라의 전파를 위해서는 아무것도 가지지 말라고 경계하신다. 그런데 누가복음 22장 35~36절의 겟세마네 동산 기도 전에는 전대를 가지고 배낭도 준비하고 검 없는 자는 겉옷을 팔아 검을 사라고 하신다.

히브리서 7장 11~12절에는 제사장 직분이 아론에서 다른 제사장이신 예수로 바뀌었다고 한다.

성경 내용들은 이처럼 시대에 따라 바뀌는 내용들로 가득 차 있다. 당장에 구약과 신약이 다르듯이 하나님께서는 각 세대(世代)마다 각각 다른 내용의 말씀을 주셨다. 그렇게 성경 전체 내용을 각각 다른 '세대'로 분류해서 이해하려는 신학운동을 '세대주의'(世代主義)라고 한다.

이와 같은 세대주의 신학자들이 내세우는 '세대'에 해당하는 단어가 에베소에 기록된 '경륜'이라는 말이다. 경륜(經綸)이라는 말은 '오이코노미아'(οικονομία)다. 이 단어가 에베소서 1장 9절, 3장 2절과 9절, 골로새서 1장 25절, 디모데전서 1장 4절에 쓰였다. '세대'에 해당하는 말이 '경륜'에서 비롯되었고, 그 후에는 계속해서 또 세대를 구분하는 학자들도 다양하다.

최초에 세대주의를 제창한 학자는 영국의 존 넬슨 다비(J. N. Darby, 1800~1882)이다. 그는 성경을 독일어, 프랑스어, 영어로 번역해 낸 박식한 성경학자로, 그가 저술한 《그리스도 교회의 본질과 통일성에 관하여》(1827)는 나라 전체에 큰 파문을 일으켰다.

그가 성경의 시대 구분을 ① 무죄시대(창 1:28~3:21) ② 양심시대(창 3:22~8:14) ③ 인간 통치시대(창 8:15~11:9) ④ 약속시대(창 11:10~출 18:27) ⑤ 율법시대(출 19:1~그리스도 십자가) ⑥ 은혜시대(행 2:1~계 19:27) ⑦ 천년왕국 시대(계 20장)로 구분했다.

이렇게 다비의 주장 이래 1950년 초까지는 '고전적 세대주의' 시대로, 1950년 말~1970년 말까지는 '수정된 세대주의' 시대로, 1980년 이후 현재는 '진보적 세대주의'로 구별을 한다.

그 결과 현재는 하나님의 인간 구속의 단계를 7단계로 구분한다. ① 천지창조 ② 구약시대 ③ 예수 초림 후 신약시대 ④ 그리스도의 공중 강림과 성도의 휴거 ⑤ 지상에서의 7년 대환난 ⑥ 천년왕국 ⑦

최후 백보좌 심판 후의 새 하늘과 새 땅

현재의 세대주의 대표적 본산지는 미국 텍사스주의 Dallas 신학교다. 앞서 무천년주의 조상이 칼빈 개인이고, 후천년주의 주창자는 휘트비라는 개인이었다. Dallas 신학교는 설립된 지 근 100여 년 동안 세대주의 신학을 신학교의 대표적 특징으로 전승해 가고 있다.

필자는 Dallas 신학교 출신들이 교수가 된 Liberty대학에서 세대주의 신학에 근거한 종말론을 배웠다. 그리고 40여 년간 그 신학을 연구 활동해 오고 있다. 필자의 종말론 신학은 'Dallas 신학'의 반영이다.

(4) 역사적 전천년설(Historical Premillennialism)
역사적 전천년설의 특징은 그리스도의 공중강림과 그리스도인들의 휴거를 믿지 않는다.

저들은 현재의 교회시대의 연장선에 7년 대환난이 아닌 왕국이 이뤄지고 예수 재림만 있을 뿐이며, 그 후에 천년왕국이 있을 것을 믿는다.

이들은 천년왕국 전에 그리스도의 재림을 믿기에 '전천년설'이라고 명명된다.

3) 천년왕국의 상태

(1) 천년왕국의 제한점
① 천년왕국은 그리스도의 재림 이후 이 땅에서 그리스도께서 통치자가 되는 1천년 기간의 제한된 시대이다.

따라서 교회시대 때에는 영적으로 구원은 받았으나 육체적으로 제한을 받고 살아가다가, 천년왕국 때에는 몸과 영이 함께 '영광의 부활체'로 살아간다. 그러나 그와 같은 천년왕국의 기간은 천년으로 끝이 나고 더 좋은 천국이 있다.

② 천년왕국 기간에 부활의 영광의 몸을 입은 구약과 신약의 성도들과 대환난 기간 중 구원받은 성도는 육체를 가진 채 함께 살아간다.

③ 천년왕국 기간은 몇 가지 특징들이 혼합되어 구성된다.

첫째, 영적인 상태

- 하나님의 의가 지배하는 세상이다(사 11:3~5; 마 25:31~46).
- 성령 충만한 세상이다.
- 사도행전 2장 이후 교회시대에는 부분적 성취가 되나 천년왕국에는 완전한 성령 충만이 성취된다(욜 2:28~32).
- 주의 만찬은 그리스도 재림 시까지다(고전 11:26).
- 그리스도 재림 후 천년왕국 기간에 동물 제사가 회복된다고 주장하는 이가 있을 정도로 모호하지만, 천국은 성전이 없고(계 21:22) 제사가 없는 곳이다.
- 모든 민족이 예루살렘 예배를 동경한다(사 2:2~4; 슥 8:20~23, 14:16~21; 미 4:2 참조).

둘째, 육체적인 면

- 범세계적 평화(사 24:21~23, 32:16~18).
- 저주가 그침(사 35:1~2, 5~10).
- 수명이 연장됨(사 65:20~23).
- 야생동물들이 온순해짐(사 65:25, 11:6~9; 겔 34:25).
- 농작물이 풍성해짐(사 35:1~2, 6~7).

셋째, 정치적인 면
- 그리스도의 직접 통치(사 11:1~5; 계 20:4,6).
- 예루살렘이 세계의 수도가 됨(렘 3:17; 겔 48:30~35).
- 하나님이 아브라함에게 약속한 땅을 차지함(창 13:14~18; 겔 47:12, 48:1~29).

④ 천년왕국이 구약시대나 교회시대보다 모든 면에서 월등하게 좋은 세상인 것은 확실하다.

이렇듯 천년왕국의 좋은 환경에서 살아갈 육체를 가진 자들은 결혼하고 자녀를 출산하고 수명이 길어진다. 그러나 저들이 다 구원받을 자들은 아니다. 천년왕국 후에 사탄이 놓임을 받는다(계 20:7~10).

그때 구원받지 못한 자들은 사탄의 유혹에 휩쓸려서 많은 인간이 미혹을 당한다. 그들을 다시 심판하는 것이 백보좌 심판이다(계 20:11~15). 그렇기에 천년왕국이 구약시대나 신약 때보다는 훨씬 좋은 세상이지만 그곳이 천국은 아니다. 그래서 보다 더 영원하고 안전한 '천국'이 남아 있다.

3. 천국

1) 천국의 개념

'천국'은 '바실레이아'(βασιλεία)이다. 천국은 마태복음에서 '헤 바실레이아 톤 우라논'(ἡ βασιλεία τὸν οὐρανὸν)으로 많이 쓰였고, 마가복음, 누가복음, 요한복음과 사도행전과 서신서에는 '하나님의 나라'라는 '헤 바실레이아 투 데우'(ἡ βασιλεία τοῦ θεοῦ)로 쓰였다. 그렇기에

'천국'이나 '하나님의 나라'는 같은 뜻이다.

'하나님의 나라' 또는 '천국'이라는 말은 ① 하나님이 다스리는 지역 ② 하나님이 다스리는 백성 ③ 하나님의 실제적 통치라는 세 가지 의미가 포함된다.

천국의 개념을 구체적으로 적용하면 심령이 가난한 자가 복 있는 자로 심령에 하나님의 다스림이 시작된다(마 5:3). 심령에 하나님의 다스림이 시작된 자를 '거듭났다'(요 3:3), 또는 '구원받았다'(요 3:17), '성령이 내주한다'(고전 3:16)라고도 표현한다. 이렇게 성령으로 거듭난 자는 이미 천국을 소유한 자이다. 그러나 이때의 천국 소유는 전체 하나님의 나라 중에서 지극히 일부분에 하나님의 다스림이 시작된 정도이다.

2) 천국의 확장성

천국의 시작이 마음에서 시작되어서 계속적으로 확장되어 간다. 그 설명이 마태복음 13장에 기록되었다. 천국의 복음은 각각 다른 성향의 땅이나 환경에 떨어져도 반드시 성장하게 되어 있다. 천국은 '겨자씨'와 '누룩'처럼 확장이 된다.

그렇게 천국이 확장되는 것에 최대의 가치를 터득한 자는 밭에 감추인 보화의 밭을 구매하기 위해 자기 소유를 다 판다. 또는 좋은 진주를 구하던 장수가 극히 값진 진주를 발견한 후 자기 소유를 다 팔아서 그 진주를 산다. 결국 참된 천국 소유자는 자기가 가지고 있던 모든 소유들을 다 매매하는 소유에 대한 변화로 증명되는 자이다.

천국을 열망하고 사모하는 것 자체는 매우 고매한 신앙의 시작이다. 그러나 신앙은 생명력을 가졌기에 주변에 영향을 미칠 뿐만 아니라, 최후에는 그가 가지고 있는 소유를 포기하고 천국을 소유하겠다는 결단에서 참된 신앙이 확증되는 것이다.

"돈 지갑이 그의 신앙을 증명"하고 소유물의 활용이 그 인격을 증명한다.

3) 천국의 완성

천국은 마음의 천국에서 살아 있는 동안 지역에 영향을 미쳤다가 결정적으로 소유물 처리로 증명하게 된다. 주님의 공중 강림 이전에 죽은 성도들은 하나님 나라의 한 통치 영역인 낙원(눅 23:43)에 머문다. 그리고 그리스도 공중 강림 때 그리스도에게 속한 자(고전 15:23)가 먼저 부활의 영광을 입게 되고, 살아 있는 자는 휴거에 의해 영광의 몸으로 변화된다(살전 4:15~17). 그들은 그리스도 재림 때 함께 지상으로 내려와(계 19:11~16) 천년왕국에서 그리스도와 더불어 왕 노릇한다(계 20:4~6).

천년왕국이 끝나면 백보좌 심판 후(계 20:11~15) 새 하늘과 새 땅에서 영생복락을 누리게 된다(계 21장).

천국은 이 땅의 불완전한 요소, 비극적 요소들이 다 청산되고 오직 하나님과 어린양과 더불어 영생하는 곳이다.

결 어

이상으로 에덴 동산과 천년왕국과 천국의 각각 다른 특성과 취약점들을 살펴보았다. 이와 같은 정리는 현재 우리가 살아가고 있는 이 세상보다는 더 좋은 과거의 에덴동산과 미래의 천년왕국보다도 질적으로 내용적으로 상상조차 못할 '천국'을 이해해 보려는 노력의 일환이다. 그러나 필자의 설명이 불완전함을 잘 안다.

바라기는, 필자의 설명에 영감을 얻고 각자가 더 좋은 완벽한 해답을 찾아 각각 개별적으로 차원이 다른 감격과 감동을 얻기를 기대한다. 차제에 어설픈 종말론 신학으로 천국의 소망을 희석시켜 버린 혼란스런 신학계의 현상을 깨닫고, 바른 성서적인 종말론 신앙을 수립할 수 있는 계기가 되기를 간절히 바라는 바이다.

07
새 예루살렘 성의 생활

(계 22:1~5)

1) 성 안의 생명수와 강 좌우의 생명나무(계 22:1~2)

　요한계시록의 강해서 제3권은 계시록 19~22장의 내용이다. 우리는 요한계시록 19장 이후에 수많은 변화의 내용이 계속해서 전개되어 오고 있음을 살펴보고 있다. 그 내용을 보면 다음과 같다.

▶ 요한계시록 19장의 내용
① 천상에서의 어린양의 혼인 잔치(19:1~10)
② 예수 그리스도의 지상 재림(19:11~16)
③ 아마겟돈 전쟁에 의한 땅의 임금들과 짐승의 멸망(19:19~21)

▶ 요한계시록 20장의 내용
① 사탄을 잡아서 천년간 감금(20:1~3)
② 천년왕국(20:4~6)

③ 사탄의 임시 방면과 최후심판(20:7~10)

④ 백보좌 심판(20:11~15)

▶ 요한계시록 21장의 내용

① 새 하늘과 새 땅의 창조(21:1~8)

② 새 예루살렘 성의 크기와 구조(21:9~21)

③ 새 예루살렘 성의 특징(21:22~27)

요한계시록 22장 1~5절에는 '새 예루살렘 성'의 생활을 소개하고 있다. 이제 짧은 다섯 절 속에 소개되는 새 예루살렘 성에서의 생활상을 살펴보도록 하자.

(1) 또 그가…내게 보이니(계 22:1a)

여기서 말하는 "그가"는 누구인가?

그는 계시록 21장 9절에 나오는 일곱 대접을 가지고 마지막 일곱 재앙을 담은 일곱 천사 중 하나를 암시해 준다. 그 천사는 앞서 계시록 21장 9~27절의 내용을 보여주었다. 그러므로 여기 계시록 22장 1~5절의 내용도 그가 보여준 것으로 추측된다.

(2) 수정같이 맑은 생명수의 강을 내게 보이니(계 22:1b)

거룩한 성 새 예루살렘에는 "수정같이 맑은 생명수 강"을 보여준다. '생명수 강'은 어떤 강일까?

계시록 7장 17절에는 '생명수 샘'을 말하고, 계시록 21장 6절에도 '생명수 샘물'을 말했다. 그런데 여기 계시록 22장 1절에는 '생명수의 강'을 말한다. 칼빈이 생명수의 강을 창세기 2장 에덴동산의 4대 강으로 연결시킨 이후로 많은 이들이 그렇게 상상을 한다.

그러나 필자는 에덴동산과 미래의 천국과는 전혀 상관이 없음을 〔특주 44〕에서 밝혔다.

그와 다르게 에스겔 선지자는 성전 문지방 밑에서 흘러나오는 물이 점점 많아져 사람이 건너지 못할 강이 되는 내용을 말한다(겔 47:1~5). 여기 '생명수 강'과 2절의 '생명나무'가 무엇일까? 이것을 문자적으로 해석해서 에덴동산의 4대 강의 회복으로 보는 해석이 있다.

그와 다르게 생명수 강물을 성령으로, 불멸에 대한 약속으로, 백성들에게 주시는 풍성한 삶의 상징으로 해석하는 이들도 있다.

그렇다면 새 예루살렘 성의 "수정같이 맑은 생명수 강"은 무엇일까?
그것은 에덴동산의 4대 강의 복원은 아니다. 왜냐하면 에덴동산의 강은 에덴에서 발원한 물이 후에는 4대 강을 이룬다. 새 예루살렘 성의 강은 실제적 강이 하나이고 강 좌우에 생명나무가 있다. 그렇다고 새 예루살렘 성의 강이 실제적 강이 아닌 상징적 뜻이라는 해석도 열두 가지 열매와 그 나무 잎사귀들과 조화되지 않는다.

이것을 억지로 합리화하려는 시도보다는 새 예루살렘 성에는 새로운 창조에 의한 '생명수 강'이 있다고 믿는 것이 바른 해석이라고 생각된다.

(3) 하나님과 및 어린양의 보좌로부터 나와서(계 22:1c)

여기 '생명수 강'의 근원이 "하나님과 및 어린양의 보좌로부터" 나왔다는 명확한 설명이 있다.

생명수 강이 에덴동산의 4대 강의 복원이 아니라 하나님과 어린양의 보좌로부터 나왔다고 생명수 강의 근원을 명확히 밝히고 있다. 여기 "보좌로부터"는 '에크 투 드로누'(ἐκ τοῦ θρόνου)다.

생명수 강의 근원이 동일 본질이신 하나님과 어린양의 보좌로부터라는 강의 근원을 명확하게 밝히고 있다. 특히 "보좌로부터 나와서"와 2절의 "흐르더라"라는 말이 한글개역개정성경에는 두 절로 나뉘어 번역되었다.

그러나 원문 성경에는 "나와서…흐르더라"는 단어가 '엑포류오메논'(ἐκπορευόμενον)이라는 한 단어다. 그리고 이 단어는 현재 분사로 쓰였다. 그렇기에 생명수 강물이 하나님과 어린양의 보좌로부터 발원해서 현재 계속 흐르고 있음을 설명해 주는 표현이다.

이와 같은 표현은 무엇을 가르쳐주는가? 장차 하늘나라인 새 예루살렘 성에는 성령의 은혜와 생명의 근원이 보좌에서 발원되어 흐르는 생명수의 강에서 비롯된다. 이 땅의 세상에서는 생수나 성령이나 은혜가 목사나 사제 같은 인간들을 통해 간접 공급되기 때문에 오류가 생기고 오염된 독소들이 양산되고 있다.

그런데 하늘나라에서 생수나 성령이나 은혜의 공급은 하나님과 어린양의 보좌에서 비롯되는 직통 공급인 것이다. 그렇기에 그 생명수는 오염되거나 사람들의 편견에 의한 신학화(神學化)되지 않은 순수한 생명 양식인 것이다. 이 같은 생명수는 에덴동산 같은 오염이 가능한 일반 강물이 아니다. 철저하게 정화되고 정제된 순수한 하나님의 양식을 의미한다.

(4) (생명수 강이) 길 가운데로 흐르더라(계 22:2a)

앞서 창세기 2장의 에덴동산의 4대 강은 에덴에서 흘러나와 동산을 적시고 거기서 갈라져 네 강의 근원이 되었다(창 2:10). 그런데 새 예루살렘 성의 생명수 강은 강을 중심에 두고 강 좌우에 두 갈래로 흐르고 있다.

여기 '강 좌우에'는 '카이 투 포타무 엔튜덴 카이 에케이덴'(καὶ τοῦ ποταμοῦ ἐντεῦθεν καὶ ἐκεῖθεν)이다.

원문은 '생명수 강'은 중앙에 있고, 그 강은 좌우로 갈라졌으며, 그 사이에 생명수 나무가 있는 것이다. 그런데 개역개정성경과 다른 성경들도 생명수 강이 '길 가운데로' 흐르는 것처럼 번역되었다. 생명수 강은 보좌로부터 발원되고 생명수 강물은 좌우로 흐르면서 강물 주변의 생명나무들에게 물을 공급해 주는 것이 맞다.

(5) 열두 가지 열매를 맺되 달마다 그 열매를 맺고(계 22:2b)

새 예루살렘 성에는 에덴동산처럼 선악과 같은 금단의 나무가 없다. 또 새 예루살렘 성에는 선악과처럼 금지명령이 주어져서 그 나무를 보면 먹음직하고 보암직하고 지혜롭게 할 만큼 탐스러운 나무가 없다(창 3:6). 오히려 새 예루살렘 성에는 대로(大路) 상에 존재하므로 누구든지 따먹을 수 있도록 개방되어 있고 장려되어 있다.

여기 새 예루살렘 성은 과거 에덴동산 같은 위험요소가 도사리고 있는 과거의 회복이 아니다. 새 예루살렘 성은 과거 '처음 하늘과 처음 땅'에서 비롯된 것이 아니라 '새 하늘과 새 땅'의 재창조에서 비롯된 새 세상이다.

그러므로 생명나무의 성격 자체가 에덴동산이 생명나무와는 근본적으로 다르다. 그 증거가 무엇인가? 에덴동산의 생명나무는 지금 우리가 살아가고 있는 지구상의 나무들과 같이 한 나무가 1년에 한 번씩 열매를 맺었다.

현재의 지구상의 대부분의 나무는 1년에 단 한 번 열매를 맺는다. 하지만 이스라엘의 무화과나무는 1년에 이른 열매와 늦은 열매를 맺음으로 두 번 수확한다고 한다. 그런데 새 예루살렘 성의 생명나무는 그 나무에서 열두 가지 열매를 맺는 다품종일 뿐만 아니라 달마다 열매를 맺는다. 이 같은 사실은 현대 과학이나 식물학으로 설명이 불가능하다.

이렇게 현대 세상의 상식을 초월하는 새 예루살렘 성의 풍성함은 인간의 얕은 지식으로는 이해가 어려운 것이다. 그래서 이토록 초월적 천국의 현상을 이해하지 못하는 자들은 상징이라느니, 또는 '영적 의미'라고 격하시킨다. 성경 본문 "열두 가지 열매를 맺되"라는 말씀에서 '맺되'라는 말은 '포이운'(ποιοῦν)이고, 또 "달마다 그 열매를 맺고"라는 '맺고'는 '아포디둔'이다. '맺되'의 '포이운'(ποιοῦν)이나 '맺고'의 '아포디둔'(ἀποδιδοῦν)은 모두 다 현재 분사로 쓰였다. 그렇기에 생명나무 열매들이 상징이 아니라 사실임을 증명한다. 이와 같은 새 예루살렘 성의 생명수, 생명나무, 열두 가지 실과, 달마다 맺는 열매 등은 새 예루살렘 성에서 누릴 영적 생명의 풍성함과 다양성을 상징한다.

그곳에는 각종 다양한 열매들로 다양한 개성을 가지고 성도들의 기호가 모두 다 충족되게 공급된다. 그곳에는 1년에 한 번만 열리는 세상의 과실이 아니라 달마다 열리는 풍성한 공급이 확보되는 곳이다.

새 예루살렘 성에는 눈에 보이지 않는 영혼들만이 가는 곳이 아니다. 부활하신 주님의 몸처럼 영광스러운 부활의 몸을 가지고 살면서 생명수를 마시고, 생명나무 열매들을 먹고 살아가는 곳이다. 그러나 그렇기 때문에 천국을 사모하는 것은 아니다. 그곳에서는 우주 만물의 창조자이신 하나님과 어린양 그리스도와 더불어 함께 살아가기 때문에 사모하는 것이다.

(6) 그 나무 잎사귀들은 만국을 치료하기 위하여 있더라(계 22:2c)

그곳에 있는 생명나무의 열매들은 성도들에게 유익을 주고, 또 그 나무 잎사귀들은 만국을 치료하는 약재가 된다.

여기서 두 가지 의문이 생긴다. 첫째는, 그곳에는 여전히 병이 존재하는가, 왜 생명나무 잎사귀들이 만국을 치료하는 약 재료로 쓰이는가 하는 것이다. 여기 "치료하기 위하여"라는 말 속에는 병이 있을 수 있다는 뜻이 아닌가? 그 같은 상상이 가능하다.

둘째는, 만국을 치료한다고 한 '만국'이라는 말은 오늘날 전 세계의 만국처럼 천국에도 만국이 존재하는가 하는 두 가지 의문을 생각해 보자.

첫째, 생명나무 잎사귀들이 만국을 치료한다는 말이 무슨 뜻인가? 여기서 "치료하기 위하여"라는 말의 의미를 제대로 알아야 하겠다. 이 말은 '데라페이안'(θεραπείαν)이다. 이 말은 '치료하다', '봉사하다', '섬기다'는 뜻을 지닌 '데라퓨오'(θεραπεύω)에서 파생된 명사다. 여기에다 목적을 표시하는 목적격 전치사 '에이스'(εἰς)와 더불어 기록되었다.

이와 같은 원문을 따른다면, 새 예루살렘 성의 생명나무 잎사귀들은 어떤 병든 상태를 치료해 주고 고쳐주기 위한 잎사귀라는 의미보다는, 영육 간의 건강함이 계속 유지되도록 끊임없이 새로움을 공급해 주는 보조 재료로 봉사하고 섬기기 위해서 존재한다는 의미이다.

따라서 "치료하기 위하여"라는 번역보다는 "봉사하기 위하여"라고 번역하는 것이 원문을 바르게 전하는 것이라고 할 수 있다. 사실은 생명나무의 열매 자체가 생명을 유지시켜주고 발전시켜주는 생명에 관계된 나무이다.

그런데 생명나무 잎사귀들도 생명 발전에 도움이 되어야만 맞는 말이지, 치료한다는 말은 적당한 말이 아니다. 따라서 한글개역개정 성경의 "치료하기 위하여"라는 번역이나 KJV의 "민족들을 치유하기 위하여"라는 번역, 공동번역의 "만국 백성을 치료하는 약"이라는 번역, 표준 번역의 "민족들을 치료하는 데 쓰입니다"라는 번역들은 모두가 오해를 불러일으킬 소지가 많다. 차제에 오해의 소지를 해결할 수 있기를 바란다.

두 번째로, '만국'이라는 말이다
우리가 아는바 만국(萬國)이라면 '세계의 모든 나라들'을 의미한다. 과연 새 예루살렘 성은 전 세계의 모든 인류가 다 사는 곳인가? 결코 그렇지 않다.

새 예루살렘 성에 들어갈 수 있는 자를 계시록 21장 8절, 27절에서 분명하게 구별시켜 놓았다. 그런데 계시록 22장 2절의 '만국'이라는 말은 앞의 내용과 일치되지 않는다. 그렇다면 만국이란 무슨 뜻인가?

만국이란 '톤 에드논'(τῶν ἐθνῶν)이다. 이 내용은 앞서 계시록 21장 24절에도 '만국'이라는 말이 쓰였다. 이렇게 계시록 21장 24절의 만국이나, 계시록 22장 2절의 만국은 이사야 선지자가 이사야 60장 1~5절에서 장차 천년왕국 때의 이스라엘의 환상을 예언한 내용을 사도 요한이 새 예루살렘 성의 확대로 표현한 것으로 보인다.

그렇기에 사도 요한 자신은 새 예루살렘 성에는 반드시 구원받은 자들만이 들어갈 것을 거듭 강조했다(계 21:8, 27). 따라서 여기서의 만국은 세계 모든 나라 백성들이란 뜻이 아니라, 장차 하나님의 나라 천국에는 전 세계 모든 만민 중에서 나라나 지역 등의 제한을 받지 않고 누구나 구원받은 자들은 갈 수 있다는 폭넓은 표현으로 이해된다.

2) 다시 저주가 없는 영원한 새 예루살렘 성(계 22::3~5)

(1) 다시 저주가 없으며(계 22:3a)

새 예루살렘 성에는 다시 저주가 없다고 했다. 여기서 말하는 '저주'라는 말도 다소 생소한 표현 같다. 왜냐하면 앞서 계시록 21장 4절에 새 예루살렘 성에는 온갖 불행한 요소들이 없음을 천명했다. 그런데 왜 뒤에 계시록 22장 3절에 '저주'라는 단어가 나오는가? 여기서 말하는 '저주'라는 말은 '카타데마'(κατάθεμα)다. 이 단어는 신약성경 기록 중 유일하게 이곳에만 쓰였다.

신약성경에 이와 비슷한 개념으로 쓰인 단어가 있다. 마태복음 26장 74절의 "저주하며"가 '카타데마티제인'(καταθεματίζειν)이고, 또 마가복음 14장 71절의 "저주하며"는 '아나데마티제인'(ἀναθεματίζειν)이다.

바울 사도도 '저주'라는 용어를 썼다.

로마서 9장 3절에 "자신이 저주를 받아", 고린도전서 12장 3절에 "예수를 저주할 자라", 고린도전서 16장 22절에 "저주를 받을지어다", 갈라디아서 1장 8절에 "다른 복음을 전하면 저주를 받을지어다"라고 하였다.

이렇게 '저주'라는 단어가 복음서와 서신서에 쓰였다. 그런데 다 똑같이 사용되는 저주라는 단어에도 '아나데마'라는 말보다는 '카타데마'가 보다 강력한 저주임을 뜻하는 뉘앙스를 풍긴다.

그런데 '아나데마'(anathema)라는 개념이 교회 역사 속에 점점 달라진다. 70인역 성경에 아나데마는 하나님께 저주받은 뜻으로 번역

된다. 초대교회에서는 '출교'(黜敎), 즉 교인을 교적(敎籍)에서 삭제하고 내쫓는 의미로 사용되었다(고전 12:3; 행 23:4 참조).

그 후 6세기 이후 로마 가톨릭교회에서 '아나데마'는 교회로부터 완전히 추방하는 것을 의미했다. 그래서 출교는 교리상의 오류나 도덕적으로 과실을 범한 자에게 신앙 공동체로부터 축출시키는 것을 의미했다. 그러나 종교개혁 직전의 14세기 15세기의 로마 가톨릭교회는 출교보다 더 강력한 '파문'(破門, excommunication)이라는 제도를 도입했다.

파문은 돌이킬 수 없는 영원한 축출을 뜻한다. 루터가 종교개혁을 시작했다고 파문을 당했다. 이와 같은 파문제도를 지금까지 사용하고 있다. 파문당한 자는 가톨릭 신도의 자격 박탈은 물론이고 가톨릭 종교단체에서 완전한 추방을 뜻한다.

다시 요한계시록 내용으로 돌아가자.

계시록 22장 3절에 "다시 저주가 없으며"라는 말은 무슨 뜻인가? 새 예루살렘 성에 '출교'나 '아나데마'나 '파문' 같은 저주에 해당될 만한 그 어떤 것도 존재하지 않는다는 뜻이다.

지금도 개신교 안에는 출교가 시행되고 있고, 가톨릭교에서는 파문이 시행되고 있다.

이 세상의 불완전한 교회들 속에는 출교나 파문이 시행되고 있다. 그래서 종종 사회의 화젯거리로 회자되기도 한다.

그러나 장차 새 예루살렘 성은 처음 하늘과 처음 땅이 사라져버린 후의 완전한 재창조의 새로운 성이다. 그렇기에 저주의 요소가 있을 수 없는 신천신지이다.

(2) 하나님과 그 어린양의 보좌가 그 가운데 있으리니(계 22:3b)

여기서 하나님과 그 어린양은 동일 본질이시고 한 몸임을 강조한다. 구속주이신 어린양 그분이 바로 하나님이시며, 하나님과 어린양의 보좌가 새 예루살렘의 중앙 가운데 자리할 것임을 말한다.

새 예루살렘 성의 중앙에 하나님과 어린양의 보좌가 있다. 이 말은 새 예루살렘의 중심이 하나님과 어린양이 됨을 의미한다.

(3) 그의 종들이 그를 섬기며 그의 얼굴을 볼 터이요(계 22:3c)

새 예루살렘 성의 중심이 하나님과 어린양의 보좌가 있는 곳이다. 그곳 중앙에 계시는 하나님과 어린양은 그 성 안에 모여든 전 인류의 구원받은 자들이 섬기는 대상이다. 아울러 새 예루살렘 성민들은 모두가 하나님과 어린양의 종들이다.

'종들'이라는 말이 '둘로이'(δοῦλοι)이다. '종'은 삯 없이 일하는 노예나 삯을 받고 일하는 하인을 뜻한다. 과거 이스라엘은 출생 시부터 종이 되는 경우나(출 21:4), 돈 주고 사거나(레 25:44~45), 전쟁 포로로 종이 되거나(민 31:25~47), 가난으로 종이 되는(왕하 4:1) 등 다양했다.

신약성경에서도 종은 여전히 존재했다. 그런데 예수님께서는 제자들에게 '종'이라 하지 않고 '친구'라고 하신다(요 15:14~15). 그 후로 바울 사도는 자신을 '그리스도의 종'이라고 한다(롬 1:1; 갈 1:10; 빌 1:1). 그리고 골로새 교회 성도들에게 "너희는 그리스도 예수의 종"(골 4:12)이라고 한다. 야고보(약 1:1)도, 베드로(벧후 1:1)도, 요한(계 1:1)도 모두가 자기를 종이라고 한다. 그렇기에 과거의 종이라는 개념은 수치와 불명예였으나 사도들로 인해 종의 개념이 영광과 긍지로 달라진다. 장차 천국에서는 천하 만민 구원받은 자들이 다들 자기가 하나님과 어린양의 종 된 것을 영광과 긍지로 여길 것이다.

그다음에 "그의 얼굴을 볼 터이요"라고 했다. 이 말의 개념은 구약과 신약성경을 뛰어넘는 혁명적인 개념이다. 우리는 구약성경을 잘 알고 있다. 구약성경에서 하나님을 본다는 것은 곧 죽음을 뜻했다.

출애굽기 33장 18절을 보면 모세가 주의 영광을 보여 달라고 했다. 그때 하나님은 "네가 내 얼굴을 보지 못하리니 나를 보고 살 자가 없음이니라"(출 33:20)고 하셨다. 그 후로 구약성경 전체에는 하나님을 볼 수 없는 분이며, 하나님을 본다는 것은 죽음을 의미했다(사 6:5).

요한복음 14장 8절에 빌립이 아버지를 보여 달라고 간청했다. 그때 주님은 "나를 본 자는 아버지를 본 것"이라고 하셨다. 그런데도 제자들은 하나님 보기를 열망했던 것 같다. 그러자 주님은 하나님을 볼 수 있음을 암시해 주셨다.

마태복음 5장 8절에 "마음이 청결한 자는…하나님을 볼 것이다"라고 하였고, 또 요한1서 3장 2절에 "그가 나타나시면 그의 참모습 그대로 볼 것"을 말씀했다.

그런데 여기 계시록 22장 4절에 새 예루살렘 성에서는 "그의 종들이 그를 섬기며 그의 얼굴을 볼 터이요"라고 했다.

"볼 터이요"는 '옵손타이'(ὄψονται)이다. 이 단어는 '보다'라는 뜻을 가진 '호라오'(ὁράω)의 미래형이다. 그렇기 때문에 새 예루살렘 성에서는 하나님의 종들인 성도들이 하나님의 얼굴을 직접 대면하게 된다는 의미이다.

과거 구약성경에는 금지되었고 신약성경 때는 암시만 되어 있었다. 그러나 장차 새 예루살렘에서는 하나님과 인간과의 사이에 존속되었던 금기 사항이 완전히 사라진다. 그리고 하나님이 영이신 영광스러운 모습을 성도들이 직접 볼 수 있는 혁명적 변화가 뒤따른다.

이에 대한 보충 설명이 고린도전서 13장 12절에 "우리가 지금은 거울로 보는 것같이 희미하나 그때에(온전한 것이 올 때)는 얼굴과 얼굴을 대하여 볼 것"이라는 것이다. 또한 고린도후서 3장 18절에도 "우리가 다 수건을 벗은 얼굴로 거울을 보는 것같이 주의 영광을 본다"고 했다. 이 같은 말씀들이 "그의 얼굴을 볼 터이요"라는 말을 뒷받침해 준다.

(4) 그의 이름도 그들의 이마에 있으리라(계 22:4)

새 예루살렘 성에 살게 될 자들은 하나님을 직접 대면하는 거룩한 영광에 참여한다. 그뿐만이 아니라 그들의 이마에 하나님의 이름이 기록된다는 것이다.

대환난 때 십사만 사천 명이 시온산에 섰을 때 그들의 이마에 어린양과 아버지의 이름을 쓴 것이 있었다(계 14:1). 그것을 흉내 내려고 큰 음녀 바벨론도 이마에다 "큰 바벨론이라"고 이름을 기록한다(계 17:5). 그런데 장차 새 예루살렘 성의 성민에게도 그들의 이마에 하나님 소유라는 의미의 이름이 기록된다는 것이다. 이것이 무슨 의미일까?

우리는 앞서 새 예루살렘 성민들이 하나님과 어린양을 직접 보게 되는 영광을 알게 되었다. 그러나 하나님과 어린양의 얼굴을 직접 보는 대단한 영광이 결코 하나님과 어린양과의 관계에서 우리가 동등해진다는 의미가 아니다.

자기 소유라고 성도들의 이마에 이름을 쓰시는 분은 하나님이시다. 그렇기에 하나님과 어린양이 구원받은 성도들과 친밀하고 밀접한 관계를 갖게 된다는 사실이다. 그럼에도 불구하고 하나님과 어린양은 성도들과는 엄연히 구별되게 존재하시는 영원한 객체(eternal object)이시다. 그 근거가 그들의 이마에 그(하나님)의 이름이 있는 것이다.

(5) 다시 밤이 없겠고 등불과 햇빛이 쓸데없으니(계 22:5a)

이 내용은 앞서 계시록 21장 23절 내용과 병행되는 반복 내용이다. 그리고 그 이유가 "이는 주 하나님이 그들에게 비치심이라"는 보완 설명을 해주고 있다. 여기서 "비치심이라"는 말은 '포티세이'(φωτίσει)이다. 이 말은 '비추다', '밝히다'라는 뜻을 지닌 '포티조'(φωτίζω)의 미래 능동태다. 그렇기에 빛의 본체이신 하나님께서 미래에 자동적으로 빛의 기능을 회복할 것임을 확인해 주는 말이다.

현재의 낮의 해가 미래에는 빛을 비추지 못하고 달도 빛을 비추지 못할 것을 이사야 선지자가 오래전에 예언했다.

사 60:19~20 "다시는 낮에 해가 네 빛이 되지 아니하며 달도 네게 빛을 비추지 않을 것이요 오직 여호와가 네게 영원한 빛이 되며 네 하나님이 네 영광이 되리니 다시는 네 해가 지지 아니하며 네 달이 물러가지 아니할 것은 여호와가 네 영원한 빛이 되고 네 슬픔의 날이 끝날 것임이라"

구약성경 중 시편의 많은 곳에서는 장차 여호와 하나님께서 그 얼굴을 우리에게 비추어 달라는 염원들이 많이 소개되고 있다.

시 4:6 "여호와여 주의 얼굴을 들어 우리에게 비추소서"
시 31:16 "주의 얼굴을 주의 종에게 비추시고"
시 67:1 "하나님은 우리에게 은혜를 베푸사 복을 주시고 그의 얼굴빛을 우리에게 비추사"
시 80:1 "그룹 사이에 좌정하신 이여 빛을 비추소서"
시 80:3 "주의 얼굴빛을 비추사 우리가 구원을 얻게 하소서"(시 80:19 참조)
시 94:1 "복수하시는 하나님이여 빛을 비추어 주소서"

시 119:135 "주의 얼굴을 주의 종에게 비추시고"

이처럼 하나님의 얼굴빛이 우리에게 비치게 되기를 열망하는 것은 모든 신앙인들의 한결같은 소망이었다. 특히 시편 80편 7절의 "만군의 하나님이여 우리를 회복하여 주시고 주의 얼굴의 광채를 비추사 우리가 구원을 얻게 하소서"라는 하나님의 종들의 기도와 염원이 새 예루살렘 성에서 완전히 성취됨을 알 수 있다.

이 같은 사실을 통해 우리가 깨달을 사실이 있다. 우리 구원받은 성도들은 하나님께 거룩한 야망을 가질 필요가 있다. 구약시대 때 성전에 종사하는 제사장들은 율법의 고정 관념에 얽매여 있으므로 거룩한 야망을 꿈꾸지 못했다. 그러나 제사장이 아닌 구약 때 일반 성도들은 하나님의 얼굴빛을 비추게 해 달라는 소망들을 펼쳤다.

그 같은 일반 성도들은 자기들 당대에는 그 야망을 이루지 못하고 죽었다. 그러나 저들의 염원이 훗날 새 예루살렘 성에서 성취된다. 그러므로 지금도 꿈이 크고 믿음이 크고 소망이 확실한 성도들은 위대한 꿈의 열망을 가질 필요가 있다.

(6) 그들이 세세토록 왕 노릇 하리로다(계 22:5b)

"왕 노릇 하리로다"는 '바실류수신'(βασιλεύσουσιν)이다. 이 말은 땅의 왕들처럼 백성들을 굴복시키고 지배한나는 뜻이 아니다. 왕처럼 시간도 공간도 필요도 다 향유한다는 존귀와 자유를 누린다는 뜻이다. 새 예루살렘 성에서는 완벽한 자유를 영원토록 누리게 됨을 확인시켜 준다.

제4부

예언의 끝맺음과 경고

(계 22:6~21)

서론

요한계시록은 성경 66권의 특별계시 내용을 마감하는 마지막 계시의 책이다. 요한계시록의 내용을 보면 전체적으로 예언서이다. 그런데 예언서 내용을 책으로 구성할 때에는 서신서들의 형식을 갖추어 책이 구성되었다.

서신서들은 항상 시작하는 서론이 있고, 그다음에 본론이 있으며, 마지막으로 결론의 형식을 갖춘다.

여기 요한계시록 역시 내용은 예언서이지만 형식은 서신서 형식을 갖추었다. 그래서 계시록 1장이 서론에 해당된다면 계시록 2장부터 21장(정확하게는 22장 5절)까지가 본론에 해당된다. 그리고 계시록 22장 6절부터 21절까지가 결론 부분에 해당된다.

계시록을 끝맺는 결론 부분도 말하는 주체자에 따라 세 부분으로 나눌 수 있다.

첫째 부분은 22장 6~11절에 기록된 천사의 말 내용이고, 둘째 부분은 22장 12~17절에 기록된 예수 그리스도의 끝맺는 말이며, 셋째 부분은 22장 18~21절에 기록된 저자 사도 요한의 끝맺는 말이다.

이와 같은 내용에 따라 본문을 살펴보겠다.

01
천사의 끝맺는 말

(계 22:6~11)

1) 또 그가 내게 말하기를 이 말은 신실하고 참된지라(계 22:6a)

"또 그가 말하기를"에서 '그'는 천사를 뜻하고 "내게"는 사도 요한을 뜻한다.

"그가 내게 말하기를"이라는 '그'라는 말은 '에이펜'(εἶπέν)이다. 여기 쓰인 '에이펜'은 '말하다'는 뜻을 지닌 '에포'(ἔπω)의 단수 3인칭 동사다. 이와 같은 말이 계시록 21장 9절에 "일곱 천사 중 하나가 나아와서 내게 말하여"라고 쓰였다.

그렇기에 요한에게 말하는 이는 일곱 대접 재앙을 가지고 마지막 일곱 재앙을 실시한 그 천사임을 알 수 있다. 그 천사는 "이 말은 신실하고 참되다"라고 한다. 여기 '신실'은 '피스토이'(πιστοὶ)이고 '참'은 '알레디노이'(ἀληθινοί)다.

사도 요한은 자기가 진술하는 계시록의 내용들이 하나님의 신실성과 참된 진실성에 근거함을 수없이 강조한다(계 3:14, 19:11 등등). 이 마지막 부분에서도 또 이 말을 강조한다.

2) 주 곧 선지자들의 영의 하나님이 그의 종들에게(계 22:6b)

여기에서 사도 요한은 매우 독특한 설명을 한다. 과거 선지자들이 수많은 예언을 선포했다. 그런데 그 모든 선지자에게는 하나님의 영에 의한 예언들이었다는 것이다. 우리는 구약성경에서 많은 선지자들의 메시지를 알고 있다.

창세기 20장 7절에는 아브라함을 선지자라고 했고, 신명기 34장 10절에는 모세를 선지자라고 했다.

사무엘(삼상 10:10), 나단(삼하 7:2), 엘리야(왕상 18:36), 엘리사(왕상 6:12), 요나(왕하 14:12), 이사야(왕하 19:2), 예레미야(렘 20:2, 25:2), 에스겔(겔 2:5), 다니엘(마 24:15), 하박국(합 1:1), 학개(학 1:1) 등 구약시대의 선지자들은 무수히 많다.

그런데 주님은 율법과 선지자는 침례자 요한의 때까지이고, 그 후부터는 하나님 나라의 복음이 각 사람에게 전파된다고 하셨다(눅 16:16).

그런데 신약성경에도 선지자가 있다. 안디옥 교회에 선지자들과 교사들이 있다(행 13:1). 유다와 실라도 선지자다(행 15:32). 아가보도 선지자였다(행 21:10).

바울 사도는 고린도전서 12장 28절에서 사도, 선지자, 교사, 능력 행하는 자, 병 고치는 은사, 각종 방언 말하는 것을 말한다. 사도 요한은 이렇게 과거의 구약시대나 또는 신약시대의 선지자들은 모두가 하나님께서 그의 종들에게 하나님의 영을 보내주셔서 말씀하게 하신 것이었다는 것이다. 아울러 사도 요한은 자기의 요한계시록 기록이 바로 과거 선지자들에게 보내주신 하나님의 영에 의한 신적 계시임을 확증하고 있다.

3) 반드시 속히 되어질 일을 보이시려고 그의 천사를 보내셨도다(계 22:6c)

이 내용은 요한계시록 1장 1절에 처음으로 선언된 말이다. 이 말을 계시록의 마지막에서도 다시 한번 강조한다. 이렇게 해서 요한계시록은 하나님에게서 비롯된 확고한 계시로서의 진실성과 신성성을 확증한다.

4) 보라 내가 속히 오리니(계 22:7a)

앞서 6절은 "내게"라고 표현된 사도 요한의 말이었고, 여기 7절은 명백한 그리스도의 말씀이다. 주님은 "내가 속히 오리니"라고 하셨다. 여기 "오리니"는 '에르코마이'(ἔρχομαι)로 현재형의 단어다. 이것은 예수 그리스도의 재림은 현재형으로 이해해야 한다는 뜻이다. 예수님의 재림 약속이 신약성경에 가득하다. 그럼에도 불구하고 아직까지 주님은 오시지 않았다. 재림이 아직까지 이뤄지지 않았기 때문에 재림이 지연된다는 뜻이 아니라, 그럼에도 불구하고 현재 오시는 분으로 사모해야 한다는 것이다.

주님은 마태복음 24장 전반부에 재림 직전의 징조들을 말씀하시고, 후반부인 42절부터 51절에서는 "생각하지 않은 때에 인자가 올 것으로" 항상 깨어 있는 자로 도덕적, 윤리적으로 준비하고 살아가야 함을 말씀하셨다.

주님은 아직까지 오시지 않았다. 그렇다고 할지라도 종말의 때를 상상하거나 추측하면서 호기심에 빠지거나 또는 재림을 불신하고 방종에 빠져서는 안 된다. 주님의 재림의 때와 시기는 성부 하나님만의 권한이시다(행 1:9). 주님은 그날과 그때의 징조들은 아시지만, 그날과 그때는 하늘의 천사들도 아들도 모르고 오직 아버지만 아시는 일이라고 하셨다(마 24:36). 천사도 주님도 모르는 일을 성도들이 알려 하는 호기심은 잘못된 신앙이다.

5) 이 두루마리의 예언의 말씀을 지키는 자는 복이 있으리라 (계 22:7b)

주님은 호기심으로 알려는 자가 아니라 말씀을 지키는 자가 복이 있다고 하셨다. "지키는 자"란 '호 테론'(ὁ τηρῶν)이다. 여기 지키는 자의 '테론'은 '지키다', '준수하다'는 뜻을 가진 '테레오'(τηρέω)의 현재 분사형이다. 그렇기에 종말론의 미래를 많이 알고 있는 학자나 종말론을 열심히 강조하고 설교하는 설교자가 아니라, 종말론 내용대로 믿고 지키며 주님의 분부와 명령대로 준수하는 자들이 복을 받는 것이다.

6) 이것을 보고 들은 자는 나 요한이니(계 22:8a)

"이것을 보고 들었다"는 말은 요한계시록의 저자 요한이 계시록에 기록한 환상의 내용들이나 또 들려준 말씀을 들은 것이 상상이나 창작물이 아니라 하나님께서 직접 보여주시고 들려주신 것이라고 증언한다. 참으로 경이로운 일이다.

요한계시록 전체 22장의 내용이 대단히 방대하다. 그런데 그 모든 내용들의 처음과 마지막까지 매우 다양하고 난해한 내용들이다. 그렇기에 이 책은 2천 년 동안 많은 오해도 받고 외면도 당했다. 또한 믿음이 부족한 자들이 이 책을 의심하고 별의별 상상으로 폄훼시켜 왔다. 그렇지만 성령으로 거듭난 바른 성도들은 성령의 위력을 믿기에 이 책을 가감 없이 믿어오고 있다.

7) 내가 듣고 볼 때에⋯천사의 발 앞에 경배하려고 엎드렸더니
(계 22:8b)

사도 요한은 하나님께만 경배함을 잘 알고 있다. 사도 요한은 요한복음 4장 23~24절에서 예배의 대상이 영이신 하나님이심을 잘 알고 있는 자였다.

그런데 계시록의 온갖 불가사의한 내용을 계속해서 듣고 보던 끝에 끝내는 자기도 모르게 천사를 경배하려고 했던 것 같다. 요한은 이 같은 실수를 앞서 계시록 19장 10절에서도 저지르려고 했다. 그러나 과거나 현재나 미래에도 성도들이 예배드려야 할 대상은 유일하신 하나님 한 분밖에 없다.

성경에 이렇게 예배의 대상을 명확하게 구별했는데도 불구하고 가톨릭교회에서는 천사예배, 마리아 예배, 성인 예배 등을 실시한다. 저들은 성인(聖人)에게는 예배가 아니라 '흠숭'(欽崇)을 드린다고 하는데 이는 궤변일 뿐이다. 가톨릭교회에 천사예배가 없는가? 가톨릭교회 지도자들에게 계시록 22장 9절의 말씀을 확인하도록 권해야 한다.

8) 나는 너와 네 형제 선지자들과⋯말을 지키는 자들과 함께 된 종이니(계 22:9)

이 내용은 앞서 계시록 19장 10절 내용과 같다. 여기서는 "네 형제 선지자들"이라는 말과 "이 두루마리의 말을 지키는 자들"이 추가되었다.

그리고 천사는 이 모든 이들과 "함께 된 종"이라고 했다. 천사는 육체를 갖지 않은 영적 존재다. 그리고 천사는 천상에서 하나님의 사역에 쓰임 받는 존재다(히 1:14). 그렇기에 육체를 가진 인간들보다는 월등한 사역에 쓰임 받는다.

그렇다고 할지라도 천사가 하나님의 백성들보다 더 우월한 것은 결코 아니다. 천사도 선지자들과 마찬가지로 하나님의 말씀과 사역을 대언하고 대행하는 종에 불과하다. "함께 된 종이니"라는 말은 '에이미 쉰둘로스'(εἰμι σύνδουλός)다. 천사 자신이 하나님의 종이라고 했다. 그 같은 천사를 예배의 대상으로 삼고 예배한다는 것은 천부당만부당한 일이다.

9) 또⋯이 두루마리의 예언의 말씀을 인봉하지 말라 때가 가까우니라(계 22:10)

천사가 요한에게 들려준 말은 참으로 자기 본분의 위치를 정확하고 제대로 알고 있는, 과연 하나님의 종다운 모습이다.

9절에서는 자기에게 경배하지 말고 하나님께만 경배하라고 오해를 풀어주는 역할을 했고, 10절에서는 하나님과 그리스도께서 천사들을 통해 주셨던 수많은 예언의 말씀들을 요한 혼자서 간직하고 있지 말고 만천하의 만민이 알 수 있도록 개방하라는 뜻으로 "인봉하지 말라"고 지시한다. 이 같은 내용은 구약성경의 다니엘서와 크게 대조된다.

다니엘서의 마지막 장이 12장이다. 다니엘서 12장에는 미가엘 천사가 다니엘에게 이스라엘 민족의 미래를 예고해 주는 내용이다. 그 내용을 전하는 미가엘 천사가 "다니엘아 마지막 때까지 이 말을 간수하고 이 글을 봉함하라"(4절). 또 9절에도 "이 말은 마지막 때까지 간수하고 봉함할 것임이니라"고 지시한다. 그렇게 다니엘에게는 "봉함하라"고 금지명령이 주어졌다.

그런데 신약의 사도 요한에게는 "예언의 말씀을 인봉하지 말라"고 한다. 다 같은 천사들의 지시가 왜 구약 때 다니엘과 신약 때 요한에게 서로 상반된 지시를 하는가?

그것은 구약의 다니엘에게 주어진 예언들이 이미 예수 그리스도의 십자가 사역으로 성취되었기 때문이다. 다니엘 9장 26절에 "예순 두 이레 후에 기름 부음을 받은 자가 끊어져 없어질 것이며"라는 예언은 주후 33년에 그리스도의 십자가 죽음으로 성취되었다.

이 내용을 요한계시록 강해서 제2권 《대환난 시대》에서 밝혔다.[35]

그렇기에 다니엘에게 주어진 금지명령은 이미 완성이 되었으므로 요한에게는 인봉하지 말라고 지시를 한다.

천사가 인봉하지 말라고 지시하는 이유는 확실하다. 이는 "때가 가까우니라"는 말에서 찾을 수 있다. 이 내용은 최초로 계시록 1장 3절에도 주어진 말이다. 여기서 말하는 '때'라는 말은 '호 카이로스'(ὁ καιρὸς)다.

---

35) 정수영, 대환난 시대, 쿰란출판사, 2002.

헬라어에서는 질적으로 다른 시간, 의미 있는 시간이라는 뜻으로 '카이로스'(καιρὸς)를 말하고, 물리적 시간과 연대기적 시간을 뜻하는 '호 크로노스'(ὁ χρόνος)가 있다.

천사가 요한에게 "때가 가깝다"라고 말할 때의 그 '때'란 예수 그리스도의 재림의 시간(크로노스)이 가까웠다는 뜻이 아니다. 오히려 예수 그리스도의 재림의 때로 느낄 수 있는 재림이 이루어질 상황이 가깝다는 뜻이다.

"가까우니라"는 말은 '엥귀스'(ἐγγύς)다. 이 말은 손에 잡힐 정도로 근접해 있다는 뜻이다. 천사가 이토록 예수 그리스도의 재림의 임박성을 강조하는 이유를 다음의 11절에서 재설명한다.

10) 불의를 행하는 자…더러운 자…의로운 자…거룩한 자는 그 대로(계 22:11)

앞서 10절에서 천사는 요한에게 '예언의 말씀'을 인봉하지 말고 개방하라고 했다. 그러면서 개방된 예언서를 보고 거기에 따른 반응들이 네 가지로 각각 다르게 나타날 것도 예언하고 있다. 여기 11절에는 확증적 부정과거 명령형 동사가 네 개나 사용된다. 그 네 개의 동사를 개별적으로 분리해 생각해 보자.

(1) 불의를 행하는 자는 그대로 불의를 행하고(계 22:11a)

"불의"라는 말은 '아디콘'(ἀδικῶν)이다. 이 말은 '해치다'는 뜻을 지닌 '아디케오'(ἀδικέω)의 부정과거 명령형이다. 이 단어가 신약성경 여러 곳에 쓰였다.

눅 16:10 "지극히 작은 것에 불의한 자는 큰 것에도 불의하니라"
행 1:18 "이 사람이 불의의 삯으로 밭을 사고 후에 몸이 곤두박질하여"
롬 6:13 "너희 지체를 불의의 무기로 죄에게 내주지 말고"
고전 6:9 "불의한 자가 하나님의 나라를 유업으로 받지 못할 줄을"
약 3:6 "혀는 곧 불이요 불의의 세계라"

이 모든 곳에 쓰인 '불의'는 부정, 불법이라는 뜻이 아니라 '불공평한', '부정한', '의리에 어긋난'이라는 의미이다. 그렇기에 불공평한 일을 행하는 자는 그대로 내버려 두라는 뜻이다.

(2) 더러운 자는 그대로 더럽고(계 22:11b)

"더럽고"는 '뤼파뤼데토'(ῥυπαρευθήτω)다.

이 말은 '더럽히다', '불결하게 만들다'라는 뜻을 가진 '뤼포오'(ῥυπόω)의 부정과거 수동태다. 이 단어가 신약성경에서는 이곳에만 쓰였다. 복음서에 많이 쓰인 '더럽게'는 '코이노오'(κοινοω)다. 따라서 여기서는 '불결하게 만들다', '더럽게 만들다'는 뜻으로 쓰였다.

(3) 의로운 자는 그대로 의를 행하고(계 22:11c)

"의를 행하고"는 '디카이오쉬넨 포이에사토'(δικαιοσύνην ποιησάτω)이다.

여기 이 말은 '공의', '정의'를 뜻하는 '디카이오쉬네'(δικαιοσύνην)와 '행하다', '만들다'의 뜻을 지닌 '포이에오'(ποιέω)의 명령형이 함께 사용된 말이다. 따라서 공의와 정의는 해도 좋고 안 해도 무방한 그 어떤 것이 아니다. 공의와 정의는 반드시 지키고 실행해야만 되는 의무사항이고 명령으로 주어진 내용이다.

(4) 거룩한 자는 그대로 거룩하게 하라(계 22:11d)

"거룩하게 하라"는 '하기아스데토'(ἁγιασθήτω)다. 이 단어는 '신성하다', '거룩하다'는 뜻을 지닌 '하기아조'(ἁγιάζω)의 부정과거 수동태 명령형이다. 이 단어 역시 반드시 거룩해져야만 한다는 의무사항이고 명령으로 주어진 내용이다.

천사는 사도 요한에게 계시록의 말씀을 만방의 백성들이 모두 다 알 수 있도록 개방하라고 한다. 그래서 부정적으로 불의를 하는 자나 더러운 자는 그대로 행하게 버려두고, 긍정적으로 말씀을 깨달은 자들에게는 의를 행하고 거룩한 자가 되는 것을 의무사항으로 알도록 하라고 지시한다.

여기까지가 천사의 끝맺는 말에 해당된다.

(특주 45)

때가 가까우니라(계 22:10)

　천사가 사도 요한에게 전해준 마지막 하나님의 메시지는 '때가 가깝다'는 말이었다. 천사가 요한에게 때가 가깝다고 전해준 메시지가 기록된 후 2000년이 넘게 주님의 재림은 실현되지 않고 있다. 그래서 신학자들 중에는 천국은 '이미'(already) 임해 왔으나 '아직까지'(not yet) 완성되지 않았다는 괴상한 이론을 펼치기도 했다. 이 말이 큰 틀에서는 맞는 말 같으나 그런 괴상한 논리는 때가 가깝다는 성경적 진리를 희석시키는 것도 사실이다.

　여기서는 '때가 가깝다'는 말씀이 구약성경의 예언들이 성취된 사실들을 근거로 신약성경의 예언도 확실하다는 사실을 증명해 보겠다. 그뿐만이 아니다.

　지금도 전 세계 수많은 다양한 사람들이 이 세상에 마지막 때가 가까이 왔음을 주장한다. 그리고 그 같은 마지막 때의 주장들을 많은 사람들은 계속 관심을 갖고 주목하고 있다. 그 같은 근거는 미래에 대한 불안한 예측들의 저서들이다. 여기서는 성경과 세상 사람들이 보는 미래에 대한 내용을 간략하게 예시로 정리해 보겠다.

1) 성경의 내용들

(1) 구약성경
이사야서, 에스겔서, 다니엘서 등 예언서에는 미래에 대한 예언들이 무수하게 많다. 그 많은 예언 중에 구약 때 이미 성취된 내용들이 무수하게 많다. 그리고 또 제한된 내용들은 구약 이후에 성취된 것들이 있고, 현재까지도 성취되지 않고 남아 있는 예언들도 있다. 그 대표적 내용들이 신약성경에 또다시 예언으로 주어졌다. 그래서 구약성경의 예언들이 신약성경에 또다시 예언으로 주어진 내용들을 우리는 다시금 미래 예언으로 연구해야 한다.

구약의 예언이 신약의 예언으로 다시 주어진 대표적 사례들을 선별적으로 정리해 보자.

(2) 구약성경 예언이 신약성경에 다시 예언으로 주어진 것들
① 그리스도의 재림 전 징조
　다니엘서 12장 1~13절과 마태복음 24장 15절
② 7년 대환난
　다니엘서 9장 27절과 계시록 11장 2절, 3절, 12장 6절, 13장 5절
③ 이스라엘 민족의 회복
　다니엘서 12장과 로마서 11장 25절; 계시록 7장
④ 아마겟돈 전쟁
　열왕기하 9장 27절, 23장 29~30절의 므깃도가 계시록 16장 12절, 19장 17~21절에 아마겟돈 전쟁지로 발전
⑤ 천년왕국
　이사야서 65장 17~19절이 계시록 20장 4~6절로 발전

⑥ 새 하늘과 새 땅
　이사야서 65장 17~19절이 계시록 21장으로 발전

그렇기에 우리는 구약성경의 희미한 예언들이 신약성경에서 확실한 예언으로 발전되어 확인시켜 주는 미래 예언이라고 믿는다.

2) 세상 사람들이 보는 미래

필자가 미래에 실현될 종말론에 관심을 가지고 세상 사람들은 어떤 것에 관심을 두고 있는가를 눈여겨 살펴오는 중에 세상 사람들의 미래관들을 소개해 보겠다.

(1) 《대멸종의 연대기》
피터 브래넌(Peter Brannen)이 지었고, 김미선이 번역했다.
생명 75% 이상을 몰살한 대멸종이 지구 탄생 이후 다섯 차례나 있었다고 주장한다. 지구 온난화로 북극 얼음이 녹으며 북극 곰의 서식지가 파괴되고 있다. 지금처럼 화석 연료들이 계속 불태워지면 과거 대멸종의 위기가 또다시 오게 될 것이라고 경고한다.

(2) 《변화하는 세계 질서》
레이 달리오(Ray Dalio)가 지었고 송이루, 조용빈이 번역했다.
세계 경제와 시장을 연구하는 전문가다. 그는 지난 500년간의 역사를 통해 세계 주요 국가들의 성공과 실패를 이끈 '빅 사이클'을 시각적으로 보여준다. 그래서 책 속에는 많은 도표들이 제시된다. 그중에서 지난 100여 년 이상 가장 큰 경제와 정치적 차이로 인한 갈등을 근거로 새로운 세계 강국에 도전하는 중국으로 인한 세계적 혼란도 지적한다. 그러면서 미래의 혼란을 대비하기 위한 실용적인 원칙을 제시한다.

(3) 《축의 시대》

수녀였다가 환속한 종교학자 카렌 암스트롱(Karen Armstrong) 여사의 작품이다.

그녀는 2500년 전에 불쑥 나타난 유교, 힌두교, 불교, 이스라엘의 유대교, 그리스 철학 등이 동시대에 함께 나타난 현상을 크게 주목한다. 야스퍼스가 이 시기를 "축의 시대"라고 했다.

철학자들은 인류가 농업 발전으로 먹고살 만한 때가 되자 거의 비슷한 시기에 인도의 힌두교, 불교, 중국의 유교, 이스라엘의 유대교, 헬라의 철학 등이 체계적으로 등장했다고 말한다.

그래서 야스퍼스 이후 종교를 아편이라고 매도하는 경향이 생겼다. 그러나 저자는, 해당 시대를 제대로 알아보면 전혀 종교적이지 않았고, 생활과 생활 감각을 중시했다고 항변한다.

저자는 현대 종교들이 너무 종교적으로 퇴행해 나가는 것을 항변한다. 수녀였다가 환속한 저자답게 종교의 보편성과 필요 기능을 설명한다. 그러나 현대의 종교가 인간 사회 운동화되어서 종교 고유의 기능을 상실해 가는 부정적 측면을 외면한 관찰 같다.

(4) 《지도에서 사라진 나라들》

역사 교양서를 중심으로 한 작가 도현신의 작품이다.

과거 고대 스파르타가 주전 5세기에 페르시아, 아테네, 그리고 소아시아까지 집어삼켰다.

이 국가가 맹주가 되자 막대한 돈이 생기면서 나라에 향락이 만연했다. 주전 394년 페르시아 원정에 나설 만큼 강성한 스파르타가 23년 후에는 망했다.

망한 페르시아 제국의 재건을 내걸고 주후 224년에 시작된 페르시아의 아랍 사산 왕조는 수도 크테시폰에 90억 개나 되는 은화를 쌓아 놓고 살던 부자나라였다. 국방을 아랍인 용병에게 맡겼으나 사산 왕조를 돕던 용병들이 주후 637년 아랍 왕조를 망하게 했다.

동로마 비잔틴 제국은 서유럽의 십자군을 이용해 이슬람 세력을 막으려 했다가 오히려 십자군에게 점령을 당했다.

이집트는 한때 최고의 번영을 구가했지만 국제 관계의 변화를 읽지 못해 맘루크 왕조에 의해 망했다. 40만 명이나 되는 군사를 보유한 명(明)나라는 내분 탓에 몽고족인 청(靑)에 의해 멸망당했다.

그 외에도 마라타 제국, 크메르 제국, 미얀마 꼰바웅 왕조, 아마존의 다호메이 왕국, 나이지리아의 소코토 칼리프 왕국 등등 세계 각 곳에서 사라진 제국, 왕국, 나라들을 소개한다. 이 책을 통해 18개 나라들의 멸망사를 소개한다. 이 책에서 우리나라의 운명도 타산지석으로 삼아야 함을 배운다.

(5) 《대변동》

이 책의 저자인 세계적인 석학 재레드 다이아몬드(Jared Diamond)는 《총, 균, 쇠》의 저자로 익히 알려져 있다. 이 책에서 그는 국가적 위기를 성공적으로 변화시킨 7개 나라의 도전과 응전의 사례를 분석한다.

냉전 시기에 소련에 굴욕적으로 굽신대던 핀란드가 오늘날에는 EU에 가입해 세계 최고 수준의 교육 인프라와 첨단 산업 국가가 된 사례를 소개한다. 그 외에도 2차 대전 패전 후의 일본이 국가적 위기의식에 유럽 각국의 선진 문물과 기술을 일본 현실에 맞게 도입해 유신에 성공한 사례와 독일, 호주, 인도네시아, 칠레, 미국 등을 다룬다.

그는 각 국가들의 성공과 실패의 원인을 일목요연하게 분석했다. 그러나 일부 사안에는 팩트가 누락되고 좋은 면만 부각시킨 단점이 있다. 또 오늘날의 미국의 위기에 대한 분석도 상식적 수준을 넘지 못하고 있다.

과거 《총, 균, 쇠》와 같은 예리한 비판력이 눈에 뜨이게 위축됨을 느낀다. 그러나 그는 2차 대전 이후 60여 년 전 세계 여러 나라의 문명이 각각 위기를 어떻게 선택하고 어떻게 변화해 갔는가를 보여준다. 한국도 국제 정세의 수많은 위기 속에서 어떻게 무엇을 선택해야 할 것인가를 생각하며 타국의 역사를 반면교사로 삼아 배울 양서라고 본다.

(6) 《포스트 피크》

매사추세츠 공과대학(M.I.T) 슬론 경영대학원 부교수인 앤드류 맥아피(Andrew Mcafee)가 쓴 《포스트 피크》를 이한음이 번역했다.

책 내용이 과학자답게 사실에 근거한 내용이면서 세상의 미래를 긍정적으로 낙관하는 희망적 미래관을 제시하는 특징이 있다.

이 책은 전체가 15장으로 구성되어 있다. 이중에서 처음 4장은 과거의 잘못되었던 오류들을 지적한다. 대표적으로 18세기 영국의 경제학자 맬서스(T. R. Malthus, 1766~1834)가 주장한 《인구론》(1798)에서 그는 인류의 식량 위기론을 제기했었다. 그런데 그 후 18세기 증기기관의 발명과 이어진 산업혁명이 일구어낸 풍요의 기적으로 맬서스의 예측이 빗나갔다고 판단한다.

　두 번째는, 산업 혁명 이후 대규모 자연 파괴가 이어졌다. 1960~70년대부터 자연 파괴로 인한 세계적 대재앙들을 예측했다. 즉 "50년 내에 알루미늄, 구리, 철 등이 바닥이 나고, 2000년경에는 석유가 고갈될 것이다. 그래서 착취 경제를 고집하다가 전 인류가 다 망하게 될 것이다. 그러니 지구와 인류의 지속적 유지를 위해서 자원을 절약하며 가난을 선택해야만 하지 않겠느냐?"라고 했다.

　그렇게 양자택일을 해야 하는 현실이라고 생각해 왔다. 그런데 저자는 양자택일할 필요가 없다는 놀라운 주장을 한다.

　그 이유를 5장부터 14장까지 다양한 사실들로 설명한다. 인류가 지구 파괴를 통해 성장하면서도 산업 사회가 가져오는 자원 착취라는 정점(peak)은 이미 지나간 부분이 있고 현재 진행형 부분이 있다고 본다. '포스트 피크'(post peak) 이후 세상은 산업 혁명에 버금가는 혁신들을 이루어 가고 있다고 한다. 그 예로 미국은 2015년 철강 총 사용량이 2000년에 비해 15%나 줄어들었다. 또 석유 소비도 2028년쯤 정점에 이른 후 감소세로 돌아설 전망이다. 경작지가 1982년 이후 현재까지 워싱턴주(州) 크기만큼 사라졌고, 2008년 이후 2017년까지 미국의 총 에너지 사용량도 2% 감소되었다. 그런데 농작물 생산은 오히려 35% 늘었고, 경제는 15% 성장했다.

　저자는 이와 같은 현상을 "탈(脫)물질화"라고 한다. 지금 진 세계는 선진국 위주로 탈물질화 속도와 규모가 가속화되고 있다고 본다. 그리고 탈물질화의 사례들을 든다.

　스마트폰이 과거의 전화기, 캠코더, 녹음기를 하나로 묶어서 과거 별개의 세 가지 기기를 하나로 만든 탈문화의 챔피언이 되었다는 것이다.

탈물질화는 국제 정치 역학에도 작용한다. 일본과 중국 간에는 센카쿠 열도의 영유권 분쟁이 계속되어왔다. 이때 중국 자국민이 일본에 붙잡혀 억류되었다. 이에 대해 중국이 일본에 희토류 수출 금지를 내리자 일본은 항복을 했다. 그 후 일본은 희토류를 적게 쓰거나 아예 쓰지 않는 방법으로 공법을 만들어 지금은 희토류가 귀하지 않은 재료가 되어 버렸다.

지금 전 세계는 지구 온난화로 최고의 난제 앞에 서 있다. 그러나 저자는 태양광, 풍력 등의 재생 에너지와 원자력이 적이 아닌 동지로 서로 협력할 때 미래를 낙관적으로 예측한다.

그는 원자력이 지구 온난화와 싸울 주무기가 되어야 한다고 주장한다. 또 탄소세를 걷어 정부가 쓰지 않고 국민에게 배분하는 중립적 탄소세 정책도 제시한다.

그는 자본주의와 기술의 발전이 환경 보전적이라는 주장을 강력하게 제시한다. 그래서 환경론 주장자들과 개발론자의 주장을 적으로 돌리지 말고 지구의 미래를 함께 고민하는 동지로 이해하려는 주장이 인상 깊게 남는다.

이 같은 책이 5년 전에만 나왔어도 문재인 정부의 탈원전 정책의 후유증이 예방되지 않았을까 하는 아쉬움도 생긴다. 정치가든 사업가든 교육가든 누구든지 편견에 사로잡히지 않고 균형 있는 시각을 갖게 해주는 좋은 양서로 판단된다.

(7) 《코로노믹스》(Coronomics)

독일에서 가장 유명한 경제학자 중 하나인 다니엘 슈텔터(Daniel Stelter)가 썼고, 도지영이 번역한 책이다.

슈텔터는 1980년대 이후 세계 경제는 지속적인 금리 하락 덕분에

빚을 내서 투자하면 돈 버는 시대였다고 분석한다. 지속적인 금리 하락으로 부채는 목돈을 안겨주는 레버리지(지렛대)가 되었다. 풍부한 유동성이 화폐의 가치를 떨어뜨리자 부동산 가격이 폭등하고 주가가 뛰었다. 그래서 사람들은 큰 거부(?)의 환상으로 달려갔다.

그런데 2020년에 세계를 강타한 코로나 19가 발생했다. 코로나 19는 불안정한 상태로 흘러간 세계 경제의 가면을 벗겼다. 지나간 40년 동안 레버리지 효과에 기대어 성장을 도모하던 저성장과 디플레이션이 결합한 일본식 저성장의 가면을 벗겨버렸다.

모두가 코로나 19 이후로 집 안에 칩거하면서 공급과 수요가 전 세계적으로 동시에 쪼그라들었다. 기업이 빚내서 돈 벌던 호시절은 지나가고 있다. 많은 나라들이 급한 불을 끄기 위해 통화 팽창 카드를 다시 꺼내들었다. 새로운 '국가 지배 경제' 풍경이 펼쳐지고 있다. 그로 인해 정치인이 기업에 낙하산을 타고 내려가거나 정부 지원에 기대는 좀비 기업들이 양산되어 갔다. 기업이 정부의 영향력 아래 놓이게 되면 사업 효율성은 뒷전으로 밀려난다.

코로나 19는 향후 10년 동안 세계 경제 질서를 완전히 바꿀 것으로 단언한다. 향후 10년을 위한 다양한 해결책들을 제시한다.

한국에도 아시아 지역에 수출을 늘리고 내수를 활성화하라고 권한다. 경제학자로서 혼란스러운 세계 경제의 현실을 일목요연하게 정리해 주는 저자의 탁월한 능력이 크게 돋보인다.

결어

독자들은 필자가 요한계시록 강해와 아무 상관없는 세상 사람들의 책을 소개하는 이유를 잘 이해하지 못할 수도 있다. 필자는 오직 성경만 알고 성경 내용만 주장하는 편견주의자가 아니다. 성경 진리가 현대 세상에 적용되기 위해 세상을 이해하려고 매달 수십 권의 세상 인기 도서들을 구입하여 읽어가고 있다. 그런데 위의 내용들에서 확인할 수 있는 것처럼, 세상의 관심은 현실적이고 미래에 대한 관심을 고작 50년, 100년으로 국한시키는 것 정도다.

성경의 믿음장으로 알려진 히브리서 11장의 믿음의 인물들의 특징은, 약속된 것이 자기 생애에 이루어지지 않는다고 할지라도 더 좋은 미래를 믿고(40절) 살아간 인물들이었다. 우리도 성경에 약속된 '때'가 아직까지 이르지 않았다고 할지라도 "때가 가깝다"고 믿고 항상 긴장과 준비 속에 살아가는 것이 믿음임을 잊지 말아야 할 것이다.

02
예수 그리스도의 재림 선언과 교회의 화답

(계 22:12~17)

1) 보라 내가 속히 오리니(계 22:12a)

앞서 계시록 22장 6~11절의 내용은 본 계시록 내용의 최종 계시인 새 하늘과 새 땅을 보여주었던 천사의 끝맺는 말이었다. 그리고 여기 22장 12~17절의 내용은 7절에서 말씀하셨던 예수 그리스도의 직접적인 말씀이다.

주님께서는 "보라 내가 속히 오리니"라고 말씀하셨다. 주님의 다시 "속히 오리니"라는 재림의 약속은 22장 안에 세 번이나 반복 강조되고 있다. 7절에서 "보라 내가 속히 오리니", 12절에서 "보라 내가 속히 오리니", 20절에서 "내가 진실로 속히 오리라"고 하였다.

주님께서 속히 오시겠다고 약속하신 말씀이 신약성경 곳곳에 있다.

마 10:23 "이스라엘의 모든 동네를 다 다니지 못하여서 인자가 오리라

마 24:44 "생각하지 않은 때에 인자가 오리라"

요 14:3 "가서 너희를 위하여 거처를 예비하면 내가 다시 와서 너희를 내게로 영접하여 나 있는 곳에 너희도 있게 하리라"

행 1:11 "하늘로 올려지신 이 예수는 하늘로 가심을 본 그대로 오시리라"

계 16:15 "보라 내가 도둑같이 오리니"

이렇게 수많은 말씀을 통해 주님은 다시 오시겠다고 약속해 주셨다. 그런데 주님은 다시 오시겠다는 약속만 하신 것이 아니다. 오신 후에는 행한 대로 갚아 주시겠다고 약속하셨다.

2) 내가 줄 상이 내게 있어 각 사람에게 그가 행한 대로 갚아 주리라(계 22:12b)

주님께서 다시 오시는 재림의 목적이 행한 대로 갚아 주시려는 목적이 있음을 천명하는 말씀이다. 주님께서는 각 사람에게 그가 행한 대로 갚아 주시기 위해서 오신다. 여기 "갚아 주리라"는 말은 '아포두나이'(ἀποδοῦναι)다. 이 말은 '도로 주다', '보답하다', '갚아 준다'는 뜻이다.

그리고 그 갚아주시는 기준이 '행한 대로'이다. "행한 대로"라는 말은 '토 에르곤'(τὸ ἔργον)이다. 이 말은 행위, 실천, 행동을 뜻한다.

이 구절을 놓고 믿음으로 구원받는 진리와 모순되는 내용이 아니냐고 반문할 수 있다. 물론 인간이 구원받는 것은 행위가 아닌 믿음으로 구원받는다. 성경의 곳곳에 인간이 믿음으로 구원받는 진리가 가득하다.

인간이 구원받는 유일한 길은 믿음이다(요 1:12, 3:15~18, 5:24, 6:47,

11:26; 롬 10:10; 갈 3:6 등). 그리고 믿는 자에게는 반드시 믿는 증거로 행위가 뒤따른다. 그 믿음이 제대로 된 믿음임을 증명하는 것이 행위이다. 믿음과 행위는 동전의 앞뒤와 같다. 믿음이 있노라고 말은 하면서 행위가 뒤따르지 않는 것은 죽은 믿음이다(약 2:26).

믿음은 천지만물을 지으신 하나님의 성령을 내 안에 모셔들임으로, 새로운 피조물이 되는 것이다(고후 5:17). 그렇게 새로운 피조물로 달라진 자에게 행위가 뒤따르지 않는다면 그것은 새로운 피조물이 된 것이 아니다. 믿음과 행위는 순서상 믿음이 먼저이고 행위는 자동으로 뒤따르는 결과들이다.

문제는 로마 가톨릭교회가 믿음으로 새로운 피조물이 안 된 자들에게도 행위(선행, 공적 등)로 구원받는다는 거짓된 가르침을 가르친다는 것이다. 개신교에서 행위 구원은 가르치지 않으나 세례가 구원인 양 오도하고 있는 것도 큰 암적 장애물이다.

주님께서 재림해 오셔서 각 사람에게 "그가 행한 대로 갚아 주리라"는 말씀은 "내가 줄 상"이라는 말에서 그 뜻이 분명하게 나타난다.

여기 '상'이라는 말은 '호 미스도스'($ὁ\ μισθός$)다. 상(賞)은 잘한 일에 보응이나 포상을 해주는 것을 뜻한다. 그래서 상은 믿고 난 후에 잘 믿고 믿은 대로 실천하려고 투쟁한 성도들에게 주시는 보상이다. 그와 반대로 믿지 않은 자들에게는 심판만 있을 따름이다(11절).

주님이 주시는 상급은, 믿고 구원받은 자들이 믿은 후에 믿음에 근거한 동기로 실천한 행위들에 대한 각각 다른 상급을 의미한다.

3) 나는 알파와 오메가요 처음과 마지막이요 시작과 마침이라(계 22:13)

알파(α)는 헬라어 알파벳의 첫 글자이고, 오메가(ω)는 헬라어 알파벳의 마지막 자이다. 처음과 마지막, 시작과 마침은 모두 동일한 의미이다. 이 선언은 계시록 1장 8절에서 시작되었고, 또 여기 계시록 22장 13절에서도 반복 선언되고 있다. 앞서 계시록 1장 8절이 창조주 하나님의 자기 선언이라고 한다면, 계시록 22장 13절은 구속 주 어린양 예수 그리스도의 자기 선언으로 마무리되고 있다.

이렇게 창조주 하나님과 구속주 예수 그리스도는 분리될 수 없는 한 하나님이심을 계시록의 시작과 끝에서 보여주고 있다. 계시록이 이처럼 창조주 하나님과 구속주이신 그리스도를 시작과 마침이라는 뜻으로 세 번이나 강조하는 이유가 무엇일까?

우리 인간들은 고대, 중세, 근대, 현대 등 각 시대를 구별하며 살아간다. 그리고 각 시대마다 주된 관심사가 각각 달라져 옴을 구별한다. 또한 저들에 대한 평가를 한다. 그것이 인류의 역사 기록이고 교회의 역사 기록이다. 그런데 인류의 역사 기록과 교회의 역사 기록들은 모두가 상대적이고 단편적이다.

예컨대 조선왕조 때 억울하게 참살당한 사육신(死六臣)들의 평가는 그 시대와 지금이 완전히 다르다. 또 중세시대 가톨릭의 독재 권력에 희생당한 수많은 분파주의자들에 대한 기록이 현재는 극과 극을 이루고 있다. 그러나 장차 이 세상의 마지막 때 백보좌의 심판 때에는(계 20:11~15) 세상의 불공평한 평가들이 완전히 달라질 것이다. 지금도 우리는 정권이 바뀔 때마다 전 정권에 대한 판단이 완전히 달라지는 희극들을 체험하고 살아간다. "나는 알파와 오메가다"라는 말씀은 이 땅에서 살아가는 세상의 판단과 결정들이 전부가 아니고, 이 세상이 끝날 때 주님의 최종 판단만이 최후 판단이라는 의미이다. 그 사실을 확실하게 믿을 수 있도록 똑같은 선언이 계시록 시초와 마지막에 반복되고 있음을 깨달아야 하겠다.

4) 자기 두루마기를 빠는 자들은 복이 있으니(계 22:14a)

여기 "두루마기"는 '스톨라스'(στολὰς)로 겉옷 위에 입는 외투처럼 생긴 웃옷이다. 이 단어가 계시록에 단 두 번만 쓰였다(계 6:11, 22:14).

계시록 6장 11절의 두루마기는 순교자들에게 승리의 표로 주어지는 것으로 설명되었고, 22장 14절의 두루마기는 구원받은 자들 각자가 어린양의 보혈로 자기의 옷을 씻어 희게 하는 의미로 표현되고 있다.

계시록에는 두루마기와 비슷한 '흰옷'을 입는 표현도 있다.

계 3:18 "흰옷을 사서"
계 4:4 "이십사 장로들이 흰옷을 입고"
계 7:9 "큰 무리가 나와 흰옷을 입고"
계 7:14 "어린양의 피에 그 옷을 씻어 희게 하였느니라"

이와 같은 내용과 두루마기를 연결해서 이해해 볼 수 있다. 그래서 '두루마기 입은 자'는 흰옷을 입은 모든 하나님의 백성들을 의미하는 것으로 이해할 수 있다.

그렇다면 두루마기를 빤다는 뜻은 무슨 말인가?

여기 '빤다'는 말은 '플뤼논테스'(πλύνοντες)다. 여기 이 단어는 현재 분사형이다. 따라서 한 번만 빠는 것이 아니라 쉼 없이 빠는 행위를 계속 반복해야 함을 의미한다. 이 말씀을 쉽게 이해하려면 요한복음 13장 10절 말씀과 연결해서 생각해 볼 수 있다.

주님은 베드로에게 "이미 목욕한 자는 발밖에 씻을 필요가 없느니라"고 말씀하셨다. "이미 목욕한 자"란 이미 구원받은 성도를 의미한다. 그렇게 구원받은 자는 발만 씻으면 된다. 여기 두루마기 입은 자는 이미 구원받은 성도를 의미한다. 그렇게 이미 구원받은 자는 발만 씻으면 되는 것처럼, 이미 구원받은 자가 다시 회개하는 것이 필요한 것은 아니다. 그럴지라도 흰옷이 더럽혀진 것을 다시 빨아서 깨끗함을 유지해야 되는 자기 정화가 계속적으로 필요하다는 것이다.

5) 이는 그들이 생명나무에 나아가며…성에 들어갈 권세를 받으려 함이로다(계 22:14b)

왜 흰옷이나 두루마기를 입은 자들이 자기 두루마기를 빨아야 하는가? 그 이유를 두 가지로 설명한다. 하나는 그들이 생명나무에 나아갈 수 있기를 위해서이고, 다른 하나는 새 예루살렘 성에 들어갈 수 있는 권세를 받기 위해서다.

생명나무는 에덴동산 창조 때 만들어졌다(창 2:9). 그런데 아담과 하와의 타락 후에 그룹들과 두루 도는 불칼이 생명나무를 지키고(창 3:24) 인간의 접근이 금지되었다.

그 후 새 하늘과 새 땅의 새 예루살렘 성 생명수 강가에 생명나무가 복원된다(계 22:2). 그 생명나무의 열매들을 따 먹으려고 하면 더럽혀진 두루마기를 입고서는 나아갈 수가 없다. 그뿐만 아니라 거룩한 성 새 예루살렘 성에 들어가려면 더럽혀진 두루마기를 입고서는 그 성에 들어갈 권세가 없다.

여기 보면 장차 모든 성도가 자나 깨나 목매어 사모하는 천국에서 보통 삶을 이어나가려면 항상 두루마기를 빠는 청결이 유지되어야만 한다. 그렇게 청결이 유지되어야만 새 예루살렘 성 안에서 다른 성도들과의 교제가 가능하고, 그렇게 순결한 자만이 생명나무의 열매를 먹고 영생할 수가 있다.

6) 개들과 점술가들, 음행하는 자들, 살인자들, 우상숭배자들, 거짓말을 좋아하며(계 22:15)

여기 15절은 앞서 14절과 정 반대자들을 열거한다. 이 내용은 앞서 계시록 21장 8절과 27절 내용과 중복되는 내용이다. 거의 다 앞의 성경과 중복되는 내용이나, 여기 15절에 특이한 것은 앞에서 없는 "개들"이 더 추가되고 있다.

"개들"이란 '호이 퀴네스'(οἱ κύνες)다. 여기서 '개들'이라고 할 때 문자적인 개(dog)를 의미하는 것은 아니다. 성경의 많은 곳에서 '개'는 매우 부정적 의미로 표현되었다.

신 23:18 "창기가 번 돈과 개 같은 자의 소득은…여호와의 전에 가져오지 말라"
시 22:16 "개들이 나를 에워쌌으며 악한 무리가…내 수족을 찔렀나이다"
잠 26:11 "개가 그 토한 것을 도로 먹는 것같이"
사 56:10 "이스라엘의 파수꾼들은 맹인이요 다 무지하며 벙어리 개들이라"
렘 15:3 "곧 죽이는 칼과 찢는 개와 삼켜 멸하는 공중의 새와"
마 7:6 "거룩한 것을 개에게 주지 말며"
빌 3:2 "개들을 삼가고 행악하는 자들을 삼가고"

이렇게 성경의 많은 곳에 개(dog)를 혐오 대상으로 표현한다. 요즘 세상에서는 개도 존중받고 살고 있다. 개를 거의 인권을 가진 존재처럼 떠받드는 걸 보면 참으로 세상이 많이 달라졌음을 실감한다.

그 이외에 점술가, 음행자, 살인자, 우상숭배자, 거짓말하는 자 등은 앞서 계시록 21장 8절, 27절에서 설명하였다.

7) 나 예수는 교회들을 위하여 내 사자를 보내어…너희에게 증언하게 하였노라(계 22:16a)

여기서 우리는 두 가지 명확한 사실을 깨달아야 한다.

하나는 "나 예수는…내 사자를"이라는 의미를 바로 알아야 한다. "나 예수"는 예수 그리스도를 지칭하고, "내 사자"는 '톤 앙겔론 무'(τὸν ἄγγελόν μου)로 천사를 소유격 단수 1인칭 대명사 무(μου)와 함께 사용했다. 이 말은 천사가 곧 예수 그리스도의 소유임을 분명하게 드러내는 표현이다.

다른 하나는, "교회들을 위하여…이것들을 너희에게 증언하게 하였노라"는 구절이다. "교회들"이란 '에피 타이스 에클레시아이스'(ἐπὶ ταῖς ἐκκλησίαις)다. 우리는 계시록 2~3장에서 사도 요한이 아시아의 일곱 교회들에게 편지를 보내는 내용을 알고 있다. 그래서 많은 계시록 주석자들은, 요한계시록이 사도 요한이 살아갔던 주후 95~100년 당시에 로마제국 도미티안 황제의 핍박 속에서의 상징적 표현들로 당시 교회들에게 주는 격려의 책으로 이해를 한다. 그러나 필자는 요한계시록 2~3장의 아시아 일곱 교회는 구약성경에 언급이 없는 교회시대의 예언이라고 해석했다.

그뿐만 아니다. 오늘 계시록의 마지막에 등장하는 주님의 말씀은 계시록이 그 시대의 교회들에게 주시는 말씀이 아니라 오고 오는 모든 세대의 교회에 주시는 말씀이라고 하신다. 이것을 보면 계시록은 오고 오는 교회들을 위한 계시인 것이 확실하다. 주님은 자기 소유인 천사들을 과거에서부터 지금까지 보내고 계신다. 그래서 처음에는 교회의 신실한 사역자들에게 계시록의 긴박한 내용들을 전파하도록 역사하신다.

그뿐만이 아니다. 계시록의 참된 진리가 인간들의 편견인 특수한 신학들로 인하여 희석되어 가고 있음을 크게 개탄하고 계신다. 그래서 "천년왕국은 없다(계 20:4~6 부인), 천년왕국은 상징일 따름이다, 교회시대가 곧 천년왕국이다, '휴거'도 없다"라고 하며 데살로니가전서 4장 13~18절을 부인한다. 예수 그리스도의 재림만 있을 뿐이라며 진리를 희석시켜 가는 것도 알고 계신다.

이렇게 성경 내용을 부인하고 다른 개념으로 변용시키거나, 모호하게 희석시켜 가는 것이 현대 교회들이다. 그러나 주님은 필자에게 성경의 진리를 바르게 회복하도록 감동과 사명감을 주심으로 모든 반대와 무관심에 아랑곳하지 않고 전진하고 있는 것이다.

8) 나는 다윗의 뿌리요…곧 광명한 새벽별이라(계 22:16b)

주님은 자신의 신분과 정체성을 두 가지로 설명하신다.

그것은 먼저 "나는 다윗의 뿌리"라는 말씀이다.

이사야 11장 1절에 이새의 줄기에서 한 싹이 나는데, 그가 바로 다윗임을 예언했다. 계시록 5장 5절에는 다윗의 뿌리로 어린양 예수 그리스도를 말한다. 여기서 다시 주님 자신이 "나는 다윗의 뿌리다"라고 하신다. 이 말은 자신이 구약성경에서 줄곧 예언되어 온 메시아적 육신적 혈통의 완성자라는 뜻이다.

둘째, 광명한 새벽별이라는 말씀이다.

새벽별은 '프로이노스'(πρωϊνός)다.

이 별은 동트기 직전 하루 24시간 중 가장 어두운 시간대에 동이 트는 것을 알려 주기 위해 새벽에 뜨는 별이다. 주님이야말로 온 인류가 암담한 암흑세상을 헤매일 때에 새로운 광명을 알려주는 새벽별 같은 존재라고 설명한다. 그래서 주님은 구약의 처음부터 예언된 메시아의 완성자이고, 영적으로 더 이상 암흑세상은 존재하지 않을 새벽별로 오셨다.

9) 성령과 신부가…오라 하시는도다(계 22:17a)

성령은 '토 프뉴마'(τὸ πνεῦμα)로 하나님의 영을 뜻한다. 신부는 '헤 님페'(ἡ νύμφη)로 계시록 21장 2절과 10절에서 새 예루살렘을 상징하는 것으로 설명했다. 그렇기에 주님의 재림 선언에 대한 화답이 곧 '성령'과 '새 예루살렘'이다. 그런데 성령과 새 예루살렘이 주님 재림 선포에 대해 '오라'고 초청한다.

'오라'는 초청은 누구를 향한 것인가? 이때의 초청 대상이 누구라고 명시되지는 않았다. 그러나 뒤에 이어지는 내용이 그 대상이 누구인지 암시해 준다.

10) 듣는 자, 목마른 자, 또 원하는 자는 값없이 생명수를 받으라(계 22:17b)

이 내용이 앞서 계시록 21장 6절과 병행된다. 듣는 자, 목마른 자, 원하는 자는 새 예루살렘의 성민들이 아니다. 저들은 아직도 주님의 재림을 대망하는 '교회시대'의 성도들에 해당되는 내용이다. 성령의 감동을 받아 계시록의 긴박성을 깨달은 교회시대의 성도들은 주님이 곧 재림해 오실 것을 갈망하게 되어 있다.

오늘날 교회들을 보라. 어느 교회들이 왕성하게 성장하는가? 교회시대의 종결(계 2~3장), 예수 그리스도 공중 강림(살전 4:13~18)과 성도들의 휴거, 7년 대환난의 참혹함(계 6~18장), 예수 그리스도의 영광의 재림(계 19:11~16), 천년왕국(계 20:4~6), 백보좌 심판(계 20:11~15), 새 하늘과 새 땅의 새 예루살렘 성(계 21장) 등 이 모든 내용을 온전히 믿고 전파하는 교회들이 성장한다. 그러나 성경을 상징이라고 희석시킨 인간의 신학을 추종하는 교회들은 듣지도, 목말라하지도, 원하지도 않는다. 그와 같은 형식만 갖춘 교회들은 계속 퇴보할 것이다.

03
사도 요한의 예언 가감에 대한 경고

(계 22:18~21)

요한계시록의 결론은 세 가지 주체자들에 의한 삼중의 결론으로 끝을 맺는다.

첫째는, 천사의 지시로 계시록 22장 6~11절에 기록되었고, 둘째는, 예수 그리스도의 최종 약속과 경고가 계시록 22장 12~17절에 기록되었고, 셋째는, 사도 요한의 마지막 경고가 계시록 22장 18~21절에 기록되었다. 따라서 이 부분은 사도 요한의 마지막 경고의 내용이다. 이 내용을 차례대로 살펴보겠다.

1) 내가…모든 사람에게 증언하노니(계 22:18a)

여기서 본 요한계시록의 저자인 사도 요한은 "내가"라고 해서 본서의 기록자가 사도 요한임을 천명한다.

요한은 계시록 1장 9~10절에서도 "나 요한"이라고 한다. "주의 날에 내가 성령에 감동되어 큰 음성"을 들었다. 이렇게 '내가'라는 주격 1인칭 대명사 '에고'(ἐγώ)를 쓰고 있다. 이와 같은 주격 1인칭 대명사는 계시록 안에 차고 넘친다.

1장 12절에 "나에게", 17절에 "내가 볼 때에", "내게 없고", 4장 1절에 "내가 보니", "내게 말하던", 2절에 "내가 곧 성령에 감동되었더니", 5장 1절에 "내가 보매", 5절에 "내게 말하되" 등이다.

이렇게 계시록 전체는 '내가'라는 주격 1인칭 대명사가 차고 넘친다. 그런데 어떤 이들은 요한계시록이 사도 요한이 아닌 요한2서 1절과 요한3서의 1절에 기록된 '장로' 요한이 계시록의 저자라고 주장하는 이가 있다. 이것은 사도행전 20장 17절의 에베소 교회 장로들을 28절에서 "감독자"라고 부른 것이나, 디모데전서 5장 17절의 장로들이 말씀과 가르침에 수고하는 이들이라는 내용을 잘 모르는 주장이다. 심지어 베드로전서 5장 1절에 베드로 사도는 "나는 함께 된 장로"라고 했다.

요한2서와 3서의 장로는 초대교회 때 요한을 비롯한 사도들이 자신들을 '장로'라고 겸양해서 부른 호칭들이었다. 바울 사도는 에베소서 4장 11절에서 '사도', '선지자', '복음 전하는 자', 어떤 사람은 '목자와 교사'로 삼았다고 했다.

성경에 기록된 '목자와 교사'는 '포이메나스 카이 디다스칼루스'(ποιμένας καὶ διδασκάλους)다.

여기서 '목자와 교사'라는 말은 '목자이면서 동시에 교사'라는 뜻이다. 목자(牧者)는 양을 치는 가축지기이다. 교사(敎師)는 진리를 가르치는 자이다. 목자는 주장하는 자세가 아닌 양 무리의 본이 되어야 하는 자다(벧전 5:2~3).

성경은 이렇게 목자의 심정을 가진 교사를 가르쳤다. 그런데 종교개혁자 칼빈이 목자와 교사를 둘로 분리시켰다. 그것을 영국 국교회의 에드워드 6세(1537~1553) 때 과거 가톨릭의 사제(the priest)를 '목사'(a minister)라고 개칭한다.[36]

오늘날 개신교의 '목사'(牧師)라는 호칭은 칼빈(1509~1564)이 목자와 교사를 분리시킨 것에서 시작되어 영국 국교회가 공식화한 것이다.

우리가 깨달을 진리가 있다. 현대 교회들은 진리의 기준인 '성경'의 원초적인 사상에서 너무 동떨어진 인간들의 신학사상에 함몰되어 있다. 성경에서 감독, 장로, 목사, 교사는 한 사람이 갖는 직분이었다. 그런데 현재는 감독, 장로, 목사, 교사가 다 각각 분리되어 있다. 교회 2000년 역사 속에 이들이 점점 다 분리되고 성경에 없는 교황, 추기경, 주교, 신부를 비롯해 개신교 안에 있는 목사, 장로, 감독, 권사, 집사, 권찰 등도 모두 인간들이 만든 제도이다.

그와 같은 인간들의 신학적 폐해로 요한계시록이 사도 요한이 아닌 장로 요한의 편집이라는 주장이 등장하고 있는 현실이다.

2) 이 두루마리의 예언의 말씀을 듣는 모든 사람에게(계 22:18b)

사도 요한은 요한계시록을 '예언의 말씀'이라고 했다.

예언의 말씀은 '로구스 테스 프로페테이아스'(λόγους τῆς προφητείας)다. '예언'이라는 말은 '프로페테이아'(προφητεία)다. 이 말의 뜻은 하나님으로부터 직접 계시된 진리를 사람들에게 전한다는 뜻이다. 아브라함은 선지자였고(창 20:7), 모세는 여호와의 종이었다(출 14:31; 민 12:7,

---

36) 정수영, 새 교회사Ⅱ, 규장문화사, 1993, p.237.

8; 신 34:5). 사사시대에 드보라는 사사였고(삿 4:4), 사무엘 때는 선지자(삼상 3:20)로 불리고, 나단(삼하 7:2, 12:25 등), 엘리야(왕상 18:36), 엘리사(왕하 6:12, 9:1), 이사야(왕하 19:2, 20:1, 11, 14), 예레미야(대하 36:12; 렘 20:2, 25:2) 등도 모두 선지자라고 했다.

이와 같은 선지자들은 인간의 자아도취에서 나오는 말이 아니라 성령의 감동을 받아 선포하는 하나님의 메신저였다(렘 20:2). 하나님의 영감을 받은 선지자들은 선지자들의 개성이나 인격을 죽이지 않고 예언에서 자유롭게 반영되도록 조절했다.

이와 같은 예언의 가치는 그 성취에서 정확성이 입증되었다. 여기 사도 요한도 계시록 내용이 자신의 천재적인 상상적 산물이 아니라 하나님으로부터 계시된 예언서임을 확인시켜 주고 있다.

그리고 또 중요한 말이 있다.

"예언의 말씀을 듣는 모든 사람에게"라는 말이다. 우리말 성경에는 원문의 뜻이 희석되었다.

"예언의 말씀을 듣는 모든 사람"이라는 말은 다소 분산된 표현이다. 원문의 "판티 토 아쿠온티"(παντὶ τῷ ἀκούοντι)는 "듣는 각인(各人), 즉 각각의 개인"이라는 뜻이다.

예언의 말씀이 대중적으로 공개적으로 선포된다. 그러나 그 예언의 말씀을 듣고 어떻게 반응하느냐 하는 문제는 각각이 개인적인 문제다. 그렇기에 예언의 말씀이 대중적으로 많은 군중들에게 선포되지만, 그 말씀을 듣고 난 후의 반응이 각각 다르게 나타나는 것은 다 각각 각자의 책임 소관이라는 뜻이다.

그래서 요한은 이토록 귀중한 '예언의 말씀'이기 때문에 '증언하노니'라고 한다. '증언한다'는 말은 '마르튀로'(μαρτυρέω)다. '증언'(證言)은 사람들 앞에서 공개적으로 확증해 보여주는 증거요 고백이다. 우리가 하나님의 말씀을 전한다고 할 때는, 하나님 말씀이 내 삶과 인생에 어떻게 변화를 주었는가를 증명해 보여줘야 하고 진실됨을 증명해 보여야 하는 것이다.

3) 만일 누구든지 이것들 외에 더하면(계 22:18c)

여기 또 매우 중요한 말씀이 있다. '이것들 외에'라는 말이 '에프 아우타'(ἐπ αὐτά)다. '이것들'이라는 말은 사도 요한이 요한계시록을 기록한 그 이전의 것들이라는 뜻이다. 그렇기에 '이것들'이라는 말은 사도 요한이 계시록을 기록해 놓은 그 이전의 기록들만을 의미한다. 이와 같은 명확한 뜻이 '더하면'이라는 말이다. '더하면'이라는 말은 '에피데'(ἐπιθῇ)다. 이 단어는 원형이 '에피티데미'(ἐπιτίθημι)다. 이 단어는 위를 뜻하는 접두어 '에피'(ἐπι)와 '놓다', '두다'라는 뜻을 가진 '티데미'(τίθημι)의 합성어다. 그래서 문자적 의미로는 '원래 있던 것 위에다 다시 세우다'는 뜻이다. 그러한 까닭에 사도 요한이 요한계시록으로 하나님의 계시와 예언의 말씀들을 완벽하게 종결시켜 놓으셨다는 것이다. 그런데 요한계시록 이후에 또 다른 내용들을 또다시 추켜올려 놓고서 그것들을 성경 말씀과 동일시하거나 연장시키려는 시도들은 일체 금지해야 된다는 선언이다.

그런데 이와 같이 성경의 최종 선언이 명백함에도 불구하고 성경들 외에 수많은 것들을 더 올려놓았다. 그 대표적 집단이 로마 가톨릭교회이고, 거기서 갈라져 나온 개신교들이 각각 다른 교파별로 교파의 신조들을 만들어 놓았다. 그 결과 지금은 성경 외에 너무 많은 것들이 만들어져서 쌓여 있다.

4) 하나님이 이 두루마리에 기록된 재앙들을 그에게 더하실 것이요(계 22:18d)

여기 또 중요한 말씀이 있다. 하나님이 이 두루마리 책에 '기록된'이라는 말이다. 이 말은 '게그람메나스'(γεγραμμένας)다. 이 단어는 '쓰다'(write)라는 뜻을 지닌 '그랍포'(γράφω)의 완료 분사이다. 그렇게 하나님의 계시는 사도 요한의 요한계시록으로 이미 완성되고 완료되었다는 명백하고 확실한 선언이다.

그렇기에 요한계시록 이외의 다른 것들을 더 믿어야 한다고 하는 주장들은 모두가 하나님의 경고를 무시하는 반역 행위들이다. 하나님께서 그렇게 반역하는 자들에게 어떤 벌을 내리시는가? 요한계시록에 기록된 재앙들을 그에게 더하실 것이라고 했다.

"재앙들"은 '타스 플레가스'(τὰς πληγὰς)다. 그 내용이 계시록 속에 기록된 여러 가지 재앙들이라는 뜻이다. 계시록 안에 어떤 재앙들이 기록되어 있는가? 계시록 6장 ~18장에 기록된 '일곱 인의 재앙', '일곱 나팔 재앙', '일곱 대접 재앙' 등이 있다. 계시록 안에는 '재앙'들이 무수하게 많다(계 9:10, 20, 11:6, 15:1, 16:9, 21, 18:4, 8, 22:18 등). 그 재앙들보다 더 궁극적 재앙, 영원한 재앙이 있다. 그것이 계시록 종결부인 22장 19절의 "생명나무와 및 거룩한 성에 참여함을 제하여 버리시는 재앙"이다.

사도 요한 때에는 과거 구약성경이 사본(manuscript)에 의해 전승(傳乘, transmission)되어 오던 때였다. 그래서 구약성경을 손으로 필사(筆寫, transcription)하는 사역들이 일반화된 때였다.

이와 같은 일반화된 필사 행위를 도용하는 자들이 있었다. 그들이 중간시대(BC 4~AD 1세기)에 구약성경의 유명인들의 이름을 도용해서 발표해 놓은 외경(外經, apocrypha)들과 위경(僞經, pseudepigrapha) 수십 권이 존재하고 있다.

　사도 요한 때 이미 수많은 외경과 위경으로 진리를 왜곡하는 위험들이 성행하고 있었다. 요한은 그와 같은 당시 상황을 단연코 거부할 뿐만이 아니라, 간교한 인간들은 앞으로도 충분히 그렇게 왜곡 전승할 사실을 알고 있었다. 그렇기에 이렇게 '재앙들'이라는 혹독한 말로 경고하고 있는 것이다.

　이렇듯 신앙과 행위의 유일한 기준이 성경뿐인데도 교회는 수천 년 동안 온갖 교리와 신학을 만들어 놓았다. 그래서 지금은 성경 말씀보다 각 교파들의 교리와 신학이 성경보다 더 큰 위력을 발휘하고 있는 타락한 교회가 계속되고 있다.

5) 만일 누구든지…예언의 말씀에서 제하여 버리면(계 22:19a)

　사도 요한의 엄중한 경고의 선언이 기록되어 있다.
　앞서 18절은 요한계시록으로 종결된 하나님의 계시 외에 다른 내용들을 더 추가시키는 자들에 대한 경고가 주어졌다. 다시 19절에는 요한계시록으로 종결된 하나님의 계시들인 성경책의 내용들을 삭제하거나 취소하거나 약화시키는 자들에 대한 경고가 주어지고 있다.

　"예언의 말씀에서"는 '투 비블리우 테스 프로페테이아스'(τοῦ βιβλίου τῆς προφητείας)다.
　이 말이 앞서 18절에는 "예언의 말씀을"이라고 기록되었다. 이 말의 의미를 협소하게 이해하면 사도 요한이 기록한 요한계시록 책만을 의미하는 것으로 이해될 수 있다. 그러나 성경은 창세기에서부터 요한계시록까지 전체가 미래에 관한 예언의 말씀들이다.

그 예언이 출애굽으로 완성된 것도 있고, 이스라엘 왕국의 성립으로 완성된 것도 있고, 메시아의 오심으로 완성된 부분도 있다. 그러나 다니엘이 예언한 이스라엘 미래가 "70이레"(단 9:24~26) 중 "한 이레"(단 9:27) 예언이 아직까지 이루어지지 않은 미래의 "대환난"(계 6~18장)으로 남아 있다.

에스겔이 예언한 침략자 곡의 전쟁 예언(겔 38~39장)이 아직까지 이루어지지 않은 미래의 아마겟돈 전쟁(계 16:16과 19:17~21)으로 남아 있다.

이사야가 예언한 미래의 이상적인 예루살렘의 예언(사 65:19~25)이 계시록 20장 4~6절의 천년왕국으로 남아 있다.

이사야가 예언한 "새 하늘과 새 땅"의 창조 예언(사 65:17~18)이 계시록 21~22장의 "새 하늘과 새 땅"으로 남아 있다.

그렇기에 계시록 22장 18~19절에서 "예언의 말씀"이라는 뜻을 굳이 요한계시록만으로 국한시킬 필요는 없다고 본다. 그래서 요한의 예언의 말씀의 의미를 성경 전체를 예언의 말씀으로 확대 해석하는 것이 올바른 성경 이해라고 본다.

여기서 우리가 크게 깨달을 사실이 있다. "예언의 말씀에서"란 성경 전체 내용을 의미하고, 또 "제하여 버리면"이라는 말이 '아펠레'(ἀφέλη)라는 가정법을 쓰고 있다. 이 말은 '없애다', '잘라 버리다', '베다'는 뜻을 가진 '아파이레오'(ἀφαιρέω)의 부정과거 가정법 용어나.

그런 자들에게는 생명나무(계 22:2)와 거룩한 성(계 21:2)에 참여함을 제하여 버리실 것이라고 선언했다. 여기 "제하여 버리시리라"는 말이 앞의 말과 똑같은 '아펠레이'(ἀφελεῖ)나. 그러므르 성경의 내용을 삭제하거나 축소하거나 희석시키는 자들에게는 마지막 최후에 주어지는 생명나무의 열매를 먹는 특권이나 거룩한 새 예루살렘 성에서 살아가는 축복을 얻지 못한다는 것이다.

　여기서 필자는 과거 2000년 교회 역사에서 성경에 기록된 진리 외에 더 추가시켜 놓고 덧붙여 놓은 사례들과, 또 반대로 성경에 기록된 진리를 축소시키고 제하여 버려놓은 추악한 유산들을 〔특주 46〕로 정리해 보겠다.

〔특주 46〕

교회들이 덧붙여 놓은 것과 제하여 버린 것들

1. 교회들이 덧붙여 놓은 것들

 사도 요한은 분명히 요한계시록 22장으로 하나님께서 주시려는 모든 계시들이 완료되었음을 명확하게 기록해 놓았다. 그러한 까닭에 인간들이 하나님의 말씀을 아는 것에는 성경 66권만으로 만족한 것이다. 이처럼 성경 66권이 완벽한 계시로 주어졌음에도 불구하고, 인간들은 성경 66권 이외의 온갖 것들을 별의별 이유를 다 붙여서 수많은 비본질적 비진리들을 만들어 내놓았다. 그리고 비본질적인 것들이 성경보다 더 권위를 갖는 주객전도의 괴이한 현상들을 이뤄가고 있다.
 이제 과거 2000년 교회 역사에서 성경 이외에 덧붙여 놓은 것들이 성경의 진리를 왜곡하거나 성경의 진리보다 더 권위를 갖고 군림하는 사항들을 살펴보겠다.

1) 초기 800년까지

여기에 소개할 내용은 필자가 이미 발표한《새 교회사Ⅰ》의 내용[37]과《교부시대사》에서 밝힌 내용[38]을 요약 설명하겠다.

초기 800년까지는 로마제국의 황제들이 주동이 되었고, 교회 성직자들은 황제의 명에 따라 순응하며 각종 신조들을 만들어냈다. 이때 종교회의를 소집하고 종교회의 결정 사항을 재가한 각 종교회의를 소집한 황제와 그때 만들어진 결과물들을 여기에 소개한다.

(1) 니케아(Nicea) 공의회(AD 325)

회의 소집자: 콘스탄티누스(Constantinus, 306~337) 황제

회의 장소: 니케아[오늘날 터키의 변두리 마을 이즈니크(Is-nik)]

회의 일정: 325년 5월 20일~7월 29일

회의 참석자: 감독 약 300명, 서방교회는 겨우 6명

회의 결과: 니케아 신조(이 내용을 필자의《초대교회사》에서 "사도 신조의 역사" 속에 밝혔다.[39] 니케아 공의회는 사도행전 15장에 기록된 "예루살렘 총회"(AD 45년경) 이후 처음으로 모인 동·서방교회의 모임이었다. 그러나 회의 성격과 내용은 판이하게 다르다.

예루살렘 총회는 사도들과 장로들만의 회의였고, 회의 진행도 사도와 장로들의 자유로운 의견 제시 후에 결정은 각 교회들에게 위임하고 회의에서 토론된 긴요한 내용만 소개했다. 그러나 니케아 공의회는 콘스탄티누스가 소집했고, 회의 때 토론의 주제가 "하나님과 예

---

37) 정수영, 새 교회사Ⅰ, 규장문화사, 1991.
38) 정수영, 교부시대사, 쿰란출판사, 2014.
39) 정수영, 초대교회사, 쿰란출판사, 2012, pp.417~420.

수 그리스도가 같은 한 분인가, 각각 다른 두 분인가?"라는 것이 주된 관심이었다. 그리고 참석자들 중 다수에 의해 신조가 결정되었다.

이렇게 결정된 '니케아 신조' 자체가 불완전한 인간들의 다수에 의한 결정문이다. 그런데도 가톨릭교회는 니케아 신조를 매 주일 암송함으로 개신교의 '사도신경'과 같은 기능을 하고 있다. 이것은 성경 외에 덧붙이지 말라는 계시록의 경고를 무시하는 부당한 행위라고 판단된다.

(2) 콘스탄티노플(Constantinople) 신조(AD 381)

회의 소집자: 데오도시우스(Theodosius, 379~395) 황제

회의 장소: 콘스탄티노플(현재의 이스탄불)

회의 일정: 제1차 381년, 제2차 553년, 제3차 680년, 제4차 869년
        (동·서교회가 분리된 회의)

제1차 콘스탄티노플 참석자: 150명의 동로마교회 감독들

회의 결과: 니케아 신조 내용 보완

콘스탄티노플 신조 내용을 《초대교회사》에 밝혔다.[40]

(3) 칼케돈(Chalcedon) 신조(AD 451)

회의 소집자: 동로마 황제 마르키아누스(Marcianus, 450~457) 황제

회의 장소: 칼케돈(터키 북서부의 고대 도시)

회의 일정: 451년 10월 8일~11월 1일

회의 참석자: 630명의 감독과 주교

회의 결과: 칼케돈 신조

---

40) 정수영, 초대교회사, 쿰란출판사, 2012, pp.420~423.

여기서 그리스도의 완전한 신성과 완전한 인성을 겸비한 신조가 완성된다.

(4) 아타나시우스(Athanasian) 신조

역사적인 아타나시우스(Athansius, 296~373)는 알렉산드리아 교회의 감독이었다.

그는 앞서 니케아 공의회(325년) 때 정통 신앙을 고수함으로 황제들의 미움을 받고, 전후 5차례나 추방을 당하며 17년 동안을 도피 및 은신생활을 해야만 했다. 그의 사후에 그의 이름을 도용한 설교 또는 교훈적 찬송이 381~428년경 "아타나시우스 신조"라는 이름으로 전승되고 있다. 가톨릭교회가 현재 사용하고 있다.

(5) 사도 신조(Apostolic Creeds, 750년경)

사도 신조의 기원에 관한 역사성과 사도 신조 내용상의 비성경적인 문제점들을 필자의 《초대교회사》에 모두 소상하게 밝혔다.[41]

초기 800년 동안에 교회가 성경 외에 성경이 명하지 않은 신조들을 덧붙여 놓았다.

이중에서 로마 가톨릭교회는 5가지 신조를 돌려가면서 암송해 오고 있다. 그러나 개신교들은 칼빈의 5대 신조 중에서 '사도 신조'를 사도들의 신앙 고백이라는 거짓된 주장으로 《기독교 강요》의 핵심 사상을 만들었다.

그 같은 거짓된 주장과 내용상 이단적 요소가 많은 것을 개신교

---

41) 정수영, 초대교회사, 쿰란출판사, 2012, pp.425~452.

회들이 예배 때나 기회가 있을 때마다 암송하고 있다. 참으로 역사의 진실을 모르는 성경 이외의 것을 덧붙인 대표적인 유산이라고 할 수 있다.

2) 중세기에서 현재까지

(1) 로마 가톨릭교회

앞서 동·서방교회들이 함께 모인 공의회들은 황제가 소집했고, 제3차 콘스탄티노플 공의회(680~681)로 종료된다. 그 후 서방 가톨릭교회가 자기들만의 단독 공의회(750년)를 연다.

여기서 '사도 신조'가 제정된다. 그러자 동방교회는 자기들만의 제2차 니케아 공의회(787년), 제4차 콘스탄티노플 공의회(869~870년)를 연다.

이렇게 동·서방교회로 분리된 공의회는 서로 정죄하고 저주하다가 드디어 1050년에 동·서방교회가 완전히 분리된다. 그 후 동·서방교회들은 서로 독자적 공의회를 열어오고 있다.

여기서는 동·서방교회가 완전히 분리된 후 서방 로마 가톨릭교회만의 공의회들을 소개하겠다. 왜 가톨릭만 소개하는가? 가톨릭에서 다시 분리된 것이 개신교들이기 때문이다.

중세기 가톨릭의 공의회들은 전부 교황들이 소집했다. 그 같은 공의회들은 다음과 같다.

① 제1차 라테란 공의회(1123)
② 제2차 라테란 공의회(1139)
③ 제3차 라테란 공의회(1179)
④ 제4차 라테란 공의회(1215)

⑤ 제1차 리옹 공의회(1245)

⑥ 제2차 리옹 공의회(1274)

⑦ 비엔 공의회(1311~1312)

⑧ 콘스탄츠 공의회(1414~1418)

⑨ 바젤 - 페라라 - 피렌체 공의회(1431~1437)

이때 유럽 평신도 신학자들이 교황 제도 폐지를 주장함으로 커다란 혼란과 교황제 폐지 위험을 겪는다.

⑩ 제5차 라테란 공의회(1512~1517)

여기까지가 종교개혁 직전까지의 중세기 때의 공의회들이다. 그리고 1517년에 종교개혁이 일어났다. 이후 유럽 교회들이 개신교들로 분리되어 나갔다. 그때 다시금 공의회들이 모인다.

① 트렌트 공의회(1545~1563)

② 제1차 바티칸 공의회(1869~1870)

③ 제2차 바티칸 공의회(1962~1965)

그렇게 모인 공의회 이후 아직까지 공의회는 55년 동안 열리지 않고 있다.

로마 가톨릭교회의 공의회로 성경 외의 것들을 덧붙인 대표적 두 공의회의 내용을 살펴보겠다.

• 트렌트(Trent) 공의회(1545~1563)

트렌트 공의회 소집자는 제220대 교황 바오로 Ⅲ세(1534~1549)였다. 공의회를 독일 카알 5세는 찬성했으나 프랑스의 프랑스와 1세의 반대로 1545~1547, 1551~1552, 1562~1563의 세 단계로 모였다.

처음 참석자는 이탈리아, 스페인, 프랑스, 독일 출신의 주교, 대수도원장, 수도회 총장들 34명이 모였다. 여기서 결정된 종교 사항들만 열거해 보겠다.
① 니케아-콘스탄티노플 신조를 신앙의 토대로 확정
② 성경과 전승(교회 신조들, 공의회 결정 사항들, 교황의 칙령, 교서들, 교부들의 신학 등등)을 동일한 신앙 자료로 확정
③ 성경은 라틴역(Vulgata)만 사용
④ 원죄 교리에 펠라기우스의 '자유 의지' 견해를 배척
⑤ 이신칭의(以信稱義)의 루터 주장 배척
⑥ 성사(聖事) 숫자를 7성사(七聖事)로 확정
⑦ 고해 면죄부의 법적 성격
⑧ 고행에 대한 견해
⑨ 평신도들에게는 빵만 나눠 주는 것
이러한 결정들을 오늘날까지 시행해 오고 있다.

- 제2차 바티칸 공의회(1962~1965)

공의회 소집은 제261대 교황 요한 23세(1968~1963)가 소집했다.

그리고 완결은 그의 후임자 바오로 4세(1963~1978)가 했다. 이때 결정한 중요한 내용은 다음과 같다.
① 성경과 전통을 신앙의 중요한 기준으로 삼는다.
② 로마 교황이 전 세계 모든 교회의 영속적인 수위권을 갖는다.
③ 싱모 마리아를 하나님의 어머니라 믿기 시작한 것이 5세기였다.
    1854년 피우스 9세: 마리아의 무원죄 잉태 교리 주장
    1950년 피우스 12세: 성모 마리아는 죽지 않고 승천했다고 함
    1963년 바오로 4세: 하늘에서 여왕으로 다스린다고 함
④ 가톨릭교회는 하나님의 백성이다.

⑤ 성경은 각 나라의 언어로 번역 사용하고, 미사 때 사용 언어도 라틴어에서 각 나라 언어로 사용케 한다.

로마 가톨릭은 성경 66권과 외경 11권의 성경을 믿고 있고, 과거 가톨릭교회들이 교회회의와 교황 교서로 반포한 것들을 성경과 동일한 권위를 갖는 신앙의 기준으로 믿고 있으며, 교황은 예수 그리스도의 대리자로 믿고 있다. 이로써 가톨릭교회는 동방교회나 개신교들이 믿는 '오직 성경'만의 신앙 기준과 완전히 결별되었다.

(2) 개신교들
① 종교개혁 직후
- 아우크스부르크 신앙 고백(Augsburg Confession) 1530년
  루터(Luther), 요나스(Jonas), 부겐하겐(J. Bugenhagen), 멜란히톤(P. Melanchthon)이 작성한 루터교 신앙 요약문서.

- 영국 헨리 8세가 영국 의회를 통해 통과시킨 "수장령"(Act of Supremacy) 1534년
  이것이 오늘날 영국 국교회(성공회) 법으로 오늘날까지 국왕이 수상의 조언을 받아 교구 주교들을 임명한다.

- 제네바(Geneva) 헌법(1541.11.20.)
  칼빈이 평신도 8명과 함께 "제네바 교회법"을 제정하여 소위 원회(10. 27.), 대의원회(11.9.), 제네바 시민 총회(11.20.)가 비준한 법이다.

이 법은 1542년 1월 2일에 정식으로 채택되었다.[42]

이 법으로 제네바시를 개혁하였고, 이 법이 오늘날 장로교의 모체인 '당회'(堂會, Session)의 기초다.

이들 종교개혁기의 세 개의 개신교들(루터교, 성공회, 장로회)의 시작은 무엇이 문제인가? 성경은 성경 말씀 이외는 아무것도 덧붙이지 말라고 경고했다. 하지만 가톨릭교회는 종교회의를 열어 자기들에게 편리한 대로 각종 법과 제도들을 만들어 갔다.

그런데 가톨릭이 성경적으로 잘못되었다고 투쟁하면서 종교개혁을 감행한 개신교들이 가톨릭과 똑같은 신조와 법을 만들어 종교개혁을 일으켰다.

이것이 종교개혁을 위한 당시의 시대적 필요성에 의한 불가피한 일이라고 항변할 수도 있다. 그러나 종교와 정치는 엄연히 분리되어야 함을 가르치신 주님은 결국에 정치 세력과 결탁한 종교가들에 의해 죽으셨고, 사도들 모두는 그 가르침을 준수했다. 개신교 개혁자들은 성경의 기준을 따르지 않고 가톨릭을 혐오하면서도 가톨릭을 따르는 모순적 결과를 만들어 놓았다.

- 유럽의 재침례교도들의 승리의 역사

종교개혁은 16세기 가톨릭교에서 분리되면서 시작되었다. 가톨릭교에서 분리된 세력은 네 부류가 있다. 독일에서 루터(Luther)를 중심한 루터교 세력, 영국에서 헨리 8세(Henry Ⅷ)에 의한 영국 국교회 세력, 스위스 제네바에서 칼빈(Calvin)에 의한 장로회 세력, 그리고 유럽

---

42) 정수영, 종교개혁사, 쿰란출판사, 2012, pp.305~347.

세 나라에서 일어난 재침례교도들 역시 종교개혁 세력이었다. 이들 재침례교도들의 배경은 과거 가톨릭 세력을 떠나 프랑스 남부와 스위스 국경 높은 산 속에서 은둔생활을 하며 종교적 피난생활을 형성한 발도 파(Waldenses)라는 분리주의자들의 영향으로 추정된다.[43]

이들은 현재 피에몽 계곡에서 20여 개의 교회와 대학, 병원, 학교들을 형성하고 있다. 이들의 영향력으로 추정되는 신앙 각성자들이 스위스, 독일, 네덜란드 등으로 번져서 재침례교도 형태로 가톨릭에서 분리되는 종교개혁 세력이 되었다. 그래서 앞서 세 부류의 종교개혁자들은 모두가 정치세력과 결합된 조직적, 제도적 종교개혁으로 교파를 형성하는 데 성공한다.

그러나 유럽의 재침례교도들은 성경적 신앙만 고집할 뿐 정치세력과의 타협을 거부했다. 그 결과 재침례교도들은 종교개혁 세력인 츠빙글리, 루터, 칼빈의 추종자들로부터 박해를 받고 사라진 무리가 있고, 가톨릭 세력에 의해 집단적으로 희생당한 거대한 무리들이 있다.

이들 유럽의 재침례교도들의 희생 역사를 필자의 《종교개혁사》에서 소개했다.[44]

왜 다 똑같은 시기의 종교개혁 세력들이 앞서 세 부류의 루터교, 성공회, 장로회는 성공하는데 재침례교도들은 실패하게 되는가? 그 핵심은 계시록 22장 18~19절에 대한 태도의 차이다.

종교개혁에 성공한 세 부류는 성경의 진리 외에 정치적 세력을 덧붙여서 종교개혁의 성공자로 각 교파를 완성한다. 그러나 유럽의 재침례교 세력들은 오로지 성경 진리만을 고수하겠다고 정치세력과의 타협을 거부한다. 그 결과 유럽의 재침례교도들은 세상적으로 성공

---

43) 정수영, 중세교회사Ⅱ, 쿰란출판사, 2017, pp.800~828.
44) 정수영, 종교개혁사, 쿰란출판사, 2012, pp.382~489.

을 이루지 못했다. 그러나 저들은 성경 진리대로 세상에서 승리하는 귀한 업적을 남겼다.

② 1600년 이후

종교개혁이 일어난 1517년 이후 약 100여 년 동안, 유럽 세계는 천년의 역사를 가진 로마 가톨릭의 황제와 교황 세력이 합세한 거대한 공룡 앞에서, 종교개혁 세력은 일반적으로 희생당하는 희생의 역사였다.

이렇게 가톨릭 세력에 의해 희생당할 때, 개신교 세력들과 총칼로 맞서서 싸우는 종교 전쟁들이 1600년대 이후 100여 년간 지속되었다. 이 서글픈 비극의 역사를 필자의 《근세 교회사》에서 밝혔다.[45]

필자의 《근세 교회사》(1600~1800)에 밝힌 내용 중에 개신교 세력들이 성경 이외에 덧붙인 유산들을 살펴보겠다.

참으로 놀라운 사실이 있다. 그것은 종교개혁으로 가장 많은 희생을 당한 나라가 네덜란드다. 네덜란드의 종교개혁 초기인 1517년부터 1535년 사이에 가톨릭의 황제와 교황에 의해서 희생된 재침례 교도들이 3만 명이 넘는다. 그리고 1573년까지 개신교도 1천 800명이 처형당한다.[46]

이렇게 가톨릭 황제와 교황에 의해 가장 많은 희생을 당한 네덜란드 국민들은 칼빈주의에 입각한 독립전쟁을 40년간(1568~1609) 계속한다.

이렇게 칼빈주의가 네덜란드 독립전쟁의 기초가 되는 기간에 또

---

45) 정수영, 근세 교회사, 쿰란출판사, 2022.
46) 정수영, 새 교회사Ⅱ, 규장문화사, 1993. pp.273~281.

다른 개신교 양대 신학이 만들어진다. 그것이 아르미니안주의와 칼빈주의이다. 여기서 개신교 양대 신학의 내용을 소개해 보겠다.

- 아르미니우스주의(Arminianism, 1610년)

1) 예정: 하나님께서는 창세 전에 예수 그리스도를 믿고 구원받게 될 자를 예정하셨다.

이때 말하는 예정은 '절대적 선택과 절대적 유기'라는 칼빈주의와는 전혀 다른 개방적 예정론을 말한다.

2) 구원: 그리스도의 구속 사역은 '예정된 자들'만을 위한 것이 아니라 모든 만인에게 적용된다.

3) 자유 의지: 아담의 타락 이후 인간은 선한 자유 의지를 상실했기 때문에 스스로의 힘으로는 선을 행할 수 없는 죄인이다.

그러나 그리스도의 구속 사역, 혹은 성령의 역사에 어떻게 반응하는가는 각 사람들의 자유 의지에 달렸다. 성령은 사람들에게 참으로 선한 일(그리스도를 믿어 구원을 얻는 일)을 행하도록 반드시 도우신다.

4) 은혜: 하나님께서는 모든 인간에게 원죄의 영향력을 깨뜨려 버릴 만한 충분한 은혜를 주셨다. 이것을 '충족 은혜론'(Theory of Sufficient Grace)이라 한다.

또 성령과 협력하여 중생한 삶을 살 수 있도록 은혜도 주셨다. 만약 어떤 사람이 중생하지 못했다면, 그것은 하나님의 충분하고도 능력 있는 은혜를 충분히 활용하지 못했기 때문이다. 따라서 은혜는 '불가항력적'(irresistibilis)이라고 할 수 없다.

5) 성도의 견인: 성경에는 한번 구원받은 자가 절대 떨어질 수 없다는 '성도의 견인'(perseverance of the saints)에 관한 명확한 근거가 제시되어 있지 않다.

그리스도인들이라도 은혜에서 멀어질 수 있다는 것이다. 그렇다 할지라도 이를 가르쳐서는 안 된다고 했다. 이와 같은 아르미니우스 주장이 제기된 후 칼빈주의자들에 의한 각종 반대 주장들이 계속 나왔다. 그래서 8년 후 칼빈주의자들이 모여 '칼빈주의 5대 강령'을 만든다.

● 칼빈주의(Calvinism) 5대 강령(1618.11~1619.5)

이들은 네덜란드 로테르담 동남쪽 약 15km 지점에 위치한 도르드레흐트(Dordrecht)에서 모였기에 도르드레흐트 총회라고도 한다. 이때의 참석자들은 네덜란드에서 약 70여 명, 스코틀랜드, 독일 스위스 등 해외 대표 27명이 모였다. 여기서 칼빈주의 5대 강령이 채택되었다.[47]

1) 전적 타락(Total Depravity)

타락한 인간에게는 '자연적 광명'(natural light)의 흔적은 남아 있으나 인간의 본성이 전적으로 부패했으므로 이러한 빛을 올바로 사용할 수 없다. 인간은 하나님을 섬기거나 은혜를 받아들이기에는 너무 무능하다.

2) 무조건적 선택(Unconditional Election)

하나님의 절대적 주권에 의해 선택(election)과 유기(reprobation)가 절대적이다.

하나님께서는 창세 전에 이미 구원받을 자와 버림받을 자를 자유로운 결단에 의해 예정해 놓으셨다.

3) 제한적 구속(Limited Atonement)

그리스도의 구속 사역은 오직 예정된 자들에게만 효과적으로 적

---

47) 김광채, 근세 현대 교회사, 기독교문서선교회, 2000, pp.97~99.

용된다.

4) 불가항력적 은혜(Irresistible Grace)

중생은 전적으로 선택을 기초로 한 하나님의 효과적 사역의 결과이며 하나님의 은혜가 주어질 때 인간은 이를 거부할 수가 없다.

하나님의 중생시키는 은혜는 인간의 자유의지의 동역(同役)을 전혀 필요로 하지 않는다.

5) 성도의 견인(Perseverance of the Saint's)

하나님의 선택함을 받은 사람, 즉 한번 중생한 사람은 하나님의 은혜로부터 결코 떨어져 나가지 않는다.

칼빈주의는 그 후 영국 웨스트민스터(Westminster)에서 영국과 스코틀랜드 대표자들이 3년 동안(1643~1646) 회의를 열었다. 이때 영국에서 121명의 성직자와 30명의 평신도와 스코틀랜드에서 4명의 성직자와 2명의 평신도가 모였다. 이들이 앞서 칼빈주의를 더 확대하고 신앙 고백과 요리 문답을 제정했다.

이렇게 개신교에는 아르미니우스(Arminian)를 추종하는 감리교, 성결교, 순복음 등이 있고, 칼빈주의(Calvinism)를 따르는 장로회가 있다. 이들 두 개의 주장들을 보면, 양쪽 모두가 자기 주장이 성경적으로 옳다고 하며 의견을 굽히지 않고 있다. 그러나 필자가 보기에 양쪽 다 허점들이 있다. 칼빈주의 주장의 가장 큰 허점은 예정에 관한 비성서적 주장이다. 필자는 성경의 예정 사상과 칼빈주의의 예정 사상의 명확한 차이를 필자의 《종교개혁사》에서 밝혔다.[48]

---

48) 정수영, 종교개혁사, 쿰란출판사, 2012, pp.372~379.

칼빈의 예정 사상 후유증이 250년간 개신교회들의 선교 사역을 가로막는 피해를 주었음을 《근세 교회사》에서 밝혔다.[49]

이 같은 근거에 의해 개신교들이 '성경' 외에 덧붙인 인간의 오물들로 인해 지금도 혼란을 자초하고 있는 것은 통탄할 일이라고 생각된다.

2. 교회 역사에서 성경 내용을 제하여 버린 것들

교회 역사에서 성경 내용을 제하여 버리는 일들은, 과거에 존속해 오던 정통 신학을 거부하고 인간의 주체적인 사고와 의의를 보다 적극적으로 인정하는 신학으로, 19세기부터 일어난 사상들이다. 이것을 통칭 자유주의(Liberal Theology)라고 한다. 자유주의는 세 단계를 거쳐 발전해 왔다.

1) 첫 번째 시기

자유주의 신학의 계보를 대략적으로 정리해 보겠다.

(1) 쉴라이에르마허(Schleiermacher, 1768~1834)
독일 할례대학에서 공부한 후 베를린 대학교수와 총장을 지냈으며, 조직신학, 철학 등 10권의 설교집을 남겼다.

그는 종교를 행위도 지식도 아닌 자의식의 감정, 자각의 연속이라고 했다. 종교 체험의 공통 요인을 절대 의존 감정이라고 했다. 종교

---

49) 정수영, 근세교회사, 쿰란출판사, 2022.

는 의존 감정으로 하나님을 체험할 수 있다고 했다. 이렇게 성경에 위배된 '의존 감정'을 종교로 인식한 그를 근대 자유주의 신학 선구자로 기억한다.

(2) 리츨(A. B. Ritschl, 1822~1889)

독일 루터파 조직신학자로 본대학교와 괴팅겐대학교 교수였다. 그는 《신학과 형이상학》, 《기독교 교훈》 등의 저서를 남겼다.

그는 하나님과 교회 간의 친교가 도덕적인 것으로 믿었고, '하나님의 진노'라는 개념을 거부했다. 그가 믿는 종교란 항상 사회적인 것이고, 각 개인은 단지 그리스도가 창설한 공동체의 결과들을 체험하는 것이라고 했다. 그가 믿는 하나님의 나라는 도덕적, 윤리적 이상향이었다.

(3) 궁켈(H. Gunkel, 1862~1932)

독일 괴팅겐대학에서 신약성경 주해, 할레대학에서 구약성경 주해와 이스라엘 문학사를 가르친 후 베를린대학, 기센대학, 할레대학에서 교수 생활을 했다.

그는 구약성경의 '양식 비평'을 발전시킨 최초의 학자다. '양식 비평'(from criticism)이란 기록된 본문 이전에 구두(oral) 전승을 연구하여 그것이 후대에 종교적, 사회적 요건들로 기록되었다는 가설이다. 이 같은 가설에 근거한 것이 '문서 자료설'이고 '편집설'이다. 성경은 출애굽기 17장 14절, 24장 4절, 34장 27~28절, 신명기 9장 10절 등을 근거로 모세가 5경을 기록했다고 하는 내용대로 '모세 5경'을 믿어오고 있다. 그런데 '문서 자료설'을 주장하는 몇몇 구약학자들은 모세 5경이 최소한 네 개의 문서들이 전승되던 것들이 후대에 편집된 것이라는 주장을 펼쳤다.

그들의 주장을 소개할 만한 가치도 없으나 이들의 상상적 주장을 근거로 저술된 주석책들이 시중에 유통됨으로 무가치한 자료를 식별하기 위해서 허황된 주장을 설명해 보겠다.

저들은 모세 5경 내에 하나님의 이름이 어느 부분에는 '하나님'으로 기록됐으나, 어느 부분에는 '여호와'로 기록된 부분을 근거로 가설을 만들었다.

예컨대 창세기 1장 1절~2장 3절까지는 하나님 이름이 '하나님'(엘로힘)으로 기록되었다. 그런데 창세기 2장 4절 이후에는 '하나님'과 '여호와'가 혼용되는 기록이 출애굽기와 민수기까지 이어진다. 이렇게 하나님 호칭이 다른 것을 근거로 몇 개의 문서들이 단편적으로 따로따로 전승되다가 후대에 종합 편집되었을 것이라는 가설이다. 저들이 주장하는 바는 다음과 같다.

① 최고로 오래된 J문서(여호와 문서)가 BC 10~9세기경
② 그다음 시기적으로 늦은 E문서(엘로힘 문서)가 BC 9~8세기
③ 신명기를 히브리어로 '데바림'(דברים)이라 하고, 이것을 번역하면 Deuteronomy가 된다.
    신명기 문서를 D문서라 하고 시기를 주전 7세기 때로 본다. 그 근거로 요시아 왕 18년(BC 622)에 성전에서 발견된 율법서(왕하 22장) 내용을 주장한다.
④ 마지막 P문서라는 것은 포로시대 때(BC 6~5세기) 제사장(Priest)적 입장에서 편집된 문서라는 것이다.

이와 같은 문서 자료들이 따로따로 전승된 것이 후대에 오늘날과 같이 오경으로 편집되었다는 가설이다.

이 같은 가설을 그대로 믿고 책을 출판한 주석들이 지금도 잔존하

고 있다. 그러나 이 같은 가설이 20세기 한동안은 통용되었지만 21세기 현대에 이 가설은 완전히 상상적 추론으로 거부당하고 있다. 이들 '문서 자료설'은 성경 진리를 성경 외에 더 추가시켰다가 몰락한 수치스러운 유산으로 기억되고 있다.

또 다른 가설이 있다. 벨하우젠(J. Wellhousen, 1844~1918)은 독일의 구약학 교수로 할레대학 교수였다. 마르부르크와 괴팅겐대학 교수로 지내면서 《이스라엘 역사》라는 저서를 남겼다.

또 독일의 디벨리우스(O. Dibelius, 1880~1967)는 루터교 목사였다가 면직당한 후 공산주의의 투쟁자가 되어 WCC 의장(1954~1961)이 되었다. 또 불트만(R. Bulmann, 1884~1976)이라는 독일의 신약학 교수가 있다. 이들이 '양식 비평'(from-criticism)을 신학에 도입했다.

특히 불트만은 마르부르크대학의 신약학 교수로 《공관복음 전승사》, 《신약성경과 신화》(Neus Testament und Mythologic, 1953)라는 저서를 남겼다. 불트만에 의하면 모든 성경에는 '신화'(神話)적 요소들이 많이 담겨있다. 창조 신화, 노아 홍수 신화, 처녀 탄생 신화, 부활 신화 등이다. 신화적 요소를 비신화화(非神話化, Entmythologisierung)해내고 순수한 하나님의 메시지인 케리그마(Kerygma)을 찾아내야 한다고, 했다. 이 같은 불트만에 의하면 천국, 지옥도 다 신화적 표현에 불과하다.

필자가 1960년대 불트만의 비신화화 신학을 배운 후 끝이 없는 타락으로 추락한 쓰라린 경험이 있다. 이 모든 신학은 인간들의 학문적 가설일 뿐 정확한 학문도 아니고, 더구나 성경의 진리를 축소시키고 사람들의 상상을 추가한 성경의 말씀 이외에 덧붙이는 죄악의 역사다.

아직도 강단에서 '케리그마' 운운하는 목사들이 현존하고 있는 것을 보면 참으로 개탄스러운 것은, 저들이 성경 자체보다는 인간에 불과한 사람들의 편견과 개인 견해를 성경보다 더 믿고 있다는 사실이다. 이것이 유럽 세상에서 이루어진 20세기의 현상이었다. 이 같은 성경 사실보다 인간의 이성 중심의 유럽 신학이 초자연적인 모든 내용을 다 배제시켰다.

이 같은 유럽의 이성 중심의 신학이 미대륙으로 건너갔다. 미국에서 20세기의 신학은 기독교가 현실적, 윤리적 종교로 각색이 된다. 그래서 미국에서는 '사회 복음'(social gospel)으로 번져갔다. 미국의 라우센부쉬(W. Rauschenbush, 1861~1918)는 독일의 경건주의, 자유주의, 칼빈주의를 모두 체험하였다.

스스로 기독교 사회주의를 자처하며 사회 개혁자로 나섰다. '천국형제회'(1892)를 조직하고 개인 구원보다는 사회 구원을 강조했다. 하나님 나라는 사회악이 척결되고 부조리가 척결되어야 가능하다고 했다. 그는 노동조합, 복지 향상, 부의 평등화를 주장했다. 같은 때 뉴욕신학교 교수인 니버(R. Niebuhr, 1892~1971)가 바르트와 브룬너의 영향을 받고 라우센부쉬를 계속 공격하고 비난했다. 그로 인해 '사회복음'이 더 많이 알려지게 되었다.

라우센부쉬의 '사회 복음'은 훗날 수많은 다른 신학들을 만들어냈다.

2) 두 번째 시기

유럽이 자유주의 신학으로 좌경화되고 미국이 사회 복음으로 윤리적 종교로 전락할 때, 이에 대한 반동으로 스위스에서 두 명의 신학자가 나온다. 그들은 바르트(K. Barth, 1886~1968)와 브룬너(E. H.

Brunner, 1889~1966)다.

먼저 바르트를 살펴보자. 그는 스위스 출신으로 초기에는 스위스 제네바의 자펜빌에서 목회했다. 그는 1919년 《로마서 주석》 출판의 명예로 독일 괴팅겐, 뮌스터, 본대학의 교수가 되었다. 그리고 제2차 세계 대전 후에는 스위스 제네바 바젤대학 교수로 종신했다. 그는 유럽의 자유주의 신학과 대결해 '계시 신학'이라는 새로운 근대 신학의 영역을 개척했다. 그가 《교회 교의학》(1932~1967)이라는 13권의 저서를 남겼는데, 이 저서는 20세기 최고의 고전으로 평가받고 있다. 그런데 그가 주장하는 '하나님의 말씀'의 범주는 세 가지를 말한다. 그것은 ① 기록된 성경 ② 예수 그리스도 ③ 선포되는 말씀이다.

바르트에 의하면 목회자들이 강단에서 설교하는 것도 성경과 동일한 '하나님 말씀'이라고 한다. 그의 신학 방법이 '변증법적 신학파'라는 신학운동이 말해 주는 것처럼, 이들의 신학은 '지각'이나 '경험' 따위를 인정하지 않고 '개념'에만 집중하여 분석하는 학문 연구 방법이다.

그런데 성경에 과연 지각, 경험은 없고 개념만 있는가? 성경의 수많은 성경 기록자들의 지각과 경험은 헛소리인가? 그를 신정통주의자라고 평가하지만 필자가 보기에는 그는 자유주의자에 불과하다. 필자는 1960년대 그의 《교의학 개요》를 조직신학 과목으로 배웠다. 1960년대 《교의학 개요》를 몇 년 동안 배웠으나 기억되는 것은 아무것도 없다. 그는 자유주의자들에 비해 성경을 많이 주장하지만, '성경'을 설교자의 설교까지 포함시킨 자유주의자에 불과하다고 본다.

3) 세 번째 단계

초자연적이고 절대적 신이신 하나님을 부인하고 기독교란 단지 사회 참여에 이익을 주는 공익 집단으로 보는 사조가 현대 신학을 이룬다.

이들의 이름들만 정리해 보겠다.

⑴ 사신 신학(The Death of God Theology)

미국 개신교에서 1960년대 알타이저(1927~현재)라는 성공회 신학자와 반 뷰렌(Van Buren), 해밀턴(W. Hamilton) 등이 주장한 급진 신학이 있다. 하나님은 현 인간 세상에 전혀 무능한 죽은 자라는 것이다.

⑵ 세속화 신학(Secularization)

본회퍼(D. Bonhoeffer, 1906~1945), 하비 콕스, 고가르텐, 틸리히 등이 주장한 급진 신학이다.

이들은 교회와 사회의 분리를 인정하지 않고 교회는 이 세상의 모든 문제를 위임받은 책임자로 믿는다.

⑶ 상황 윤리(Situation Ethics)

미국 J. 플레처(Fletcher) 교수가 새 도덕(The New Morality)을 제시했다. 그는 윤리란 ① 율법주의 ② 반율법주의 ③ 상황윤리가 있다고 했다. 어떤 행위의 정당성을 영원불변하는 법이나 보편적 관습보다는 발생된 상황에 따라 이웃 사랑의 원리에 의해 선택되어야 한다고 했다.

⑷ 해방신학(Theology of Liberation)

이 신학 배경은 마르크스주의와 바르트의 종말론, 본회퍼의 정치신학, 남아프리카 촌락, 엘살바도르 피난민촌, 스리랑카의 가난한 방직공장의 근로자들이 배경이 된다.

이 신학은 1960년대 후반의 남미 구티에레스(G. Gutierrez)가 주장한 것으로 알려져 있다.

(5) 민중 신학(Minjung Theology)

1970년대 중반 이후 안병무, 서남동, 현영학, 서광선 등이 민중 신학을 형성했다.

'민중'(民衆)이라는 말은 복음서 안에 '무리'라는 단어로 이 '오클로스'(οχλος)가 약 90여 회 반복 사용되었다. 이들 '무리'를 한국어로 번역하면 '민중'이 된다. 이들 민중은 예루살렘 거민들이 아닌 주로 갈릴리 주변의 빈민들이었다.

"갈릴리 민중은 예수님이 3년간 함께한 상징이고, 예루살렘은 지배 계층의 상징이다. 예수님은 민중세력으로 지배 계층을 무너뜨리기 위해 행동했다. 따라서 오늘날의 예수는 많은 군중들인 집단 무리들 속에 있다. 민중이 주도하고 다수가 주인이 되는 교회가 참된 교회이다. 민중에 의해 실현되는 해방이 곧 하나님 나라"라고 한다. 거의 공산주의 이론과 비슷한 논리이다.

주님의 사역이 서민들을 대상으로 이뤄진 것은 맞는 말이다. 주님은 그토록 사랑하고 애정을 쏟아 병든 자, 가난한 자, 억압당하는 자들에게 생애를 다 쏟아 돌봐 주셨다. 그러나 주님은 저들에게 배반당하고 십자가에 죽으셨다(마 27:25; 막 15:8~15; 눅 23:18~25; 요 18:38~40).

민중신학자들은 예수님이 '민중들'과 동행한 것만 주장하고 예수님이 '민중'들에게 죽으신 것은 외면한다.

이 같은 민중 신학은 1970년대에 시작되어 박정희 대통령 독재를 타도하는 데 공헌했다. 그러나 그 민중 신학이 1980년대 이후 김대중, 노무현, 문재인 대통령의 좌파 운동권에 이용되고 있다.

왜냐하면 좌파들의 사상인 사회주의 사상과 연관성이 있기 때문이다.

(6) 기타

그 외에도 토착화 신학(Indigenization) 영향으로 타 종교를 제대로 잘만 믿으면 구원을 얻는다는 고 김수환 추기경의 주장이나, 복음에는 "3중 복음"(三重福音)이 있다는 조용기 목사의 주장, 김기동의 "축사"(逐邪) 신학 등등은 모두가 성경에 근거 없는 것들을 덧붙여서 인위적으로 만든 인본적 견해들이다.

결어

사도 요한은 요한계시록의 기록자이다.

그는 요한계시록을 기록한 끝에 두 가지를 경고했다. 하나님께서는 요한계시록으로 모든 계시의 예언을 종결시키셨다. 그렇기에 요한계시록 외에 다른 것을 덧붙이거나 제하여 버리지 말라고 명하셨다.

만일에 이것들 외에 다른 것을 덧붙이는 자에게는 재앙을 더할 것이고, 이 내용을 제외시키면 그에게 '거룩한 성' 참여를 제하여 버리신다고 하였다.

그런데 교회 역사를 보면 가톨릭교회가 헤아릴 수 없이 많은 깃들을 덧붙여 놓았다. 그리고 개신교 신학자, 지도자들이 수많은 것을 덧붙이기도 했으며 제해 버린 것도 있다. 이 두 부류의 양극단의 참상을 명확히 깨닫고 '오직 성경'만의 참된 신앙을 회복할 수 있기 바란다.

6) 이것들을 증언하신 이가…내가 진실로 속히 오리라(계 22:20a)

"이것들"이란 '타우타'(ταῦτα)로 복수 지시 대명사다. 따라서 "이것들"이라는 의미는 요한계시록 내용 전체를 뜻한다.

또 "증언하신"이란 말은 '마르튀론'(μαρτυρῶν)이다. 이 말 역시 '증거하다', '증언하다'라는 뜻을 지닌 '마르튀레오'(μαρτυρέω)의 현재 분사다. 이 말도 본 계시록 내용 자체를 말한다. 따라서 "이것들을 증언하신 이"는 명백하게 예수 그리스도를 의미한다. 왜 이 말이 필요한가?

계시록 안에는 수많은 환상과 이해하기 힘든 상징과 또 미래의 예언들이 가득 차 있다. 그런데 그 모든 내용이 사도 요한의 독단적 기록이 아니라 바로 예수 그리스도에 의해서 주어진 내용들이라는 뜻이다. 그래서 "이것들을 증언하신 이는 곧 예수 그리스도"라는 선언이다.

그러면서 뒤에 이어지는 내용이 "내가 진실로 속히 오리라"고 하신다.

여기서 "내가"는 '에르코마이'(ἔρχομαι)로, 예수님 자신을 말한다. "내가 속히 오리라"는 말은 계시록 안에 세 번이나 거듭된 예수님 자신의 천명이었다.

계 1:1 "예수 그리스도의 계시라"
계 1:8 "장차 올 자요"
계 22:7 "보라 내가 속히 오리니"
계 22:12 "보라 내가 속히 오리니"
계 22:20 "내가 진실로 속히 오리라"

예수 그리스도께서 세 번이나 거듭해서 "내가 속히 오리니"라고 하셨다. 왜 주님은 똑같은 내용의 말을 거듭 세 번이나 말씀하셨는가? 이 선언 속에는 두 가지 의미가 있다. 첫째는, 내용 그대로 주님이 속히 오실 것을 거듭거듭 확증해 주시는 의미가 있다. 둘째는, 모든 그리스도인들에게 속히 올 것이므로 준비를 철저히 하라는 경고적 의미가 있다.

그 같은 의미가 담긴 것이 계시록 22장 11절의 경고의 내용이다.

이 모든 것을 종합하면 "때가 찼고 하나님 나라가 가까이 왔으니 회개하고 복음을 믿으라"(막 1:15)는 말로 요약할 수 있다.

7) 아멘 주 예수여 오시옵소서(계 22:20b)

주님께서 "내가 진실로 속히 오리라"고 선언하셨다.

그 선언을 들은 요한은 즉각적으로 "아멘 주 예수여 오시옵소서"라고 화답하며 주님 오심에 대한 간절한 대망을 피력한다. 여기서 우리는 사도 요한의 간절한 대망의 신앙 정신을 바르게 살펴봐야 하겠다.

사도 요한의 간절한 대망은 비단 사도 요한에 국한된 소망이 아니라, 과거의 모든 교회와 오고 오는 모든 세대와 모든 피조물의 간절하고 사무치도록 그리운 만 세대의 소망이기도 하다.

우선 여기서는 사도 요한의 "아멘 주 예수여 오시옵소서"라는 이 간절한 문장상의 의미부터 살펴보자. 먼저 '아멘'이라는 단어를 되새겨 보자. '아멘'은 원문에도 그대로 '아멘'(Ἀμήν)이다.

누가 말하기를 전 세계 그리스도인들이 다 통하는 공용어가 '할

렐루야', '샬롬', '아멘'이라고 했다. '아멘'이라는 말의 뜻은 "조금 전까지 진술하고 고백한 모든 내용에 대해서 나도 기꺼이 동의하고 확신합니다"라는 뜻이다. 우리 그리스도인들은 대표자의 기도이든, 자기의 기도이든, 그 누구의 기도를 듣고 "예수님의 이름으로 기도합니다"라고 한다.

전 세계 교회들 중 '예수님 이름'이 아닌 '성인'(聖人)들 이름으로 기도하는 곳이 가톨릭교회이다. 그런데 성경에는 기도 끝에만 '아멘' 하는 것은 아니다(신 27:15; 대상 16:36; 느 5:13; 시 41:13, 72:19, 89:52; 렘 11:5; 롬 1:25, 9:5, 11:36, 15:23, 16:27; 갈 1:5; 엡 3:21; 빌 4:20; 딤전 6:16; 딤후 4:18; 벧후 3:18 등). 그리고 계시록의 많은 곳에 '아멘'이 기록되었다.

이 모든 곳에는 자신이 스스로 감격해서 '아멘'을 외치고, 또 다른 이의 의견에 동의할 때도 '아멘'이라고 한다. 특히 설교 중에 아멘이 풍성할 때 은혜가 충만한 증거다. 그렇기에 아멘은 기도 끝에만 해야 한다는 인식은 잘못된 것이다. 사도 요한은 주님께서 "내가 속히 오리라"고 하시자 즉각 '아멘'을 한다.

다음에 또 중요하게 깨달을 말이 있다. 그 말이 "주 예수여 오시옵소서"라는 말이다. 이 말의 원문은 '아멘 에르쿠 퀴리에 이에수'(Ἀμήν ἔρχου κύριε Ἰησοῦ)다. 여기 "주 예수여 오시옵소서"라는 말은 초대교회로부터 지금까지 주님이 속히 재림해 오시기를 갈망하는 모든 성도의 인사말이고, 더 나아가서 초대교회 때에는 주의 만찬 때 공식적인 기도문이었다.

"주 예수여 오시옵소서"라는 말이 아람어로 "마라나타"(מרנא תא)다. 그 말을 헬라어로 음역한 것이 '마라나다'(Μαραναθα)였다. 주님이 다시 이 땅에 오시기를 간절히 기다리는 이들이 어떤 이들인가? 단지 종말론 신앙을 밝히 아는 자들일까? 아니다. 주님이 다시 오시는 문제에 인류 대부분은 무관심하다. 그러나 주님이 다시 오시기를 대망하는 부류가 의외로 많이 있다. 그 내용을 본 강해 마지막 (설교 23) "주 예수여 오시옵소서"로 정리해 보겠다.

8) 주 예수의 은혜가 모든 자들에게 있을지어다 아멘(계 22:21)

여기 요한계시록의 마지막 말은 축도적 서신 형식의 결론 표현이다. 우리가 아는 바와 같이, 바울의 서신서들은 처음에 인사말로 시작하고 결론부에는 축도로 끝낸다.

로마서 1장 1절에 "예수 그리스도의 종 바울은"이라는 인사말이 마지막 16장 27절에 "예수 그리스도로 말미암아 영광이 세세무궁토록 있을지어다 아멘"의 축복으로 끝이 난다. 고린도전서 1장 1절의 인사말이 16장 23~24절 축도로 끝난다.

여기 사도 요한도 계시록 1장 4절에 "요한은 아시아에 있는 일곱 교회에 편지하노니"라는 서신 형식으로 계시록을 시작했다. 그리고 마지막 22장 21절에는 "주 예수의 은혜가 모든 자들에게 있을지어다 아멘"으로 서신 형식의 결론을 맺는다. '은혜'는 값없이 주시는 하나님의 선물이고, '모든 자'는 말 그대로 모든 인류에게 주어져야 하는 은총인 것이다.

(설교 23)

주 예수여 오시옵소서(계 22:20)

 서론

"주 예수여! 오시옵소서."

이 말은 초대교회 성도들이 주님의 재림을 갈망하는 염원으로 '마라나타'(מרנא תא, Μαραναθα)라는 용어로 쓰였다고 했다.

초대교회는 주후 33~100년간의 시대에 속한 교회였다. 초대교회의 '마라나타' 갈망 신앙은 300여 년까지 계속 불타올랐다. 그런데 313년 기독교가 로마제국의 국교로 선포된 이후에 마라나타 신앙은 점점 퇴색하기 시작한다.

기독교가 정치의 특혜 속에 현실 세상 재미를 누리게 되면서 먼 훗날에 있을 재림 신앙은 점점 퇴색된다. 500년 이후에는 신앙의 내용은 사라지고 껍데기 형식들만 번성한다.

이렇게 껍데기 형식들이 신학과 법률로 제도화되면서 중세기 1000년간은 내용은 완전히 사라지고 종교의식들만 번창한다. 그래서 중세기 때 최고로 종교의식이 많을 때는 40여 가지의 성례 의식들이 생길 정도였다.

그 같은 형식 종교 가톨릭이 종교개혁의 철퇴를 맞는다. 뒤늦게 정신을 차린 가톨릭교회는 수십 가지 의식들 중 일곱 가지 성례만 인정하는 칠성사(七聖事)로 낙착된다. 가톨릭의 비성서적 칠성사는 그 후 지금까지 전승되고 있다. 문제는 가톨릭이 중생의 진리를 외면하고 칠성사로 구원받는다고 가르쳐 오고 있다는 사실이다.

가톨릭이 비성서적이라고 종교개혁을 일으킨 것이 개신교들이다. 개신교들 중에 칠성사를 세 개로 줄인 루터교와 성공회가 있고, 두 개로 줄인 장로교가 가톨릭보다는 많이 개선되었다고 할 수는 있다.

그러나 세 개든 두 개든 그 의식이 곧 구원받는 것인 양 여전히 의식주의가 계속해서 전승되고 있는 것이 현실이다. 이렇게 일곱 개든 세 개든 두 개든 의식주의에 침식되어 있는 자들에게서는 주님의 재림을 대망하는 신앙이 생겨날 수가 없다. 왜냐하면 잘못된 의식주의로 구원을 받지 못한 영적으로 죽은 자들이기 때문이다.

"주 예수여! 오시옵소서."

이 같은 주님의 재림을 사모할 수 있는 자들은 반드시 창조와 종말에 대하여 제대로 깨달은 자들이 가능하다.

창조신앙과 종말신앙, 이 두 가지는 알파와 오메가다(계 1:8). 필자는 여기서 알파와 오메가를 제대로 알고 있는 세 종류의 부류들을 소개하도록 하겠다.

1. 순교자들(계 6:9~11)

이 내용을 계시록 강해 2권에서 설명했다. 그렇기에 "하나님의 말씀과 그들이 가진 증거로 말미암아 죽임을 당한 영혼들"을 초대교회 이래 시금까지 산 생명이 끊겨진 순교자들로 이해한다. 순교자들은 어느 때 생겼는가?

폭스(J. Foxe, 1516~1587)가 저술한 《순교 열전》(*Book of Martyrs*, 1536)

에 의하면 순교의 역사는 초대교회 때 비롯되었다.

　바울 사도가 순교당한 것은 성경적, 역사적 정황으로 확실하다. 그러나 베드로는 성경적으로 보면 순교한 사실이 없다. 베드로 순교 설화는 그의 사후 300년이 지난 후 가이사랴의 감독이며 교회사가인 에우세비우스(Eusebius, 265~339)의 《교회사》라는 저술에서 비롯되었다. 사도들 이후의 교회 지도자들인 '교부들'(Fathers)이었다.

　이들 "교부들은 100~500년 어간의 교회를 이끌어간 지도자들이다. 이들 중 300년 이전에 황제들에게 순교당한 교부들을 필자의《교부시대사》에 밝혔다.[50] 그 후 중세기까지 가톨릭교회가 자기들 교리를 따르지 않은 자들을 헤아릴 수 없이 많이 죽인다. 그렇게 가톨릭교회가 1000여 년 동안 자기들 교리를 따르지 않는 자들을 색출해 내는 방법이 마녀사냥이었고, 특히 마녀사냥이 극심한 때가 1590~1610, 1625~1635, 1660~1680년 사이였다.

　이 사이에 희생된 숫자가 10만 명이 넘는다고 하는데 그들의 이름도 뒤처리도 모른다. 그리고 중세기 가톨릭은 '교회법'이 세상 국가법을 능가했다. 그와 같은 교회법으로 종교재판(Inquisition)을 시행했다. 종교재판의 최초 시작은 제170대 교황 알렉산데르 Ⅲ세(1159~1187)가 투르 공의회(1163) 때 시작했다.

　알렉산데르 3세 교황은 이단들로 지목한 카타리파(Cathari)에게 군주들을 통해 재산 몰수, 투옥을 지시했다. 그래도 이단들이 창궐하자 종교재판에 의한 심문(inquest)으로 전환시켰다.

　이렇게 희생당한 카타리파는 가톨릭에 의해 이단으로 기록되어서 전승되어 오고 있다.

---

50) 정수영, 교부시대사, 쿰란출판사, 1914.

그러나 필자는 교황이 이단이었고 카타리파는 가톨릭 신앙을 거부하는 분리주의자로 정정했다.[51]

그 후 종교재판 제도는 계속해서 교황들이 주도해 나갔다. 제176대 교황 인노첸시오 3세(1198~1216)는 종교재판을 가장 강렬하게 실시함으로 영국, 독일, 프랑스가 그에게 굴복했다. 또 제178대 교황 그레고리오 9세(1227~1241), 제212대 교황 식스토 4세(1471~1484) 등은 종교재판으로 세속 당국자들을 활용해서 헤아릴 수 없이 많은 사람들을 죽였다. 종교재판에 온건한 것은 투옥, 재산 몰수, 노란 십자가 표지를 달고 사는 것, 금식, 자선행위, 채찍질, 순례 강요 등도 있었다. 그러나 대부분은 화형, 교수형 등의 참살을 당했다. 이렇게 교황들이 추진한 종교재판의 대상들은 카타리파만이 아니었다.

보고밀(Bogomiles), 네스토리안(Nestorians), 앙리파(Henrisians), 알비파(Albigenses), 발도파(Waldenses) 등이다.

중세기 때 유럽에는 로마 가톨릭만 존재한 것이 아니라 수많은 성경적 진리를 따르는 분리주의자들이 있었다. 그들 대부분이 교황의 독재로 순교를 당했다. 그런데 그들이 죽은 후 교회 역사에서는 이름들이 사라졌다. 그러나 계시록 6장 9~11절에는 "하나님의 말씀과 그들이 가진 증거로 죽임을 당한 영혼들"이 제단 아래에서 호소한다.

"우리 피를 갚아주지 아니하시기를 어느 때까지 하시려 하나이까?"

과거 황제들에게 순교당한 자들, 과거 교황들에게 순교당한 자들, 과거 히틀러, 스탈린, 모택동, 김일성에 의해 순교당한 자들, 이슬람국가에 선교하다 순교당한 자들 등 모든 순교자들이 "주 예수여 오시옵소서"라고 대망히고 있다.

---

51) 정수영, 중세교회사Ⅱ, 쿰란출판사. 2017, pp.746~756

2. 주님 재림을 사모하는 성도들(딤후 4:8)

주님이 다시 오시기를 사모하는 성도들은 초대교회 때부터 현재까지 계속 이어져 오고 있다. 주님이 다시 오시기를 사모하는 이들의 공통점이 있다. 그것은 그들 모두가 물과 성령으로 거듭난 성도들이라는 것이다(요 3:5).

거듭나지 않은 자가 의식을 집행할 수 있고, 설교할 수 있고, 성경과 신학에 관한 글도 쓸 수 있다. 그러나 그들의 말과 글이 성도들을 살찌게 하지 않고, 분노를 일으키고, 분쟁을 일으키며, 많은 이들을 잘못된 길로 가게 하는 자들은 성령으로 거듭난 자라고 볼 수가 없다.

성령으로 거듭난 자의 말과 글과 행위 속에는 반드시 주의 재림에 대한 갈망이 담겨 있다. 그러나 거듭나지 않은 자들의 말과 글에서는 주님의 재림에 대한 갈망이 없다. 설사 갈망한다 해도 기회에 따라, 환경에 따라, 형편에 따라 수시로 변화가 무쌍하게 반복된다. 진정으로 거듭난 성도만이 한결같이 주님의 재림을 갈망하고 세월이 흐를수록 그 갈망의 정도가 더욱더 강렬해진다.

교회에서 주님의 재림에 관한 설교가 1년에 몇 번 정도 선포되는가? 그 시행 정도의 분량과 열정이 곧 재림 신앙 반영의 척도다.

어떤 성당이나 교회에서는 1년에 한 번도 종말에 관한 각성이 없다. 그 교회는 겉모양만의 형식적 종교 형태다. 그렇다고 해서 매주 종말론 설교를 해야만 되는 것은 아니다. 핵심은 그의 삶의 목표 전체가 항상 종말을 의식하고, 아무 때든지 주님이 오셔도 좋다는 삶 자체가 주님을 사모하는 삶이 되어야 한다.

안타까운 사실은, 종말론 강조자를 마치 사이비 이단 종교시하는 풍조다. 길거리나 공원이나 동네 마을에서 전도하는 이들이 있다. 특히 신천지 신자들의 열정이나 말일 성도 신자들의 열정은 그 누구도 흉내 낼 수가 없다. 그와 같은 이단 집단들은 열정이 있는데 왜 정상적 교단들은 잠잠한가? 핵심은 주님 재림 신앙의 부재라고 본다.

3. 만물의 피조물들(롬 8:18~23)

우리는 주님의 다시 오심을 사람들만 사모하고 있는 것으로 착각하며 살아간다. 그러나 로마서 8장의 진리는 사람뿐만 아니라 만물의 피조물들도 주님의 재림을 사모해 오고 있음을 알 수 있다. 여기 이 내용은 오늘날 많은 미래학자들이 염려하는 미래의 지구의 위험을 예고하는 지구의 환경 파괴와도 연관된 내용이다.

지구의 온난화, 생태계의 파괴, 환경오염, 쓰레기로 인한 지구의 죽어 감 등 이 모든 사실이 오늘의 본문에서 암시되고 있다. 오늘의 본문을 이와 같은 현실 문제와 결부시켜 생각을 해보자.

1) 피조물이 고대하는 바는 하나님의 아들들이 나타나는 것이니(19절)

(1) '피조물'이란 '테스 크티세오스'(της κτίσεως)다.

피조물이라는 말은 하나님에 의해 창조된 모든 것을 뜻한다(창 1장). 하나님에 의해 창조된 피조물들은 다 멸절되는 것이므로 영원하신 하나님과 엄밀하게 구별되어야 한다(사 40:6~8). 따라서 하나님께서 만드신 창조물들을 하나님처럼 섬기거나 굴복하는 행위는 엄격하게 구별해서 금지시키셨다(롬 1:23~25).

모든 피조물 중에 인간만은 하나님과 인격적 교제가 허용된 존재였다. 그런데 타락으로 인해 새롭게 거듭나야 하는 구속의 은혜를 입어야만 되도록 새로운 은총이 주어졌다. 그리고 인간의 타락으로 피조물들은 이제까지 함께 탄식하며 함께 고통을 겪고 있다(롬 8:22).

분명한 것은, 인간의 타락으로 피조물들이 고통을 당하게 되었다는 것은 창세기 3장 17절부터 19절에 기록된 사실이다. 그 후로 피조물이 하나님의 아들들이 나타나기를 고대해 오고 있다.

(2) '하나님의 아들들'이란 '톤 휘온 투 데우'(των υιων του θεου)다.

성경에는 '하나님의 아들'이라는 개념이 매우 다양하게 나타난다. 그렇기에 본문에서 하나님의 아들들이란 누구를 뜻하는지를 구별해야 한다.

① 천사(욥 1:6, 2:1, 38:7)
② 창조된 인간(사 64:8; 눅 3:38)
③ 하나님과 계약 관계에 있는 이스라엘(출 4:22)
④ 예수 그리스도(마 3:17, 17:5; 눅 1:35)
⑤ 예수 그리스도를 믿는 자들(요 1:12, 14:6~24)

이 모든 뜻 가운데서 로마서 8장 19절의 "하나님의 아들들"이란 ⑤의 중생한 그리스도인들을 의미한다.

(3) 하나님의 아들들이 나타나기를 피조물이 고대한다.

여기서 말하는 피조물이 하나님의 아들들 나타나기를 고대한다는 말은 종말론적 의미로 이해된다. 피조물들이 인간의 타락으로 고통을 당해 오고 있다. 그런데 피조물들의 고통이 끝나는 때가 온다. 그때가 천년왕국(계 20:4~6) 이후다. 따라서 피조물들이, 하나님의 아들이 된 중생한 그리스도인들이 주님의 재림으로 천년왕국이 성취되어서 천년왕국에 살게 될 날을 고대한다는 것이다.

여기 "나타나기를"이라는 말은 '아포칼립신'(ἀποκάλυψιν)이다. 이 말은 '계시'(啓示)라는 말 '아포칼뤼피스'(ἀποκάλυψις)와 같은 말이다. 이 말은 숨겨져 있는 것들이 베일을 벗고 정체를 드러낸다는 뜻이다. 따라서 하나님의 아들들이 나타나기를 피조물이 고대한다는 말에는 엄청난 신학적 의미가 담겨 있다.

피조물들은 인간의 타락으로 덩달아서 큰 고통을 당해 오고 있다. 그런데 그 피조물들이 인간처럼 자기 의사를 직접적으로 표현하지 못하고 인간들의 횡포대로 계속 희생만 당해 오고 있다. 그러나 피조물들은 자기들이 인간으로부터 해방될 자유의 때를 알고 있다. 그때가 어느 때인가? 그때가 중생한 하나님의 아들들이 영광스럽게 되는 때이다. 하나님의 아들들이 영광스럽게 되는 때는, 주님이 재림하실 때 썩을 육체가 아닌 신령한 영체로 변화되는 때이다(고전 15:47~48, 53~54).

그 사실을 알고 있는 피조물들은 하나님의 아들들이 영광스런 몸으로 회복되는 때를 고대하고 있다.

(4) '고대하는 바'라는 말은 '아포카라도키아'(ἀποκαραδοκία)다.

이 단어는 '~으로부터'라는 뜻의 전치사 '아포'(ἀπο)라는 단어와 또 '머리'라는 뜻의 명사 '카라'(καρα)와 '생각하다', '보다'라는 뜻의 동사 '도케오'(δοκέω)의 합성어다.

문자적인 뜻은 '머리를 길게 빼고 지켜보다'는 뜻이지만, 이 말의 원의미는 '간절한 기대나 간절한 대망'을 나타낸다고 할 수 있다. 이 단어의 번역도 다양하다.

KJV는 "열렬한 기대"(earnest expectation), NASB는 "간절한 기대"(eager expectation), 루터의 독일어 번역은 "불안해하는 혹은 걱정스러운 기다림"(angstlich harren)이라고 번역했다. 표준새번역과 공동번역은 "간절히"라고 했다. 그런데 개역개정만은 단순하게 "고대하는"이라고 번역되었다. 이 모든 번역들의 일관된 의미는 피조물들이 막연하게 기다리고 있는 정도가 아니라 우리나라 말로 눈이 빠지게 기다리고 있다는 것이다.

2) 피조물이 허무한 데 굴복하는 것은 자기 뜻이 아니요(20절)

피조물들이 왜 주님 재림을 갈망하고 있는가? 그 이유는 허무한 데 굴복하는 것이 자기의 본의가 아니기 때문이라는 것이다.

(1) '허무한 데'라는 말은 '마타이오테티'(ματαιότητι)다.
이 말은 '무익함', '쓸데없음', '목적 없음'을 뜻한다.
모든 피조물이 인간의 타락 이후 헛된 것, 의미 없는 것에 예속된 채로 남용되어 오고 있다는 것이다. 이 단어와 비슷한 의미로 구약성경에 쓰인 단어들이 있다.
욥기 14장 1절의 "짧고", 시편 103편 14절의 "단지 먼지뿐", 전도서 1장 2절의 "헛되고"라고 하였다. 이 단어의 번역도 다양하다. 루터의 독일어 성경에는 "공허"(Eitelkeit), KJV는 "헛된 것"(Vanity), NASB는 "쓸데없음"(Futility), NIV는 "좌절"(Frustration), 공동번역은 "제구실을 못하게 된 것", 표준새번역은 "허무에 굴복"이라고 번역되었다.
사실 인간의 타락 이후 모든 피조물들은 인간들의 끝없는 이기심들로 마음껏 남용되고 파괴되고 전용되어 오고 있다.

⑵ 굴복하는 것은 자기 뜻이 아니다

"굴복하는"이라는 말은 '휘포탁산타'(ὑποτάξαντα)다. 이 말은 명사가 아닌 동사로 '예속되었다', '복종당했다'는 뜻이다. 이 단어가 부정과거시제로 피조물이 허무한 데 굴복당한 것이 과거의 사건이었음을 밝히고 있다.

피조물이 인간들에게 예속된 과거의 사건이 언제 있었는가? 그것은 창세기 3장 17~19절의 내용을 의미한다. '모든 피조물들'이란 우주만물 삼라만상을 뜻한다.

우주 만물의 태양계와 지구와 모든 땅 위의 생물들과 바다의 생물들이 창조 이래 계속 수난을 겪어오고 있다. 그것을 인간들이 체험하면서 알게 된 정도에 따라 다양한 말로 표현해 오고 있다. 인간들은 태풍, 지진, 기근, 홍수라는 말로 표현을 한다. 이렇게 허무한 것들에 굴복하며 끌려가는 것이 결코 피조물 자체의 뜻이 아니라는 것이다.

⑶ 피조물도 썩어짐의 종 노릇 한 데서 해방되어 하나님의 자녀들의 영광의 자유에 이르는 것이니라(21절)

① 피조물이 썩어짐의 종 노릇을 하고 있다.

"썩어짐"은 '프도라스'(φθορᾶς)다. 인간들이 전쟁을 치르고 상대를 죽여가면서 이루어 놓은 문명이라는 모든 것들은 세월이 지나고 나면 다 쓸모없는 '썩어질 것들'이다. 이집트의 피라미드(Pyramid) 한 개를 건립하려고 10만 명의 인력이 20년을 걸쳐서 피리미드 하나를 건축했다. 그것이 오늘날 무슨 쓸모가 있는가?

로마에는 약 5만 명의 관중들이 수용할 수 있는 콜로세움(Colosseum)이라는 원형 투기장이 있다. 유대인 포로들이 10년간 강제 노동으로 이루어 놓은 것이다.

그 경기장이 지금은 폐허가 되어 유물로만 남아 있다.

중국의 만리장성은 주전 700년경부터 주전 221년까지 500여 년 동안 5,000km를 축조해 놓았다. 그러나 오늘날 만리장성은 관광물에 불과하다. 이 세상 어느 나라든 과거 위대한 것이라고 만들어 놓은 것들은 지금은 모두가 썩어 없어지는 허무한 것에 불과하다.

피조물들은 타락한 인간들이 이렇게 썩어지는 것을 알면서 종처럼 끌려가고 있다.

② 피조물들은 종 노릇에서 해방되어 하나님의 자녀들이 영광의 자유에 이르게 될 것을 대망해 오고 있다.

여기 "해방되어"는 '엘류데로데세타이'(ἐλευθερωθήσεται)다.

이 단어는 자유라는 단어 '엘류데리안'(ἐλευθερίαν)과 같은 말로 수동태로 쓰였다. 그렇기에 피조물 스스로는 자유 해방을 얻을 수 없다. 외부적인 힘인 "하나님의 자녀들의 영광" 때에 종 노릇에서 해방이 될 것을 믿고 있는 것이다. "하나님의 자녀들의 영광"을 얻을 때가 어느 때인가?

그때가 18절에 "장차 우리에게 나타날 영광"의 때인 주님 재림의 때이다. 주님 재림 때에는 모든 중생한 성도들이 영광의 부활의 몸으로 변화된다. 그렇게 "하나님의 자녀들의 영광"의 때에 모든 피조물들도 종 노릇에서 해방된다.

그 후 주님이 다스리는 천년왕국이 실현된다(계 20:4~6). 천년왕국이 실현되는 때에는 이사야서 65장 20~25절의 이상적인 피조물들의 회복이 이루어진다.

(4) 피조물이 다 이제까지 탄식하며 함께 고통을 겪는 것을 우리가 아느니라(22절)

① 피조물이 다 이제까지 함께 탄식한다.

피조물이 인간들 중 구원받은 자들과 함께 탄식한다고 했다.

'함께 탄식한다'는 말은 '쉬스테나제이'(ουστενάζει)이다. 이 말은 '함께'라는 의미의 전치사 '쉰'(συν)이라는 단어와 '탄식하다'는 의미의 동사 '스테나조'(στενάζω)의 합성어다.

이 말은 피조물들이 주님이 오셔야만 자기들이 해방될 것을 깨달은 성도들과 함께 탄식하며 참고 인종한다는 뜻이다.

② 함께 고통을 겪는 것을 아느니라.

'함께 고통하는'이라는 말은 '쉬노디네이'(συνωδίνει)다. 이 말은 '함께'라는 뜻의 '쉰'(συν)과 '해산의 고통을 겪는다'는 갈라디아서 4장 19절의 '해산하는 수고' 27절의 '산고'라는 말로 쓰인 '오디노'(ὠδίνω)의 합성어다.

그렇기에 여인이 해산의 고통을 겪지만 새 생명을 얻는다는 기쁨 때문에 가치 있는 고통을 겪는다는 것이다. 피조물들이 타락한 인간들로 인해 고통을 겪는 것은 사실이다. 그러나 그 고통은 무의미한 고통으로 끝나는 고통이 아니라, 장차 주님의 재림 때에는 영광이 회복되는 의미 있는 고통이므로 참고 인내한다는 것이다.

결론

주님의 다시 오심을 대망한다.

"주 예수여! 오시옵소서."

그와 같은 대망의 부류들을 셋으로 정리해 보았다.

첫째는 순교자들, 둘째는 주님이 다시 오심을 사모하는 성도들, 셋째는 만물의 피조물들이다.

우리는 이중에 둘째 부류에 속한다고 할 수 있다. 그러나 우리뿐만이 아니다. 모든 피조물이 주님이 오시기를 대망하고 있다. 그렇기에 이 사실을 바르게 깨닫는 성도들은 피조물 애호와 선용에 남다른 모범을 보여야 할 것이다.

"주 예수여! 오시옵소서."

이 간절한 소망 속에 요한계시록 제3권 강해서를 마친다.

평촌에서

정수영

신약교회 사관에 의한 요한계시록 강해 3

새 하늘과 새 땅

1판 1쇄 인쇄 _ 2023년 3월 25일
1판 1쇄 발행 _ 2023년 4월 10일

지은이 _ 정수영
펴낸이 _ 이형규
펴낸곳 _ 쿰란출판사

주소 _ 서울특별시 종로구 이화장길 6
편집부 _ 745-1007, 745-1301-2, 743-1300
영업부 _ 747-1004 FAX 745-8490
본사평생전화번호 _ 0502-756-1004
홈페이지   http://www.qumran.co.kr
E-mail _ qrbooks@daum.net / qrbooks@gmail.com
한글인터넷주소 _ 쿰란, 쿰란출판사
등록 _ 제1-670호(1988.2.27)
책임교열 _ 김영미·최진희

ⓒ 정수영 2023   ISBN 979-11-6143-824-5 94230
                 979-11-6143-710-1 (세트)

책값은 뒤표지에 있습니다.
이 출판물은 저작권법에 의해 보호를 받는 저작물이므로 무단 복제할 수 없습니다.
파본(破本)은 구입처에서 교환해 드립니다.

겨자씨 문서선교회 이상

1. 올바른 신앙 뿌리 회복을 위한 과거 2천 년 교회의 역사서
2. 하나님께서 기뻐하시는 현재의 삶을 위한 신·구약 성경 강해서
3. 오늘과 미래의 그리스도 십자군 정병을 위한 핵심 교리서

위의 세 종류 문서로 주님 오심을 대비하게 한다.

[겨자씨 문서선교 정기후원자] (가나다순)

1. 강효민 목사(새삶교회)
2. 계인철 목사(천북제일교회)
3. 김경석 목사(강서교회)
4. 김덕기 목사(서영희)
5. 김소망 형제(이정화)
6. 김정호 목사(새길교회)
7. 김종훈 목사(오산교회)
8. 문무철 목사(성남교회)
9. 박명숙 권사(조준환)
10. 박상준 목사(태능교회)
11. 박지은 자매(김영탁 강도사)
12. 배국순 목사(송탄중앙교회)
13. 백광용 장로(유명자)
14. 여우석 목사(새벽교회)
15. 여주봉 목사(포도나무교회)
16. 우치열 목사(늘푸른교회)
17. 윤승자 사모(이주일)
18. 이동수 목사(대구교회)
19. 이유경 자매(전수연)
20. 이재기 목사(사랑빛는교회)
21. 장광태 집사(이종희)
22. 정은희 자매(박용배 집사)
23. 정준희 목사(백민정)
24. 주승은 목사(독산동교회)
25. 지효숙 권사(이정복 장로)
26. 최성균 목사(동백지구촌교회)

윗분들의 정성 어린 후원으로 문서선교가 이루어져 가고 있습니다.
더 많은 선교 참여자가 계속 이어지기를 기도합니다.

후원 계좌

농 협	356-0669-9227-93	정수영
우리은행	1002-246-769541	정수영
국민은행	229301-04-285676	정수영

Email: chungsy40@naver.com